Défricher l'économie

Conversations avec
Christophe Fourel et Marc Mousli

Collection « Histoire des Brèches »
dirigée par Timothée Duverger

www.editionsbdl.com
33310 Lormont

ISBN : 978-2-35687-729-1

Denis Clerc

Défricher l'économie

Conversations avec
Christophe Fourel et Marc Mousli

LE BORD DE L'EAU

À Philippe,

Préface
« À part bien sûr madame Thatcher… »

Par Christophe Fourel

Commençons par tordre le cou à une légende : celle qui veut qu'*Alternatives Économiques* ait été lancé par Denis Clerc en réaction à la fameuse sentence de Margaret Thatcher « There is no alternative ». Pour autant, si cette légende s'est installée et qu'elle perdure aujourd'hui c'est qu'elle fait sens. À en croire les meilleurs spécialistes de l'ère thatchérienne, cette phrase, devenue tellement célèbre qu'on la désigne désormais par l'acronyme TINA, aurait été prononcée dès le début de son mandat de Première ministre du Royaume-Uni en mai 1979. Soit un peu plus d'un an avant la parution du premier numéro d'*Alternatives Économiques* en novembre 1980. Mais soulignons que cette maxime, en guise d'étendard, a été accompagnée de bien d'autres restées tout aussi célèbres et qui finissent par constituer un véritable corps de doctrine à la fois néolibéral et néoconservateur. Par exemple celle-ci : « I want my money back. » À peine élue, Margaret Thatcher rétorque à un journaliste du *Guardian* qu'elle « veut récupérer son argent ». Elle exprime ainsi son agacement à l'égard d'un budget européen pour lequel le Royaume-Uni contribue, selon elle, davantage qu'il ne reçoit. En 1984, Madame Thatcher finira d'ailleurs par obtenir un rabais pour son pays. Ce peu d'empressement pour la solidarité communautaire préfigurait déjà, à quelques décennies de distance, le choix que le Royaume-Uni fera en 2016 en faveur du Brexit. Ou encore celle-là : « There is no such thing as society. » Prononcée en 1987 alors que la dame de fer venait d'être reconduite pour la troisième fois consécutive à la tête du gouvernement britannique, elle exprime sans concession le fondement de son idéologie qui fait primer l'individu sur toute autre considération. On pourrait multiplier les déclarations qui témoignent sans détour que la philosophie politique et économique portée au pouvoir par Margaret Thatcher (puis par Ronald Reagan aux États-Unis l'année suivante) est totalement orthogonale à celle qui a inspiré la naissance d'*Alternatives Économiques* il y a quarante ans. Cette idéologie dite « de l'efficience des marchés » a d'ailleurs fini par pervertir aussi la tradition libérale elle-même qui jusqu'alors faisait du marché une institution pacificatrice. Au point de transformer cette approche en un véritable fondamentalisme prétendant faire de l'économie une science indépendante des autres rapports sociaux. Mais n'anticipons pas.

L'ouvrage que vous avez entre les mains est le fruit d'une longue complicité. L'idée a germé à l'automne 2017. Par un courriel adressé à Denis Clerc en date du 12 décembre je lui faisais la proposition de construire ensemble un long entretien retraçant son itinéraire. Préalablement, j'en avais parlé à Marc Mousli afin de m'assurer qu'il serait partant si la réponse de Denis s'avérait positive. Depuis de nombreuses années, j'entretiens avec Marc une connivence inébranlable pour animer l'Association des lecteurs d'*Alternatives Économiques*. J'aime son acuité prospective (et quelques fois rétro-prospective), sa grande culture d'autodidacte et son application toujours très organisée et méticuleuse. Je savais qu'il était donc le partenaire idéal pour mener à terme cette entreprise. Quant à Denis Clerc, il fut mon premier employeur, mon premier « patron ». Tout mon itinéraire professionnel en a ensuite été profondément marqué. Positivement cela va sans dire. Au point qu'après avoir quitté les fonctions de responsable du développement d'*Alternatives Économiques,* que j'ai occupées pendant quatre ans de 1986 à 1990, je m'engageais aussitôt (aux côtés de Daniel Lenoir) dans l'Association des lecteurs pour continuer, de façon plus militante cette fois, à promouvoir « son » journal. Depuis, les relations entre Denis Clerc et moi, professionnelles d'abord puis militantes, ont évolué vers une amitié profonde et durable.

C'est que Denis Clerc est un homme peu ordinaire. « Hors-norme » préfère-t-on dire aujourd'hui. Il a été successivement (et parfois simultanément) enseignant (titulaire de deux agrégations, s'il vous plaît !), patron de presse (d'un journal qu'il a lui-même créé, tout seul), essayiste (à succès, certains de ses titres ont été vendus à plusieurs dizaines de milliers d'exemplaires) et dirigeant associatif (au service des plus démunis). Parmi ses passions (elles sont nombreuses), deux d'entre elles feront l'objet de développements importants dans cet ouvrage : d'abord celle qui consiste à faire comprendre les phénomènes économiques pour les mettre à la portée du plus grand nombre, ensuite celle qui vise à expliquer la persistance de la pauvreté dans un pays riche comme la France et à identifier des pistes pour y remédier. La première peut être illustrée par la parution en 1983 de son livre *Déchiffrer l'économie* (édité d'abord chez Syros puis à La Découverte) qui en est aujourd'hui à sa dix-neuvième édition. La seconde par son essai écrit avec Michel Dollé *Réduire la pauvreté, un défi à notre portée* (aux éditions Les petits matins) paru en 2016. Il ne s'agit là que des illustrations les plus marquantes et peut-être les plus significatives de son itinéraire d'essayiste car son œuvre comporte, au total (et ce n'est sans doute pas terminé), pas moins d'une vingtaine de livres. Si Marc et moi lui avons proposé ce long entretien c'est avant tout parce qu'on ne rencontre pas tous les jours le fondateur d'un journal, lancé sans l'appui d'un groupe de presse ou sans fortune personnelle. Un journal qui paraît sans discontinuer depuis quatre décennies et qui a modifié significativement le paysage de la presse économique comme le démontre brillamment Marc Mousli dans la postface au présent ouvrage. Une des meilleures preuves de la place originale que tient ce journal dans le panorama actuel des médias économiques et de sa réussite est le fait que d'autres journaux ont vu le jour avec la ferme intention de lui faire concurrence. Ce fut le cas de *Science et Vie Économie* en 1984. Mais ce magazine dut mettre la clé sous la porte huit ans plus tard. Avec tout de même cet aveu du groupe Excelsior pour justifier la cessation de parution : « une absence de perspective sur le marché publicitaire pour ce titre[1] »... Quant à *Pour l'Eco*, lancé très récemment (en septembre 2018) par le groupe Humensis (fruit de la fusion des éditions Belin et des Presses Universitaires de France), l'argumentaire parle de lui-même : « Destiné aux lycéens et aux jeunes étudiants, à leurs familles, aux enseignants, et plus largement à tous ceux que l'économie intéresse, *Pour l'Eco* entend rompre avec l'idée que le Français et l'économie sont un couple tumultueux. » Le parallèle avec *Alternatives Économiques* est frappant mais les options des lignes rédactionnelles sont néanmoins bien différentes puisque cet organe de presse fait la part belle (et quasi exclusive) aux tenants de la théorie économique *mainstream*. Cessons là la publicité pour la concurrence mais soulignons, pour y revenir un peu plus loin, que faire comprendre les phénomènes économiques nécessite certes un vrai souci didactique mais engage en même temps une vision de la société.

D'ailleurs, au moment où nous adressions notre invitation à Denis Clerc pour ce projet de livre, le quotidien *Les Échos* venait de faire paraître un

1 *Les Échos*, 23 juin 1992.

article au titre évocateur : « Macron face à l'inculture économique des Français » (*Les Échos* du 2 novembre 2017). En forçant un peu le trait, le quotidien économique de référence affirmait : « Les Français ne comprennent absolument rien aux raisonnements qui structurent ses réformes [celles de Macron]. Les Français, c'est-à-dire l'opinion, mais aussi nombre de catégories importantes comme les fonctionnaires, les juges, la plupart des intellectuels, commentateurs et, bien sûr, une grande majorité des journalistes politiques. » Tout ça au motif que « les Français sont nuls en économie ». La conviction qui sous-tend de telles affirmations est qu'il existerait un lien fort entre la culture économique diffuse dans un pays et ses performances économiques. En négatif, cela signifie que l'ignorance économique favorise le corporatisme, donc la défense étroite des intérêts en place, qui elle-même étouffe le dynamisme de l'économie. Edmund Phelps (lauréat du prix de la Banque de Suède en sciences économiques en mémoire d'Alfred Nobel en 2006) avait évalué la perte qui résulte de cette soi-disant corrélation à un point de croissance chaque année ![1]... Si Denis Clerc a lancé *Alternatives Économiques* et s'est fait un des meilleurs pédagogues des phénomènes économiques c'est certes pour contribuer à élever le niveau des citoyens et des citoyennes mais aussi, en grande partie, pour élever le niveau des analyses que l'on peut tirer de l'observation des faits et éviter les raisonnements aussi réducteurs (voire idéologiques et absurdes) que ceux qu'on vient d'évoquer.

Reconnaissons cependant qu'il existe mille manières de parler d'économie et de faire comprendre ses mécanismes. Il y a par exemple les romans. À ce titre, ceux d'Émile Zola sont un véritable filon pour comprendre les enjeux autour de la mine (*Germinal*), du commerce dans les grands magasins (*Au bonheur des dames*), de la spéculation (*L'argent*). On peut aussi comprendre la naissance de la société de consommation en lisant *Les choses* de Georges Perec. Ou, plus près de nous, saisir les méfaits de la finance moderne ou de l'évasion fiscale en se plongeant dans les ouvrages de la jeune romancière Flore Vasseur (*Comment j'ai liquidé le siècle* ou *En bande organisée*). Une autre option consiste à aller au cinéma voir par exemple les deux films d'Oliver Stone *Wall Street* (le deuxième s'intitule *L'argent ne dort jamais*) sortis à près de vingt-cinq ans de distance et qui relatent avec pertinence et lucidité la vie des traders et leurs dérives. On peut également aller

1 « Les Français et l'économie : je t'aime moi non plus », article cosigné par 13 députés, *Les Échos*, 28 novembre 2011.

au théâtre. Puisque même des économistes se mettent à écrire des pièces (en alexandrins), comme *D'un retournement l'autre*, où Frédéric Lordon, en quatre actes, décortique la crise des *subprimes* de 2008. On peut s'amuser, pourquoi pas, en lisant des bandes dessinées comme l'excellent *Economix* qui explore de façon ludique mais rigoureuse trois siècles d'histoire de l'économie. Mais aussi se familiariser (sans en avoir l'air) avec des concepts comme le « multiplicateur keynésien » (et aussi celui d'« effet d'éviction ») en dévorant « *Obélix et compagnie* » qui dévoile les effets de la dépense de l'État comme instrument de relance de l'activité économique, telle que Keynes l'avait conceptualisée dans sa *Théorie Générale*. Au fil des pages, le village gaulois menace d'être totalement emporté par une économie littéralement sortie de ses gonds. On ressent alors un vrai soulagement quand celle-ci finit par se ré-encastrer dans la culture et la routine villageoise, ce qui peut faire écho aux théories développées par Karl Polanyi. On peut enfin regarder certaines émissions de télévision aux heures de grande écoute, comme « *Vive la crise !* » diffusée en février 1984, présentée par l'acteur Yves Montand et dans laquelle des économistes « patentés » avaient été mis à contribution pour construire le scénario afin de convaincre définitivement la gauche (au pouvoir depuis trois ans) des bienfaits de la libéralisation des marchés. On pourrait multiplier les exemples et les sources. À chaque fois cependant il s'agit, faut-il le souligner, de conter une histoire. Or, le projet de Denis Clerc est bien différent. Il s'agit non pas de construire un récit mais de conduire un exercice analytique critique et d'accompagner un effort pour comprendre ce que l'on peut observer dans l'actualité économique et sociale telle qu'elle se déroule sous nos yeux et sous nos pas.

Ce projet, en effet, s'appuie sur deux jambes. Celle de la pédagogie, on vient de le voir. Mais aussi sur des options plus politiques (en respectant la pluralité des points de vue) et une certaine vision de notre société et de son avenir. Dès le premier numéro d'*Alternatives Économiques*, Denis Clerc avait annoncé la couleur : « Nous ne cachons pas que l'économie actuelle ne nous plaît guère. Nous pensons que d'autres formes d'organisation de la société sont souhaitables et possibles. Qui engendreraient moins d'inégalités. » Cette voix, ce style limpide, précis, engagé, à la fois simple et sans simplisme, vous le reconnaissez entre tous désormais. Et cette teinture n'a pas perdu de son éclat quarante ans plus tard. Quel est donc le secret de cette constance et de cette endurance ? Y a-t-il une potion magique ? Y a-t-il un secret de fabrication ? Il est difficile de répondre mais disons, sans hésiter, que Denis

Clerc a su d'abord transformer son idée personnelle (et géniale) en une aventure (véritablement) collective. Ce n'est pas donné à tout le monde. Il a su attirer et associer autour de lui des talents et des bonnes volontés, d'abord bénévoles : Bernard Billaudot (pour les théories hétérodoxes), Yves Barou et Jacques Rigaudiat (pour les relations sociales et les politiques de l'emploi), Jean Pisani-Ferry (pour la politique économique et les comparaisons internationales), Hugues Sibille (pour l'Économie sociale et solidaire), Daniel Lenoir (pour les politiques agricoles puis les politiques sociales), Dominique Plihon (pour l'économie monétaire et financière), Gérard Vindt (un ami de Philippe Frémeaux, pour l'histoire économique et sociale), Pierre Volovitch (pour le travail et la santé, car c'est bien connu « le travail c'est la santé… ») et donc bien sûr Philippe Frémeaux qui, outre ses compétences en économie industrielle acquises au Bureau d'Information et de Prévision Économique (BIPE), était le seul de la bande à avoir un peu d'expérience en matière de journalisme. Il a réussi, un peu plus tard, l'alchimie inédite et décisive d'associer à ces économistes de profession des journalistes de talent. Alchimie qui a permis d'amplifier la réussite du projet sans trahir l'intention politique des origines. Sans doute aussi le ciment a tenu parce que les coquilles juridiques qui portent la visée initiale sont elles-mêmes un alliage original et audacieux. Notamment le fait que l'entreprise qui édite le journal est une Scop (société coopérative et participative). Ce choix voulu par Denis Clerc fait exception dans la presse. Dans un monde où les médias sont trop souvent devenus des danseuses pour milliardaires en mal d'influence, le pari de ce que nous pourrions qualifier de « journalisme autogestionnaire » peut apparaître comme une utopie. Comme vous le lirez dans ce long entretien, tous ces choix ne sont pas le fait du hasard. Ils sont le prolongement d'un itinéraire militant imprégné par l'idéal de l'éducation populaire, c'est-à-dire une extension de l'éducation tout au long de la vie, dont les racines plongent dans les années 1950. Largement apprise et mise en application à *Économie et Humanisme* et au PSU (Parti Socialiste Unifié) que Denis Clerc a fréquentés assidûment. Mais s'il y a un secret, il est certainement à chercher dans la parfaite adéquation entre le projet initial et le titre qu'il a donné à « son » journal. *Alternatives Économiques* s'écrit et se prononce au pluriel car il faut (toujours) insister sur la liaison. Il est vrai qu'en 1980, la seule véritable alternative au système capitaliste est le communisme soviétique. Mais déjà la foi matérialiste-dialectique en un sens de l'histoire porté par une classe révolutionnaire montre nettement des signes avant-coureurs de son effondrement.

Le syndicat *Solidarnosc,* depuis les chantiers navals polonais, commence à faire vaciller l'édifice. La suite est connue. Le capitalisme sort triomphant mais en même temps désemparé par une victoire si facilement obtenue sans effusion de sang. L'apothéose du marché et de la marchandise laisse en effet vite place à d'autres motifs d'interrogation et d'insatisfaction. Une société peut-elle se perpétuer dans l'obsession permanente de performance et d'efficacité économiques n'ayant pour but suprême qu'un surcroît de confort ? N'est-il pas légitime, dans ces conditions, de trouver les voies d'un développement qui chercherait à restreindre le champ des critères de rentabilité, et donc le pouvoir du capital ? Et qui, par la même occasion, pourrait orienter l'économie et le modèle de consommation dans le sens d'une meilleure qualité de vie ? Ces (ré)orientations impliquent certainement l'élargissement des choix et des pouvoirs démocratiques. Hélas, au plan des justifications, la théorie économique dominante (dite néoclassique) est largement devenue hégémonique. N'oublions pas qu'à la naissance d'*Alternatives Économiques*, le gouvernement est dirigé par un professeur d'économie, soutien fervent de cette option théorique, et qualifié par le Président de la République d'alors de « meilleur économiste de France ».

Après une brève période très keynésienne, la gauche arrivée au pouvoir a fini par rallier cette vision d'inspiration néoclassique. Mais trente ans plus tard, c'est au tour du système capitaliste lui-même d'être brutalement ébranlé dans ses fondements. Comme déjà à la fin des années 1920. Comment se fait-il alors que si peu d'économistes aient pu anticiper une catastrophe majeure comme le krach financier de 2008 et ses répliques ? Et surtout, pourquoi la science économique n'a-t-elle pas alors entamé une refondation après une telle crise ? Une révolution intellectuelle n'aurait-elle pas dû s'opérer ? Seulement voilà, pour la théorie dominante et les modèles d'inspiration néoclassique, une crise comme celle-là est tout bonnement impossible. Comme si la science économique refusait d'admettre ses failles (béantes) et surtout d'apprendre de ses échecs. Celle-ci semble se complaire dans la sophistication et les raffinements d'un paradigme pourtant élaboré à la fin du XIXe siècle. Sans se rendre compte qu'une crise de légitimité s'est désormais installée. Elle rappelle néanmoins cruellement aux économistes leur responsabilité citoyenne, non seulement pour conseiller les gouvernants mais aussi pour éclairer l'opinion publique. Pour autant Denis Clerc n'a jamais voué aux gémonies cette théorie dominante, du moins pas frontalement. Son point de vue n'est pas manichéen. Pour lui, ce qui pose problème est ailleurs. Ce qu'il faut contester c'est l'étroitesse de ses hypothèses. Parce qu'elles se focalisent seulement sur certains aspects du fonctionnement des marchés, celles-ci laissent de côté de larges pans de la réalité économique. Bref, cette théorie généralise abusivement alors qu'elle n'est au mieux qu'un cas particulier de la réalité économique. C'est la raison pour laquelle Denis Clerc reste ouvert à des innovations comme l'économie expérimentale (Esther Duflo) ou encore l'économie comportementale (Daniel Kahneman ou Richard Thaler).

Mais la disgrâce des experts économiques s'explique aussi, selon lui, par le sentiment que les erreurs proférées à haute voix auraient dû être évitées. Les citoyens reprochent en effet aujourd'hui à leurs dirigeants autant de n'avoir pas su prévenir ces crises (crise financière des *subprimes*, crise des dettes souveraines, crise de l'euro) que de ne pas avoir su en maitriser les effets. En deux mots, de s'être trompés mais aussi d'avoir trompé l'opinion en prétendant détenir les explications et les remèdes. La défiance est désormais bien là car les citoyens ne peuvent admettre que ceux qui détiennent le pouvoir soient impuissants. La situation exige alors de promouvoir non seulement le débat mais aussi une éducation critique aux phénomènes économiques, sociaux (et désormais écologiques). Justement, ce que Denis Clerc s'efforce de faire avec l'opiniâtreté qu'on lui connaît.

Comme son itinéraire le démontre, ses projets (livres, presse, enseignement, engagement citoyen) sont construits pour contredire l'impossibilité apparente de tenir simultanément la posture de la critique radicale et celle d'un certain réalisme. Malgré l'extrême pragmatisme dont l'économie tend à faire sa loi, il a toujours réussi à tenir l'inconfort de ce positionnement.

Dans ses nombreux écrits, il a en effet souligné à quel point nos sociétés sont prises dans des contradictions. Celle par exemple entre l'autonomie grandissante de la sphère économique et de l'impact de la croissance sur la qualité de la vie. Ou celle non moins importante entre le travail et l'émancipation de l'individu. De fait, nos sociétés sont condamnées, au nom de l'impératif de la lutte contre le chômage, à accentuer l'emprise de l'économique sur toutes les sphères de la société. En marchandisant tout ce qui peut l'être, mais ce faisant, elles contribuent à détruire les formes de socialisation alternatives à la socialisation par le travail : engagement associatif, solidarités de proximité, etc. En accréditant l'idée que l'emploi est la seule activité pourvoyeuse d'identité sociale, notre système rend, de fait, plus difficile l'émancipation par d'autres modalités de participation à la vie citoyenne. Ce que Denis Clerc n'a cessé de dénoncer. C'est pourquoi *Alternatives Économiques* a, très tôt, laissé une large place dans ses colonnes à ce que l'on pourrait appeler « l'autre économie ». Cette « autre économie » n'est pas une économie rêvée. C'est une économie qui existe, tant au niveau théorique que pratique. Elle est plurielle et l'économie sociale et solidaire est là pour le démontrer. Les « Journées de l'Économie Autrement » initiées par Philippe Frémeaux, qui se déroulent chaque année depuis cinq ans à Dijon, prolongent sous d'autres formes, cette conviction. Celle-ci veut croire à la possibilité d'un ré-encastrement plus démocratique de l'économie. « Montrer que les hommes peuvent nouer entre eux d'autres liens économiques que ceux de la concurrence, de la guerre de chacun contre tous, de la compétition en vue de gagner le gros lot ou de ne pas faire partie de la liste des licenciés. [Cette autre économie] maintient la biodiversité "sociale" du système économique. Et c'est heureux » écrit Denis Clerc en conclusion de son manuel *Déchiffrer l'économie*. Sinon, pourrait-on ajouter, on peut craindre que le désenchantement survienne. Il refléterait alors l'étroitesse des limites fixées à l'imaginaire social par la raison économique.

Ces convictions, Denis Clerc les a aussi mises au service de la lutte contre la pauvreté. À la fois comme expert au CERC (Conseil de l'emploi, des revenus et de la cohésion sociale) auprès de son « maître » Jacques Delors, qui a piloté cet organisme entre 2000 et 2008, dont il partageait aussi les profondes convictions pro-européennes. Puis au sein de l'ONPES (Observatoire National de la Pauvreté et de l'Exclusion Sociale) et enfin à la Fédération des Acteurs de la Solidarité (ex-FNARS) où il a présidé une structure d'insertion par l'activité économique. « Notre défi est double » indique-t-il dans *Réduire la pauvreté,* son dernier livre-programme, « faire en sorte que chacun de ceux qui ont ainsi basculé dans les rets de la pauvreté puisse en sortir rapidement, et que nul ne se trouve jamais dans l'extrême pauvreté, celle qu'on qualifie souvent de misère, car elle est contraire à la dignité humaine. C'est pourquoi il ne suffit pas de réduire la pauvreté, il faut aussi aider les pauvres. » Car de plus en plus nombreux sont aujourd'hui les femmes et les hommes superflus, exclus, rejetés dans des trappes. Devenus inutiles aux autres et à eux-mêmes. Cette condition d'inutiles, pour reprendre l'expression de Pierre-Noël Giraud[1], est une réalité grandissante que la numérisation et la robotisation de l'économie amplifient désormais mais elle est encore une réalité trop souvent invisible à la politique. Pourtant, dès 1962,

1 *L'homme inutile, une économie politique du populisme*, Odile Jacob, 2015.

l'économiste Joan Robinson ne disait-elle pas : « La misère d'être exploité par des capitalistes n'est rien comparée à la misère de ne pas être exploité du tout[1]. »

Le souci des victimes, celui des perdants du système, son combat contre les inégalités, Denis Clerc les porte depuis l'origine de ses engagements. Non par charité chrétienne mais par une conviction bien ancrée et confortée ensuite par sa lecture de l'œuvre de John Rawls dont le premier principe de sa *Théorie de la justice* souligne que « la pauvreté est un empêchement radical à la participation au raisonnement public, donc à la démocratie ». Bref, pour Denis Clerc, la volonté générale, loin de se présenter comme l'agrégation des préférences individuelles, se forme par la délibération et celle-ci doit inclure tous les citoyens sans exception.

Finalement, on comprend qu'avec persévérance et ténacité Denis Clerc déroule patiemment un programme simple. Celui qui consiste à ce que la théorie économique ne s'affranchisse pas des rapports sociaux, que les politiques économiques fassent une place grandissante à la délibération démocratique, que d'autres logiques puissent s'épanouir pour fournir des solutions aux « vaincus du système » et pour préserver la qualité de la vie. Ainsi, il souligne que l'économie n'a de sens que lorsqu'elle est mise au service d'autre chose qu'elle même. C'est d'ailleurs un des enjeux pour la sortie de la crise actuelle. Denis Clerc le fait en se tenant sur une ligne de crête, se gardant d'un côté des sirènes du social-libéralisme et de l'autre des postures gauchistes stériles. Ce qui explique ses choix syndicaux en faveur de la CFDT.

On pressent aussi dans ce long entretien que Denis Clerc ne cessera jamais de poursuivre cet objectif pour convaincre, même les plus rétifs. À part bien sûr Madame Thatcher.

Reste, pour les besoins de cette préface, à dire quelques mots sur Denis Clerc lui-même. Il me faut être bref car l'homme est pudique. Marc et moi avons bataillé dur pour obtenir qu'il accepte de se livrer, de parler un peu de lui et des siens. Le subterfuge que nous avons trouvé était de conclure tous nos (très nombreux) entretiens par un bon repas. Nous n'avons jamais été déçus par ces moments conviviaux tant sa compagnie est stimulante et attachante. Ces moments privilégiés sont venus abonder notre collection de souvenirs précieux. Ils nous ont aussi permis d'obtenir des anec-

1 Joan Robinson, *Philosophie économique,* Gallimard, 1967.

dotes amusantes. Par exemple le fait que certains pseudonymes que Denis a utilisés pour écrire (tout seul, répétons-le) le premier numéro d'*Alternatives Économiques,* correspondent à des personnes qui ont réellement existé (ou existent encore probablement). Marie-Claude Jacquot et Daniel Cardot sont des personnes bien réelles. Lisez donc attentivement cet ouvrage sans négliger les notes de bas de page !

Que Denis me pardonne, je vais devoir, pour conclure (et être à la hauteur de l'exercice), dévoiler un peu de sa correspondance. En réponse à notre proposition de décembre 2017, le mail de Denis commençait ainsi : « C'est une proposition qui ne se refuse pas, un peu comme entrer à l'Académie française ou voir ses œuvres complètes éditées à la Pléiade de son vivant… Mais le revers de la médaille, c'est l'incitation (ou la tentation plutôt) de se présenter sous la bonne face, de façon trop complaisante. » Ces quelques mots résument si bien deux traits fondamentaux de sa personnalité : l'enthousiasme et la modestie.

En sorte de ne pas le trahir, il me semble opportun de mettre ses propos en regard d'une appréciation le concernant et qui figure dans une lettre conservée dans ses archives. À la fin de l'année 1983, alors que les abonnés à *Alter Eco* affluent, Denis ressent l'urgence de trouver du renfort pour nourrir intelligemment les numéros qu'il va désormais falloir servir à ces lectrices et ces lecteurs de plus en plus nombreux. Il prend donc son carnet d'adresses et il écrit aux connaissances qui pourraient potentiellement devenir des contributeurs. Il n'a eu hélas qu'assez peu de réponses. Mais parmi elles, figure celle d'André Gorz (qui avait déjà soutenu financièrement le lancement du journal). Gorz répond bien entendu favorablement à la sollicitation de Denis. Et il termine sa lettre par ces mots : « Ce que j'ai apprécié chez vous, c'est que vous fonctionnez à la conviction et au devoir, non à l'ambition. » Tout est dit.

Première partie
La passion de comprendre et d'expliquer

I - Famille et jeunesse

• Naissance : des circonstances difficiles

Denis : je suis né en Algérie, à Sidi Bel Abbès le 17 novembre 1942. C'était la guerre et l'Algérie était alors sous le contrôle du pouvoir vichyste. Les Américains ont débarqué à Mostaganem le 12 novembre[1]. Mon père était militaire (adjudant), et il était sur la plage de Mostaganem pour s'opposer au débarquement puisque tels étaient les ordres de Pétain. Les échanges furent brefs mais violents. Le soldat qui se trouvait à côté de mon père fut tué. En novembre à Mostaganem il faisait chaud, et pour protéger des mouches le corps de son ami, mon père l'avait recouvert de sa vareuse. Quand la Croix Rouge est venue enlever les morts et les blessés, ils ont noté que l'adjudant Clerc était mort au combat. Ma mère a été prévenue, et elle a accouché avec deux mois et demi d'avance. Mon père est rentré quelques jours plus tard, les choses se sont arrangées, mais ma mère, à cause de la précocité de cet accouchement, n'était pas capable de m'allaiter, et il n'y avait pas de lait en poudre dans la ville. Si je suis en vie aujourd'hui, c'est grâce à des mamans algériennes qui allaitaient et ont accepté de donner une partie de leur lait via un tire-lait. Une anecdote d'abord dramatique, qui peut expliquer mon *algérophilie*. Bien sûr, on me l'a racontée, mais je pense que ça a été quelque chose, dans mon imaginaire, qui a participé plus tard à mon opposition à la guerre d'Algérie…

• Un père soldat à une époque où les conflits se succédaient

Denis : Ma mère a toujours été femme au foyer, comme la majorité des mères de famille à l'époque (les années 1940 et 1950). Mon père a été

1 Les troupes anglo-américaines ont débarqué en Algérie le 8 novembre 1942. L'amiral Darlan a ordonné à l'armée française de s'opposer à ce débarquement. La résistance a été symbolique.

beaucoup absent : grièvement blessé dans la campagne des Vosges en décembre 1944, quasiment laissé pour mort sur le terrain, il est resté longtemps à l'hôpital puis en rééducation. Par la suite, estimé inapte au combat, il est cependant resté dans l'armée, mais en se spécialisant dans le matériel militaire et son entretien. C'est ainsi que de 1953 à 1954 mon père a été en Indochine, toujours pour le matériel, qu'il a convoyé et contribué à installer notamment à Dien Bien Phu, dont il est parti au dernier moment, juste avant que le piège ne se referme sur les soldats français encerclés dans cette cuvette[1]. En 1957-58, il a été envoyé au Laos pour y former les techniciens de l'armée locale. Ma mère a pu l'accompagner, puisque ce n'était pas un théâtre de combat mais l'un des rares moments de paix entre la guerre française qui avait meurtri le pays et la guerre américaine qui allait le bouleverser. Avec mon frère, nous avons été mis en pension, et nous avons rejoint nos parents en juin 1958 pour les vacances.

Après le Laos, l'Armée a voulu envoyer mon père en Algérie. Il ne souhaitait pas y aller et il a choisi de prendre une retraite anticipée, ce qu'il pouvait faire grâce à ses années de guerre. Pour compléter sa retraite militaire, il a travaillé chez Bull à Belfort, Mais l'ambiance ne lui a pas plu : on lui demandait de faire le flic. Il s'est donc mis à son compte comme expert automobile auprès des assurances pour les accidents de voiture. Il a pratiqué ce métier pendant une dizaine d'années.

J'ai passé l'essentiel de ma jeunesse à Belfort, de 1947 à 1960. J'étais élève dans l'école catholique que mon père avait lui-même fréquentée une trentaine d'années auparavant. Quant à ma vie d'étudiant, je l'ai passée d'abord à Besançon en revenant comme beaucoup le week-end dans la maison familiale, puis, après mon mariage avec Marie-France Hétier, en 1964, à Dijon, où nous avons habité de façon continue – excepté entre 1968 et 1971, où nous étions en Algérie – jusqu'en 2008.

Mon père n'aimait pas la gauche, mais l'influence de son épouse a fait que notre famille était assez ouverte, notamment aux questions sociales. Et je dois dire que, malgré nos différences d'opinion, mon père m'a toujours fait confiance. Mes convictions se sont forgées grâce à la JEC (Jeunesse étudiante chrétienne), et à la lecture de Témoignage Chrétien, un journal que mon père détestait (il le traitait de « torchon »). Mais à 17-18 ans, énerver ses parents est presque un plaisir…

1 Dien Bien Phu est tombée le 7 mai 1954.

- Premiers engagements militants : la JEC

Christophe : tu as été adhérent, et militant actif à la JEC ?

Denis : oui, à 16 ans, alors que j'étais en première. J'ai ainsi fait la connaissance de jeunes d'autres lycées et qui étaient plus engagés – ou plus mûrs… – que je ne l'étais. Ils m'ont fait connaître notamment Mounier, dont les écrits ont joué un rôle important dans ma façon d'aborder les questions de société. Encore aujourd'hui, les liens noués avec ces amis à l'époque demeurent vivants.

- Des études brillantes… jusqu'en prépa

Marc : Dans tes années d'enfance, as-tu été marqué par des personnes de ton entourage, des amis ou des enseignants ?

Denis : Dans mon enfance, je ne me souviens pas d'influence marquante. J'ai eu comme tout le monde des attachements d'adolescence forts, qui durent encore aujourd'hui. Dans l'institution catholique où j'étais élève, les classes n'étaient pas surchargées, et il n'était pas très difficile de briller. Je collectionnais donc de nombreux prix, mais mon niveau était sans doute beaucoup surestimé. Deux enseignants m'ont marqué : un professeur de français, d'abord, lourdement handicapé à la suite d'une polio, qui avait une énergie fantastique et savait merveilleusement nous faire aimer les grands auteurs. J'ai découvert Camus grâce à lui. Et puis notre prof de philo, Robert Maire du Poset[1], un marianiste (l'ordre religieux dont relevait l'institution dont j'étais élève). Il nous parlait du catholicisme social, de Lacordaire et illustrait la démarche philosophique par des approches sociétales ; il ouvrait des portes. Je pense qu'il m'a aidé à prendre conscience des questions de société, ce qui allait dans le même sens que la JEC. C'est sous cette double influence que je suis devenu militant contre la guerre d'Algérie. Un engagement qui a provoqué de nombreuses conversations tendues avec mon père. Il n'était en aucune façon favorable à l'Algérie française, mais il

1 Appartenant à une vieille famille jurassienne, Robert Maire du Poset (1927-2013), professeur de philosophie dans divers établissements, a été aumônier de Louis-le-Grand, Chaptal et Fénelon après mai 1968. Il a connu des moments de tension qui l'ont conduit à se réfugier dans des postes d'aumônerie en province, où la pression psychologique était moindre.

n'acceptait pas que l'on critique l'armée de son pays, et pour lui De Gaulle allait régler le problème.

Christophe : est-ce que les deux professeurs dont tu nous as parlé ont eu sur toi une influence politique ?

Denis : Non, l'éveil était intellectuel, sociétal pour du Poset, mais pas politique.

Christophe : est-ce que d'autres membres de ta famille ont été des éveilleurs, des guides ?

Denis : Non. La famille de ma mère, comme celle de mon père étaient des familles populaires, plutôt conservatrices l'une et l'autre, mais qui ne comptaient ni intellectuels, ni militants : les soucis du quotidien absorbaient l'essentiel de leur énergie. Ma grand-mère maternelle, chez qui nous allions régulièrement en vacances, et qui habitait Levier (près de Pontarlier, dans le Haut-Doubs), était épicière. Suite à l'incendie de la petite scierie de son mari, ce dernier était devenu aphasique et elle a dû se débrouiller pour élever cinq enfants, en ouvrant cette épicerie pour faire vivre la famille. Ma mère, alors jeune fille, servait au magasin, et c'est ainsi que mon père, de passage à Levier, l'a rencontrée par hasard.

Mon grand frère était scout, et ce qui comptait pour lui c'était la nature, alors que moi j'étais toujours dans les livres. C'est seulement vers mes seize ans, que, au contact d'amis plus ou moins proches de la JEC, mes convictions, autant intellectuelles que politiques (la lutte contre la guerre d'Algérie) se sont affirmées.

Christophe : tu as été admis en « taupe ». Tes parents te voyaient te diriger vers une carrière scientifique ?

Denis : Oui. Mon père surtout : il avait en quelque sorte une revanche à prendre. Il s'était engagé dans l'armée en 1936 (c'était la crise), et, « sorti du rang », il avait eu beaucoup de mal à « grader ». Comme j'étais bon en maths, il me voyait déjà à Polytechnique. Aussi, en 1960, je suis parti à Nancy, en « taupe » (Maths Sup, préparation aux concours des grandes écoles scientifiques) au lycée Poincaré. Nous étions une quarantaine à la rentrée. Les profs ont tout fait pour nous décourager afin de ne conserver que les plus motivés et les meilleurs. Je n'en faisais pas partie. À une « colle » de physique où je pensais avoir fait une bonne copie, le prof m'avait mis 0, et m'a rendu la copie en me demandant : « Pourquoi restez-vous ? » J'ai répondu : « Je pars. » J'étais mineur (l'âge de la majorité était 21 ans). Je suis allé voir le surveillant général, qui a exigé l'autorisation de mes parents. Je savais que mon père ne me la donnerait pas. J'ai mis mes affaires (sauf les livres de prépa…) dans ma cantine (en bois), marquée « Capitaine Clerc » – c'était la cantine de mon père lorsqu'il est parti au Laos. À la porte, le gardien m'a demandé « Vous partez ? » « Oui » « Vous avez l'autorisation ? » « Non » « Eh bien vous restez ». J'ai poussé brutalement la cantine devant moi. Il s'est écarté au dernier moment. Quand je suis arrivé à la maison, sans avoir prévenu, mon père était là. Il m'a passé une bonne engueulade. Mais il ne m'a pas « coupé les vivres », comme je le craignais. Il était très déçu, mais m'a permis de m'inscrire en Fac de Sciences à Besançon. Les deux agrégations que j'ai réussies ensuite ont été au fond une forme de consolation pour lui… Mon père autant que ma mère m'ont fait confiance, et ils n'ont jamais critiqué les orientations que j'ai prises par la suite, même si, vraisemblablement, certaines leur paraissaient bien aventureuses.

Le jour où je me suis inscrit en Fac à Besançon est resté gravé dans ma mémoire. C'était le 27 octobre 1960. Et toc, en sortant du secrétariat, je suis embringué dans une manifestation organisée par l'UNEF pour « la paix en Algérie » : une cause qui m'est chère, je m'y joins donc. Mais la manifestation est interdite et, comme à Paris – mais en moins dramatique cependant –, la police a ordre de la disperser. Elle le fait violemment : j'y perds une chaussure, j'y gagne la conviction qu'il faut adhérer à l'UNEF.

Au cours de mes deux premières années d'études supérieures, j'ai noué des liens avec tout un groupe d'étudiants algériens, venus à Besançon pour y étudier à l'Institut de Chimie. Ils m'ont vite révélé qu'en fait, cette spécialisation avait été choisie à la demande des instances qui menaient la guerre d'Indépendance de l'Algérie, de sorte que leur pays, une fois devenu indépendant, puisse disposer de capacités scientifiques dans le domaine pétrolier. Et, de fait, Abderrahmane Hamrour (qui a épousé plus tard la nièce de Ferhat Abbas, l'un des dirigeants politiques de la lutte d'Indépendance) est devenu l'un des responsables de la branche gazière de la *SONATRACH*, la société pétrolière algérienne, tandis que Mohamed Derrough a organisé le raffinage.

L'autre conséquence heureuse (et imprévue) de cet engagement dans le syndicalisme étudiant a été que, élu au Conseil d'Administration de l'Association Générale des étudiants de Besançon (AGEB), mais totalement inexpérimenté, les plus anciens m'ont proposé une session de formation de 5 jours en juillet à *Économie et Humanisme* sur le syndicalisme dans la société française. D'où le deuxième point d'inflexion : c'est au cours de cette formation que je suis tombé dans la marmite de l'économie.

Christophe : À la JEC, quelle était la place de la politique ?

Denis : je n'ai pas souvenir que cela tenait une place. À moins que l'on appelle « politiques » nos échanges ou réflexions sur la guerre d'Algérie ou sur les relations ou oppositions entre christianisme et marxisme. C'était une époque où le Parti Communiste était puissant et influent, mais nous n'avions pas le droit de vote (il fallait avoir au moins 21 ans)… et nous étions des privilégiés : moins d'un cinquième des jeunes de ma génération poursuivaient une scolarité au-delà du bac. À vrai dire, le cinéma (et les relations garçons-filles) tenait une place sans doute plus importante dans notre vie que les débats politiques ou intellectuels. C'était l'époque de la naissance de la « nouvelle vague », et j'ai un temps participé à un ciné-club créé par trois amis à Belfort : l'un, Daniel Cardot, est devenu assistant metteur en scène (mais est décédé prématurément), l'autre, Jacques Revel, est devenu historien et a présidé l'*École des hautes études en sciences sociales* (EHESS), le troisième, Alain Gerber, est romancier et critique de jazz. L'amour du cinéma mène à tout…

*Christophe : Daniel Cardot, c'est un pseudonyme que tu as beaucoup utilisé dans tes articles d'*Alternatives Économiques…

Denis : oui, car nous étions proches, et il avait un art consommé de se moquer des institutions. C'était un anarchiste façon Cohn-Bendit de mai 68. Et, en plus, il avait les mêmes initiales que moi ! Mais nos chemins se sont séparés, et nous ne nous sommes plus jamais revus après que j'aie quitté Belfort. C'était fondamentalement un artiste, alors que je m'intéressais davantage aux évolutions de la société, du fait de mon engagement au sein de l'UNEF, de ma lecture de *Témoignage Chrétien* et de mon implication dans la lutte contre la guerre d'Algérie.

- Des sciences « dures » à l'économie… via le syndicalisme étudiant

J'étais resté un mois et demi en taupe… le temps du bizutage (souvenir d'avoir « léché les vitrines[1] ») ! Puis deux ans de MPC (math, physique, chimie) à Fac de Sciences de Besançon avec, au bout, un échec ! Mais, à vrai dire, il s'agissait moins d'un échec que d'une reconversion attendue suite au stage de formation à *Économie & Humanisme*. J'avais trouvé ma voie : ce n'étaient ni les maths, ni la physique, mais l'économie. Un domaine qui, jusqu'alors, n'était qu'une spécialisation destinée aux juristes qui faisaient une licence de droit. Mais, en 1960, les Facultés de droit ont ajouté un « et de sciences économiques » à leur dénomination, en créant une licence de sciences économiques en quatre ans. Voilà pourquoi, depuis le début de l'année 1962, je ne fréquentais plus guère la Fac de Sciences : j'attendais de mettre un pied dans les études d'économie.

- Le coup de foudre pour l'économie : Économie et Humanisme

Marc : L'UNEF t'envoie donc à Lyon en juillet 1961 suivre une session de formation à l'économie et au social ?

Denis : Ce n'était pas à Lyon mais au Couvent dominicain de la Tourette[2]. La session durait cinq jours et là je suis tombé sous le charme de Jean-Marie Albertini, Thomas Suavet[3] et Laurent Turin[4]. J'ai même fait une demande pour être embauché à E&H. Ils m'ont gentiment renvoyé sur le CIEDEHL[5], une annexe d'Économie et Humanisme en Lorraine, qui m'a répondu en me conseillant de suivre d'abord une formation économique. J'ai commencé à penser qu'il fallait être dominicain pour intégrer Économie et Humanisme, et puis j'ai rencontré Marie-France, qui allait devenir mon

1 Épreuve traditionnelle de bizutage consistant à faire lécher des vitrines – de préférence de sous-vêtements féminins – au sens propre, aux bizuths.

2 Couvent Sainte-Marie-de-la-Tourette, à Eveux (L'Arbresle), conçu et dessiné en 1953 par Le Corbusier à l'initiative du père Marie-Alain Couturier (op), peintre et directeur de la revue *L'Art sacré*.

3 Maurice-Eugène Suavet, Père Thomas en religion (1908-1975). Ingénieur de formation, passionné par l'économie, auteur d'un *Dictionnaire économique et social* (Éd. ouvrières, 1965).

4 Laurent Turin (1924-1964) : économiste spécialiste des questions de développement et de planification.

5 CIEDEHL, Centre d'informations et d'études d'économie humaine en Lorraine, créé en 1949 pour appliquer les préceptes du Père Lebret. Réalisait des enquêtes et des formations aux méthodes d'Économie et Humanisme. Organisme dissous en 1982.

épouse trois ans plus tard (et qui l'est toujours plus de cinquante ans après). Non seulement la licence d'économie avait été créée[1], mais un enseignement de première, puis de deuxième année, avait été organisé à Besançon à la rentrée 1962, sous la houlette de la Faculté de sciences économiques de Dijon. J'en étais.

Marc : Mais ta relation avec Économie et Humanisme ne s'est pas arrêtée là. Quid des questions de développement, par exemple : Suavet, Turin, Lebret, travaillaient beaucoup sur cette question.

Denis : Si l'on entend par « développement » la problématique des pays en développement, il s'agit d'un domaine que je n'ai jamais vraiment approfondi, bien que, effectivement, depuis 1955, Lebret – le fondateur d'E&H – ait beaucoup travaillé sur ces questions. Il a été l'inspirateur (et sans doute largement le rédacteur) d'une encyclique du Pape Paul VI sur le développement (*Populorum Progressio*) et le conseiller influent de plusieurs pays africains lors de leur accession à l'indépendance en 1959. Mais lorsque Lebret avançait l'expression « développement de chaque homme et de tout l'homme », une expression reprise par François Perroux, il ne visait pas seulement, ni même sans doute principalement, les « jeunes nations » : il posait la question du sens de l'économie, de la capacité de cette dernière à s'inscrire dans une démarche éthique, respectueuse de chacun, mais aussi créatrice de solidarités, et pas uniquement de richesses matérielles. C'est cela qui m'a le plus marqué dans mon compagnonnage intermittent avec l'association E&H. D'une certaine manière, Lebret a été un prédécesseur de Rawls, ce philosophe américain auteur (en 1970) d'une *Théorie de la justice* qui a beaucoup influencé la réflexion sur le lien entre éthique et économie. Tous les deux, en des termes très différents bien sûr, ont insisté sur l'attention que l'économie, dans toute société, devrait porter aux plus pauvres, et ceci de façon prioritaire. Plus concrètement, E&H m'a aussi beaucoup appris sur l'importance de la pédagogie : si l'on veut être compris par tous, il faut parler (ou écrire) avec des termes compréhensibles par tous, en donnant des exemples et en s'appuyant sur les faits, pas sur les théories. Ces dernières ont certes leur importance dans le débat intellectuel et pour aider les décideurs à prendre des décisions qu'ils estiment efficaces. Elles permettent d'anticiper les conséquences possibles d'une décision. Mais elles peuvent aussi jouer le

1 La licence d'économie a été créée en 1960.

rôle d'écran de fumée pour défendre les intérêts de tel ou tel groupe social sous couvert scientifique.

Marc : Au-delà de ta période de formation, comment s'est poursuivi ton « compagnonnage intermittent » avec Économie et Humanisme ?

Économie & Humanisme a suscité chez moi un grand intérêt, en associant économie – cette « science lugubre », comme la qualifiait l'historien Carlyle au XIXe siècle – et humanisme, c'est-à-dire le respect de la personne humaine dans toutes ses dimensions. En outre – et surtout -, cette association a joué un rôle déterminant aussi bien dans mon orientation professionnelle que dans ma vie personnelle. D'abord en me faisant abandonner les études scientifiques pour l'économie. Mais aussi, d'autres manières, sur lesquelles je reviendrai.

2 - De belles études bousculées par la politique : la rupture de Mai 68

- L'apprentissage de l'économie

Me voici donc inscrit en septembre 1962 en licence de Sciences économiques, dont seules les deux premières années étaient assurées à Besançon, les troisième et quatrième années se faisant à Dijon qui disposait d'une Faculté de Sciences économiques. Les professeurs de Dijon assuraient certains cours et faisaient passer les examens. J'ai beaucoup travaillé, beaucoup lu, durant ces deux années, passionné par ce que j'apprenais.

En deuxième année, un prof de Dijon, Claude Ponsard, corrigeait nos copies d'économie à l'examen écrit de fin d'année. Il m'avait mis un 18. À l'oral, pour voir si cette bonne note n'était pas due à la chance, il m'a interrogé sur le deuxième sujet de l'écrit que je n'avais pas choisi. C'était sur l'économie socialiste, sur laquelle j'avais lu pas mal de choses. Il m'a mis 20. S'ensuivit une longue discussion. Il me dit « venez à Dijon ». En toute hypothèse, je n'avais pas le choix, puisque Besançon n'offrait que les deux premières années de licence. Je lui ai expliqué mon problème : me mariant à Noël, il me fallait trouver un travail pour financer les dépenses du futur ménage, dans un emploi qui me permette de continuer mes études. Il m'a trouvé un poste à l'Institut d'économie régionale Bourgogne-Franche Comté, alors dirigé par Jean-Claude Eicher, un spécialiste de l'économie de l'éducation, qui m'a beaucoup marqué.

Claude Ponsard avait été intéressé par mon profil « scientifique ». Il était persuadé que j'étais bon en math – ce qui n'était pas faux. Juriste de formation, il voulait que la fac de Dijon acquière une renommée en économie mathématique.

Je suis donc arrivé à l'université de Dijon avec un emploi à l'Institut d'économie régionale Bourgogne-Franche-Comté, un tiers-temps, relativement bien payé, mais qui était insuffisant pour nous faire vivre. J'ai donc été gérant en 1967 d'une coopérative de consommation créée par un étudiant et qui vendait des livres et des polycopiés à des prix très intéressants. C'est ainsi que j'ai découvert le statut coopératif...

En arrivant à la fac, j'ai été accueilli à bras ouverts par Eicher et par Gaudot[1]. Ces deux dernières années de licence ont vraiment été passion-

1 Georges Gaudot a fait toute sa carrière à l'Université de Besançon. Il a traduit *Les Fondements de*

nantes : j'y ai découvert Keynes, mais aussi Perroux, le Commissariat au Plan, les controverses au sein de la théorie économique. Puis j'ai prolongé ma formation avec un diplôme d'études supérieures (DES) qui m'a permis de devenir Assistant en 1967-1968, dans une fournée qui comprenait aussi Béatrice Majnoni d'Intignano[1] et Louis-André Gérard-Varet[2]. Personnellement, j'étais chargé des travaux dirigés de maths et de statistiques, sous la houlette de Georges Gaudot avec qui je m'entendais très bien, et la supervision de Claude Ponsard, qui devait être également mon directeur de thèse, puisque la fonction d'assistant n'était accordée qu'aux étudiants en thèse. Ponsard a refusé le premier thème auquel j'avais pensé (les controverses sur le rôle et la place du marché en système socialiste), et doutait de l'intérêt du deuxième thème proposé (les effets de la réforme agraire sur le développement au Mexique), mais je n'ai pas eu le temps d'aller plus loin, car Mai 68 s'est invité et a tout fait basculer. J'avais adhéré au PSU l'année précédente. Tout naturellement, j'ai pris le parti des étudiants.

- Mai 68 : une fausse révolution, une vraie rupture

Parmi les actions menées à l'université, nous nous sommes attaqués aux mandarins, donc à Ponsard. Je connaissais son point faible : il s'était bâti une réputation de spécialiste de l'économie mathématique appliquée aux transports et à la localisation. Il avait formalisé tout cela, avec une partie économétrique et une partie de formalisation purement théorique (les « ensembles flous »). En fait, il faisait largement faire la formalisation par Gaudot. Et quand on a critiqué les mandarins, c'est Ponsard qui a été ma première cible. Ce n'était pas une bonne action, car je lui devais beaucoup, et je m'en veux encore… mais je pense qu'il usurpait une réputation de formalisation mathématique qui reposait en réalité sur d'autres. J'ai dénoncé l'exploitation de ses assistants – une réalité : Gaudot lui-même s'en plaignait. Ponsard a eu, bien entendu, des échos de ce que j'avais raconté. Aussi, début juin, lorsque l'agitation des étudiants s'est calmée et les examens repoussés

l'analyse économique, de Paul Samuelson, *Théorie macroéconomique, une étude mathématique* de Roy Allen et *La Théorie des jeux*, de Morton Davis. Syndicaliste chrétien, adjoint au Maire de Dijon, il est mort accidentellement en 1973.

1 Béatrice Majnoni d'Intignano (née le 18/11/1942) Professeure des université (agrégation en 1975). Spécialiste de la santé, de la protection sociale, des femmes et des monnaies.

2 Louis-André Gérard-Varet (1945-2001), après ses débuts à Dijon, a été enseignant-chercheur à Louvain-la-Neuve, Namur, Stanford, Nanterre, Marseille, Strasbourg (où il passe l'agrégation en 1979), Toulouse et Aix-Marseille.

en septembre, il m'a convoqué : « monsieur Clerc, quand on entre à l'Université on laisse ses idées politiques au vestiaire. Vous ne l'avez pas fait, par conséquent, je mets fin à votre contrat ». Béatrice Majnoni d'Intignano et Louis-André Gérard-Varet, les deux autres assistants, ont été maintenus. Edgar Faure, alors ministre de l'Éducation nationale et de l'Enseignement supérieur a fait voter par la suite une loi donnant tout pouvoir aux professeurs de rang N sur le choix des recrutements des enseignants de rang N – 1 (et a fortiori N – 2, comme moi). Ponsard a donc mis son veto par deux fois à mes demandes de réintégration dans l'Université, malgré le soutien d'Eicher. Et, du coup, je n'ai jamais soutenu de thèse.

Marc : Me référant à ma propre expérience, je relève en 1968 trois événements qui m'ont marqué, avec une intensité différente. Il y a eu, bien sûr, l'intervention de l'URSS en Tchécoslovaquie (j'y reviendrai), et deux assassinats aux États-Unis. Le premier fut celui de Martin Luther King, le 4 avril, qui m'a profondément choqué et fait prendre la mesure du niveau de violence de la société américaine, dont je n'avais pas encore conscience malgré l'assassinat de John F. Kennedy, cinq ans plus tôt. Le second fut celui de Robert Kennedy, deux mois après celui de Martin Luther King. Il m'a d'ailleurs moins frappé… est-ce qu'on s'habitue, ou Bob Kennedy avait-il une place moindre dans mon imaginaire ?

Comment as-tu reçu cette nouvelle venant de très loin, sans importance économique ou stratégique pour notre pays, mais symboliquement terrible ? Quelle image avais-tu de ce pays qui n'a jamais cessé de dominer notre existence et, pour le cinéphile que tu es, de nous fasciner ?

Denis : À vrai dire, en 1968, la question raciale aux États-Unis était en quelque sorte « parasitée » par la guerre au Viêt-Nam. La ségrégation de fait était occultée par les bombes au napalm, l'usage systématique de défoliants et le drame d'une population largement acquise aux « Viêt-Congs ». Certes, des films abordaient la question de la discrimination raciale (je pense notamment à *Devine qui vient dîner ?* et *Dans la chaleur de la nuit*, tous deux sortis en 1967), mais ils l'abordaient par le biais d'histoires individuelles, pas sous l'angle d'une discrimination raciale généralisée. L'assassinat de Martin-Luther King m'a bien sûr révolté, comme beaucoup. Mais moins que la démesure de la guerre au Vietnam, symbole de la barbarie des puissants ; une sorte de *remake*, mais en pire, de ce que fut la guerre d'Algérie pour ma génération et la précédente. Un mois après cet assassinat débutait mai 1968. J'ai un peu honte de le dire, mais un évènement chassant l'autre, il m'a fallu du temps pour que je réalise que les grands-parents de ceux qui avaient défilé dans les rues aux côtés de Martin Luther King étaient nés esclaves et que, bien plus que les étudiants de mai 68, ils exigeaient que le vieux monde soit enterré.

Quant à la fascination à l'égard des États-Unis, j'en ai été préservé. Certes, c'est une société innovante et créatrice, mais c'est aussi une société d'une terrible violence. Au sens physique, puisque l'on y tolère les appels à la haine, lesquels finissent trop souvent par des assassinats. Mais aussi violence morale, avec cet hymne à l'argent, ce culte du marché et cette indifférence aux inégalités les plus extrêmes. Deux livres m'ont beaucoup marqué sur ce point : *Les oubliés de l'Amérique*, de William Julius Wilson (1987, traduit en 1994 chez Desclée de Brouwer), qui décrit l'Amérique des pauvres et des Noirs, et, plus récemment (2004), celui d'Alberto Alesina et Edward Glaeser, *Combattre les inégalités et la pauvreté, les États-Unis face à l'Europe*, qui explique que les États-Unis sont quasiment dépourvus de toute protection sociale non par manque de moyens, mais parce que la majorité des Blancs ne supporte pas l'idée de cotiser en faveur des groupes sociaux défavorisés que sont les Noirs et les Latinos.

Marc : Pour revenir en France, le choc de grande ampleur, ce fut l'explosion de mai. Tu nous as raconté tes démêlés avec ton directeur de thèse et dit un mot sur ton adhésion au PSU. Pourquoi le PSU, et quelle a été ta trajectoire dans ce parti ? En reste-t-il quelque chose, sachant que dans le Who's Who in France on trouve un nombre élevé d'anciens du PSU ?

Denis : Le PSU est né de la lutte contre la guerre en Algérie. Mais, par la suite, sa caractéristique a plutôt été de réfléchir aux façons de concilier le souhaitable et le possible, la justice sociale et l'efficacité : entre l'autogestion (« le pouvoir aux travailleurs ») et le marché, entre l'économique et le social, entre le national et le local (le colloque de Grenoble, en 1966, où se révéla Michel Rocard), etc. C'était donc un lieu d'échanges, de discussions, de compromis, mais aussi – revers de la médaille –, parfois d'oppositions et de chapelles. C'est grâce à lui que de nombreux chrétiens sont devenus progressistes, que des intellectuels ont découvert la condition ouvrière (ou paysanne) et lutté pour l'améliorer et que, à l'inverse, des militants de base sont devenus syndicalistes ou responsables d'associations diverses, autant culturelles que sociales ou humanitaires. Bien des adhérents avec lesquels j'ai milité sont toujours des amis. Mais je n'y ai jamais exercé des fonctions de responsabilité. Certes, il m'est arrivé (en 1968) d'être candidat sous son étiquette à une élection, mais sans illusion. Notre ambition n'était pas de parvenir au pouvoir, mais de faire évoluer la société dans le bon sens. Par exemple, avec une quinzaine d'associations bourguignonnes, nous avons élaboré un « *Projet Alter Bourgogne* » (1981), pour imaginer un avenir énergétique sans nucléaire.

Marc : En dehors de tes démêlés avec ton directeur de thèse, comment as-tu vécu Mai 68 ? Avais-tu l'impression de faire la révolution ou simplement de participer à la poussée de fièvre qui agitait les étudiants de plusieurs pays (USA, Italie, Allemagne) ? On se souvient de la défiance du PCF envers le mouvement. Ce qui n'a rien de surprenant si l'on suit Alain Touraine. Il avait analysé les actions estudiantines en Italie, en Allemagne et aux États-Unis, notamment le Free speech movement[1] *né à Berkeley en 1964, et rattachait le Mai des étudiants aux NMS (nouveaux mouvements sociaux : régionalisme, féminisme, mouvements anti-nucléaire et étudiant...) qu'il voyait émerger et remettre en cause le schéma marxiste de la primauté du conflit social (prolétaires / capitalisme). Le PSU, partie de la « deuxième gauche » française, était impliqué dans ces NMS. Cette évolution était-elle présente dans vos débats ?*

Denis : De mai 68, ce que la presse nationale (radio ou journaux) a retenu des événements parisiens, c'est essentiellement la violence, celle de la police ou celle des émeutiers : des étudiants occupant la Sorbonne, puis, quand ils en ont été chassés, construisant des barricades, brûlant des voitures et lançant des pavés sur les CRS qui chargeaient. À mes yeux, ce récit d'alors, tout comme les reportages sur les occupations d'usines, rendaient compte du caractère spectaculaire de ces « évènements », mais passaient à côté de l'essentiel. En mai 68, la France entière s'est arrêtée et les Français se sont mis à causer de ce qui n'allait pas et devait être changé. Il s'agissait, je crois, d'une révolte contre le « vieux monde » : avec la croissance économique – ce que Jean Fourastié appellera un peu plus tard (1974) « les Trente Glorieuses » –, la société s'était transformée, mais les vieilles structures res-

1 Le *Free Speech Movement* (Mouvement pour la liberté d'expression) : mouvement de contestation étudiant, en 1964-1965 à l'université de Berkeley qui protestait contre l'interdiction d'exercer des activités politiques sur le campus et réclamait la liberté d'expression et la liberté académique.

taient en place et sommaient les jeunes et les femmes de rester bien sages dans le moule d'avant. Alain Touraine avait raison : le moule a craqué sous la pression de ceux qui le trouvaient inacceptable, et le moteur de cette révolte est venu principalement des jeunes et des femmes. En 1968, à peine 40 % des femmes de 25 à 49 ans se trouvaient sur le marché du travail, une proportion pas différente de celle observée en 1954 et caractéristique des sociétés « latines » où la place de la femme est d'abord à la maison. Aujourd'hui, dans la même tranche d'âge, plus de 80 % d'entre elles sont présentes sur le marché du travail (en emploi ou en recherche d'emploi). Le « modèle » de la femme au foyer a volé en éclats, et la France est désormais sur une ligne « scandinave ». Mai 68 a lancé le mot « féminisme », et les actes ont suivi. D'autres mots, comme « autogestion » ou « société de consommation », « gauchisme » sont apparus ou ont repris vie. Même l'imaginaire s'est renouvelé, comme l'attestent les affiches des étudiants des Beaux-Arts en 68, et leurs slogans : « cours, camarade, le vieux monde est derrière toi » ou « sous les pavés, la plage ». Michel de Certeau écrivait alors « les révolutionnaires de mai ont pris la parole comme on a pris la Bastille en 1789 ». Je crois que mai 68 a été l'esquisse d'une autre société, dont, malheureusement, il n'est resté que quelques traces, quand les vieilles habitudes ont repris le dessus. Certes, le salaire minimum interprofessionnel garanti (Smig, devenu Smic depuis) a augmenté de 30 %, mais l'autogestion – tout comme le « contrôle ouvrier », plus politique et plus traditionnel – est passée à la trappe, et il faudra attendre 1982 pour que la section syndicale d'entreprise soit reconnue, tandis que, à défaut d'autogestion, nous attendons toujours la présence de salariés au conseil d'administration ou de surveillance des entreprises. Décidément, la vieille société a la peau dure. La preuve : le PSU a fini par disparaître.

Marc : Une fois remis des événements de mai et des élections de juin, les Français sont partis en vacances. Et le 21 août, nous étions brutalement sortis de notre léthargie estivale : les chars soviétiques étaient entrés en Tchécoslovaquie pour empêcher la libéralisation du régime socialiste. Te souviens-tu de tes réactions à ce coup d'arrêt brutal au « Printemps de Prague » ?

Denis : Le retour de bâton soviétique sur Dubcek et les Pragois qui avaient eu le malheur de croire la démocratie possible, c'était désespérant. Mais, en ce qui me concerne, cela renforçait une conviction personnelle sans doute forgée au fil du temps dans mon milieu familial et chrétien : communisme et démocratie ne sont pas conciliables. La revue *Esprit* que je lisais avec intérêt, n'avait pas encore la position ferme sur le totalitarisme qu'elle a prise ensuite sous la houlette de Paul Thibaud puis d'Olivier Mongin, mais j'étais persuadé depuis longtemps que le stalinisme n'était pas un accident de l'histoire, qu'il découlait inéluctablement du marxisme à la sauce léniniste. Lorsqu'un parti unique contrôle à la fois le pouvoir politique (l'État), le pouvoir judiciaire (les juges) et le pouvoir économique (les entreprises et le Plan), plus rien ne peut s'opposer à la tentation totalitaire.

En outre, des raisons personnelles jouaient pour ne m'intéresser que très modérément à cet épisode. J'avais la tête ailleurs, puisque viré de mon poste d'assistant à la Fac, mon sursis était automatiquement supprimé et il me fallait faire mon service national. Or Jacques Sauvageot – l'une des têtes d'affiche de mai 68 puisque Président de l'UNEF, mais qui était aussi un ami dijonnais proche –, dont le sursis avait été résilié, avait été affecté à un bataillon disciplinaire. Je n'en menais pas large : deux enfants, une épouse enceinte et la perspective de n'avoir aucun revenu durant 12 mois : même en étant blanchi, nourri et logé par l'armée, ce n'était pas affriolant. Pour moi, l'urgence était moins de m'insurger contre ce « coup de Prague » que d'obtenir que ma demande de « volontaire du service national en coopération » (VSNA) soit acceptée. Elle le fut. Le temps de pousser un gros soupir de soulagement, et en route pour l'Algérie pour de nouvelles aventures.

Ce pays a joué un rôle important dans ma vie : j'y suis né. Mon premier article publié en 1966 dans *Notre Combat*, bulletin des *Amis de Témoignage Chrétien,* était consacré aux accords pétroliers franco-algériens de 1965. La coopération française était fondée sur un accord : pas touche au pétrole, pas touche à l'arme atomique[1], et pour le reste on vous aide. En 1970, le président algérien, Boumediene a rompu cet accord en créant la Sonatrach et en prenant le contrôle de la production des hydrocarbures ainsi que de leur commercialisation. Enfin, et indirectement, c'est en Algérie que j'ai appris les rudiments de la formation d'adultes.

Marc : Une question pour en terminer avec tes années d'études. Tu étais passionné par l'économie, mais qu'est-ce qui t'intéressait le plus dans cette discipline ?

Denis : La micro ne m'intéressait que pour sa dimension mathématique : courbes d'indifférence, égalité entre coût marginal et prix de vente, la dé-

1 La France disposait d'un centre d'essais nucléaires au Sahara, à Reggane.

croissance du coût marginal, tout cela m'intéressait. Mais je me passionnais surtout pour la macro.

Christophe : donc la théorie keynésienne ?

Denis : J'ai lu Keynes, mais ce qui était enseigné c'était surtout la synthèse néo-classique. Nous avions comme manuel le Barre en deux volumes, Économie politique[1]. Raymond Barre était un homme intelligent, son manuel était bien fait, mais ne traitait pas des questions qui m'intéressaient comme le lien avec l'autogestion…

Christophe : Y avait-il une place dans les cours pour la théorie marxiste ?

Denis : non, quasiment aucune. Marx était disqualifié par la « valeur-travail ».

Christophe : disqualifié à Dijon, mais n'était-il pas enseigné ailleurs ?

Denis : sans doute, mais je ne connaissais pas à l'époque ce qui se faisait à Lille, Vincennes, Strasbourg, Lyon 2 ou Grenoble… où les approches marxisantes n'étaient pas bannies. À Dijon il y avait Pierre Dockès, alors maître-assistant et qui est ensuite parti à Lyon, où il est toujours. Il est devenu un spécialiste reconnu de Walras, mais aussi des évolutions du capitalisme sur le long terme. Il y avait aussi Charles-Albert Michalet[2], qui donnait un cours passionnant sur le développement, en 4e année. Aujourd'hui décédé, hélas, il a beaucoup travaillé sur les questions de mondialisation.

1 Barre R, *Économie politique*, coll. Thémis, PUF, T.1, 1955, T.2, 1956.

2 Michalet Charles-Albert (1938-2007). Principal ouvrage : *Le Capitalisme mondial*, PUF, 1976 (dernière édition : La Découverte, 2007).

3 - Les premiers pas professionnels : la formation d'adultes

• L'initiation algérienne

Christophe : suite au grave différend avec Ponsard, tu pars donc faire ton service national obligatoire ?

Denis : oui, je pars en Algérie comme VSNA (Volontaire du Service National Actif). Je vais y enseigner entre 1968 et 1971, et cette période a été très formatrice pour moi. J'avais été un peu enseignant contractuel (dans le secondaire, l'année de mon DES), car l'introduction de l'économie comme matière dominante (section « B », devenue ES par la suite) requérait des licenciés de Sciences économiques souhaitant enseigner, lesquels ne se trouvaient pas à la pelle.

Les conditions particulières d'enseignement en Algérie m'ont vite convaincu qu'il fallait, chaque fois que c'était possible, abandonner le jargon, employer les mots de tous les jours, et lorsque c'était impossible, expliquer ce que signifiait le terme technique ou le sigle qu'on était contraint d'utiliser. J'ai enseigné à Constantine, d'abord, au Centre de formation administrative, puis, lorsque j'ai été chargé d'écrire le premier livre didactique sur l'économie de l'Algérie, j'ai été muté à Alger dans ce qui était pour le pays l'équivalent de l'ENA. À Constantine, à quelques exceptions près, les stagiaires avaient participé à la guerre d'indépendance, et aucun d'entre eux n'avait poursuivi d'études supérieures. Ils devaient leur désignation autant à leur militantisme politique ou à leur passé militaire qu'à une capacité personnelle. Les dirigeants avaient eu l'intelligence de sélectionner des gens qui n'étaient pas forcément très lettrés mais astucieux. J'avais donc en face de moi des élèves pour la plupart plus âgés que moi, avec une expérience militante, politique, plus rarement professionnelle, et surtout qui avaient une soif de comprendre et de maîtriser les choses que je n'ai rencontrée nulle part ailleurs. Ils étaient tous très conscients qu'ils allaient avoir des responsabilités, et qu'ils devraient les exercer non pour en profiter personnellement (ce qui était possible car il y avait déjà beaucoup de corruption), mais surtout pour bâtir leur pays. Quand nous sommes arrivés en Algérie (toute la famille, donc avec Marie-France et nos trois enfants), le coup d'État contre Ben Bella et la prise de pouvoir par les militaires n'étaient pas loin (1965). Les nouveaux dirigeants affichaient leur nationalisme par exemple en refusant de parler français (comme

Boumediene, qui pourtant le comprenait parfaitement) et ils s'entouraient de gens qu'ils avaient connus dans le maquis ou en Égypte.

Avec les jeunes – ou moins jeunes, la trentaine, très souvent – que nous avions en formation, nous avions l'obligation de réussir, mais surtout de leur donner ce qu'ils attendaient. Nous devions donc travailler sur le terrain algérien, pas sur la théorie économique ou la description de l'économie française. Il m'a fallu comprendre et analyser les difficultés d'un pays meurtri, pauvre en compétences mais riche en hydrocarbures.

Quand j'ai été muté à Alger c'était différent : les stagiaires étaient mieux formés, souvent diplômés. J'y ai retrouvé les étudiants algériens que j'avais connus à Besançon Ils avaient pris du galon et occupaient des responsabilités importantes au sein de la *Sonatrach*[1]. Grâce à eux, j'ai suivi d'assez près les négociations entre la France et l'Algérie, ce qui m'a permis de publier dans *Témoignage Chrétien* plusieurs articles sur ce sujet important, notamment lorsque, en 1970, le pouvoir algérien a décidé de nationaliser les activités d'extraction de gaz et de pétrole.

Marc : C'est là que tu as écrit ton livre sur l'économie de l'Algérie[2] *?*

Denis : Oui, il était financé par l'Institut international d'administration publique, organisme tourné vers les anciennes colonies françaises, avec la conscience que les gens qui avaient accédé brutalement à l'indépendance n'avaient pas le niveau nécessaire pour bien gérer… et peut-être le souci politique d'avoir toujours la main sur les élites. À ma connaissance, il y a eu deux endroits où ça a fonctionné : le Sénégal et l'Algérie. Le livre était donc destiné à la formation des futurs hauts fonctionnaires algériens. Mais en même temps, il dressait un bilan peu flatteur de la colonisation française avant 1954. Dans son dernier livre, Thomas Piketty indique que « dans l'Algérie française des années 1950, le rapport des dépenses entre les enfants des colonisés et ceux des colons allait de 1 à 40[3]. »

1 Mohamed Derrough, Kamel Fenardji ou plus probablement Abderrahmane Hamrour, ce dernier restant toujours un proche.

2 *Économie de l'Algérie*, par Denis Clerc, « ancien professeur au Centre de Formation Administrative d'Alger, édité par la Direction générale de la Fonction Publique », Imprimé à Annaba en avril 1975 « avec la collaboration scientifique de l'Institut International de l'Administration publique ». Créé en 1966 par le général de Gaulle, l'IIAP avait pour mission de développer la coopération administrative internationale. Il organisait des formations pour de hauts fonctionnaires des anciennes colonies et sponsorisait des travaux de recherche et des publications. Il a été absorbé en 2002 par l'ENA.

3 *Capital et idéologie*, Seuil, 2019, p. 328.

Pour finir ce livre, je suis resté en Algérie jusqu'en juillet 1971 – donc 16 mois de plus que la mission VSNA – comme coopérant civil, ce qui améliorait sensiblement nos conditions économiques.

Marc : Ce qu'on remarque dans ce livre, c'est ton goût pour les chiffres.

Denis : Oui, parfois trop… il n'y avait guère de chiffres disponibles sur l'Algérie, à l'époque, et j'ai dû en reconstituer pas mal. Par exemple, j'ai été le premier à calculer – approximativement – la masse monétaire et à dresser la balance du commerce extérieur de l'Algérie.

- « Culture et promotion »

De retour à Dijon (où nous disposions d'une maison achetée à crédit), à l'été 1971, j'ai posé ma candidature à l'université, mais sans succès, du fait du veto de Ponsard. J'ai donc cherché du travail.

Parmi plusieurs propositions d'emploi (les jeunes diplômés étaient alors très courtisés), j'ai finalement retenu celle de « Culture et Promotion », une association d'éducation populaire qui avait pris le tournant de la formation continue en entreprise, devenue une obligation légale en 1971, avec la loi Delors, du nom de son initiateur. Madeleine Garrigou-Lagrange, journaliste à *Témoignage chrétien*, qui avait des liens avec les « organismes de la rue Saint-Benoît[1] », m'avait signalé ce poste.

C'est ainsi que, en septembre 1971, je me suis retrouvé à Paris – car, hélas, c'était à Paris –, laissant à Dijon Marie-France et nos quatre enfants, que je retrouvais en fin de semaine. Le boulot était passionnant : il avait été créé un « Atelier de pédagogie économique » avec Jean-Marie Albertini, d'Économie & Humanisme, où l'on mettait au point des outils de formation à destination de travailleurs n'ayant que peu, voire pas, de connaissances économiques… Rien à voir avec la relation traditionnelle élève-enseignant. Bref, on inventait comment faire de la vulgarisation intelligente, sans cacher l'envers du décor mais sans, non plus, tout noircir. Et, en plus, au 14 rue St Benoît, j'ai fait la connaissance de gens passionnants, qui travaillaient dans l'un ou l'autre des organismes hébergés là et qui étaient tous issus du catholicisme social : Pierre Saragoussi, qui a ensuite fait carrière à la Caisse des

1 Le 14 de la rue St Benoît, à Paris, abritait plusieurs associations dont l'Union nationale des Centres d'études et d'action sociale (UNCEAS), issus des Secrétariats sociaux fondés à la fin du XIXe siècle par des catholiques lyonnais afin de diffuser l'enseignement social de l'Église, et Culture et Promotion, une association d'éducation populaire créée en 1948 et œuvrant dans le développement local et social.

dépôts, Bernard Porte, qui dirigera Bayard Presse, Gérard Sarazin, futur bras droit de Bertrand Schwartz[1] et à qui je succéderai trente ans plus tard à la présidence d'Économie et Humanisme, André Voisin… Rétrospectivement, je me dis que c'était déjà le brouillon d'*Alter Eco.*

Christophe : quel était ton rôle à Culture et Formation ? Étais-tu formateur ?

Denis : Oui, mais très vite j'ai travaillé en équipe avec le responsable du département Formation continue, Francis Ampe[2]. J'y ai vraiment beaucoup appris, presque autant que durant mes six années d'études en économie !

Christophe : combien de temps restes-tu à Culture et Promotion ?

Denis : Un an, car la situation n'était pas tenable sur le plan familial : travailler à Paris tout en ayant sa famille – 4 enfants – à Dijon, ce n'était pas vivable pour moi, et moins encore pour Marie-France. Pascal Dorival[3] m'a remplacé. Il fallait impérativement que je revienne à Dijon pour porter ma part des tâches familiales. Pour cela, j'ai décidé de passer le CAPES et de devenir prof.

- Enseigner à tous : du lycée à la formation continue

Un ami du PSU, Hervé Vouillot[4], m'a dit : « Ne fais pas ça, je viens de passer l'agrégation de techniques économiques de gestion, c'est facile comme tout, tu devrais présenter le concours, d'autant que tu as une excellente culture économique, contrairement aux candidats issus de l'expertise comptable qui sont faibles en économie… »

Hervé avait été nommé à l'IUT de documentation de Dijon, après avoir décroché l'agrégation. C'était alors la seule du secondaire couvrant le domaine économique au sens large du terme. Il m'a passé ses fiches de préparation et conseillé les livres pour préparer cela dans de bonnes conditions.

1 Gérard Sarazin et Bertrand Schwartz (1916-2016) ont créé, en 1982, les missions locales d'insertion des jeunes, appelées couramment *missions locales.*

2 Francis Ampe, né en 1944, ingénieur (Centrale Paris) avec une formation en économie et en psycho-sociologie. Urbaniste et développeur, notamment en Afrique. Il a travaillé à Culture et Promotion de 1968 à 1976 et été maire de Chambéry de 1977 à 1983.

3 Né en 1949, passé par l'UNEF, Pascal Dorival, secrétaire national du PSU de 1972 à 1979, a été l'un des dirigeants de la Scop *Chèque Déjeuner* et de la MACIF, et reste une figure importante de l'ESS.

4 Hervé Vouillot, élu député (PS) en 1981, puis maire de Quetigny. Auteur de La Ville contre les grands ensembles, L'expérience de Quetigny : d'une ville pionnière aux villes durables, éd. ADELS/Cêtre, 2006.

J'ai pris un temps partiel à Culture et promotion : je restais un jour de plus par semaine à Dijon, je m'enfermais dans une pièce et je révisais. J'ai été reçu 3e grâce à une très bonne note dans l'épreuve économique. J'étais le premier à être reçu dans un tel rang sans être passé par l'ENSET (École normale supérieure de l'enseignement technique, dite souvent « Cachan », du nom de sa localisation, pour ne pas la confondre avec la « vraie » École normale supérieure, celle de la rue d'Ulm : l'Éducation nationale distingue soigneusement les torchons des serviettes). Ils ont voulu me récompenser en me nommant à Paris. J'ai refusé d'y aller. Heureusement, il s'est libéré un poste à Dijon, et je l'ai intégré en novembre. C'était un poste en section H (techniques informatiques) au lycée du Castel. À l'époque, la micro-informatique n'existait pas. Les ordinateurs étaient d'énormes armoires, et il y avait deux langages de programmation : Cobol et Fortran, auxquels je ne connaissais rien. Je n'avais jamais vu un ordinateur de ma vie. À une exception près, tous les profs du lycée où j'avais été nommé étaient dans le même cas. Ils s'étaient donc débrouillés pour laisser les cours d'informatique au dernier arrivé. Le reste de mon enseignement était centré sur la gestion et l'économie de l'entreprise dans des classes « G » (aujourd'hui « STG » : sciences et technologies de la gestion). Cette année 1972-73, sur le plan professionnel, n'a pas été la meilleure, mais au moins, j'ai été contraint d'approfondir les techniques de gestion : cela m'a beaucoup servi par la suite, même si, alors, je ne l'imaginais pas. Mais j'apprenais avec difficulté le cours d'initiation à l'informatique la veille au soir... Ce n'était guère vivable, tant pour les élèves que pour moi. Aussi, j'ai posé ma candidature à un poste au CIFFA de Dijon, (Centre intégré de formation de formateurs d'adultes) qui venait d'être créé et qui est devenu deux ans plus tard CAFOC (Centre académique de formation continue). La mission de cet organisme était de former les profs souhaitant devenir « conseillers en formation continue ». J'étais la bête rare, un agrégé qui avait fait de la formation d'adultes en entreprise. J'ai pu quitter le lycée du Castel et surtout l'informatique, avec un immense soulagement...

Il y avait au CIFFA une petite équipe, avec, à sa tête, un extraordinaire professeur de l'enseignement technique, Jean Rossigneux, qui a inventé les CAP par unités capitalisables, pour permettre à des travailleurs d'acquérir des diplômes en valorisant leurs savoir-faire.

Durant quatre ans, j'ai donc alterné interventions « de terrain » (entreprises ou organisations souhaitant une formation économique pour une partie de leur personnel ou stagiaires), facturées par le CAFOC, et formations « internes » de profs affectés aux GRETA (Groupement d'établissements scolaires accueillant des adultes en formation continue) de l'Académie de Dijon. Dans ce dernier cas, mon rôle était de transmettre à la fois du contenu (rudiments d'économie et de gestion), de l'accompagnement et des méthodes pédagogiques pour répondre correctement aux demandes de formation continue en matière économique (publics d'entreprises, de demandeurs d'emploi, de milieux associatifs ou d'institutions publiques). Le premier volet l'emportait largement sur les autres, et j'ai donc travaillé fréquemment avec le CESI (Centre d'études supérieures industrielles), organisme privé qui formait des personnes issues de la maîtrise – techniciens, chefs d'équipe… – et souhaitant devenir ingénieurs ou cadres, ou avec la CEGOS (Confédération générale des entreprises pour l'organisation scientifique du travail). J'intervenais généralement dans la partie « ouverture économique » ou éventuellement « gestion » de ces stages.

J'y ai noué de solides amitiés, notamment avec Jean Le Galliot (décédé en 2003) et Michel Préfol (décédé en 2018), que je retrouverai lors de « l'affaire Lip ». Je circulais donc pas mal, mais les autres membres du CIFFA/CAFOC n'en prenaient pas ombrage. Il s'agissait d'une petite équipe : outre Jean Rossigneux, elle était composée de Jacques Grebot (ancien prof technique du bâtiment), Lucien Gilles (prof de lettres) et, à partir de 1975, Pierre Pastré (agrégé de philo, qui deviendra ensuite prof au CNAM). Certes, j'étais un peu électron libre, mais, d'une part, je rapportais de l'argent au CAFOC, qui a pu ainsi se payer des locaux fonctionnels pour les stages qu'il organisait, et, d'autre part, je contribuais à instaurer un lien avec des associations et des organismes de formation, ce qui valait reconnaissance du savoir-faire de l'Éducation nationale sur le marché concurrentiel de la formation continue. En outre, j'y trouvais tout plein d'enrichissements personnels (pas financiers, mais pédagogiques). J'étais quasiment libre de faire ce qui me plaisait le plus (expliquer l'économie) et, surtout, je me suis vite aperçu qu'il y avait là une demande d'information et d'analyse que, pour les non-cadres, aucun journal ne satisfaisait.

Je me souviens en particulier d'un stage de formation au « Point F » (un bâtiment du CESI sur le plateau de Saclay, non loin de Supélec, et entièrement dédié à la formation d'aspirants-ingénieurs) où mon intervention a peu à peu dévié sur les questions de l'autogestion, du sens du travail et du capitalisme. J'avais été très impressionné par la lecture du livre de Pierre Rosanvallon, *L'âge de l'autogestion* (1976) et j'en ai parlé à la quinzaine de stagiaires : la distinction entre formateurs et stagiaires s'est dissoute, et tout s'est passé comme au sein d'un groupe de copains, qui partagent leurs émotions, découvertes et inquiétudes sur notre système économique et social. Cet échange s'est poursuivi au-delà du repas du soir, et j'ai eu le sentiment que nous avions tous – intervenant compris – progressé dans une réflexion commune vers des lendemains plus conviviaux.

Marc : quels outils pédagogiques avais-tu mis au point ?

Denis : Je dressais progressivement un circuit économique dans lequel on suivait l'origine des revenus et la destination des dépenses d'une entreprise représentant l'ensemble des entreprises. Ce circuit, inspiré de la comptabilité nationale, se complexifiait peu à peu, jusqu'à décrire (et chiffrer) les liens entre les différents agents de l'économie nationale. Au tableau, dessiner une courbe classique (celle d'offre et de demande, par exemple) demeure une abstraction, presque autant qu'une équation ou une fonction mathématique. Je bannissais donc cette démarche, pour lui préférer des représentations simplifiées, mais concrètes, comme, par exemple, les relations entre une entreprise, ses travailleurs et ses clients. Le circuit ainsi tracé devenait compréhensible par tous, même ignorant les coordonnées cartésiennes. Nous passions ainsi progressivement d'une représentation globale de l'économie aux relations sociales et aux questions concrètes que se posent une entreprise, un ménage, une banque, etc. pour fonctionner et se développer. J'insistais sur la façon de construire des liens entre la société et l'économie, à charge pour eux d'établir ces liens dans les domaines dans lesquels ils travailleraient.

J'utilisais aussi des méthodes « albertiniennes[1] » : les faire réagir systématiquement, ne pas leur déverser des masses de connaissances, mais leur demander ce que leur évoquait telle ou telle notion. La compréhension des contraintes et des enjeux économiques est plus facile lorsqu'on s'appuie sur la vie, les interrogations, les convictions ou les expériences des personnes en formation, sur ce qu'elles nous disent : les stagiaires sont alors bien plus réceptifs.

En 1977, a été créée l'agrégation de sciences sociales, destinée à des enseignants d'économie en section B, devenue ensuite ES (économique et social). J'ai décidé de la passer. Bien que je ne l'aie guère préparée, j'ai été reçu au concours d'avril 1978, parmi des candidats qui sortaient tous de l'ENS (École normale supérieure). Ma préparation, c'était surtout ce que je faisais

1 Celles de Jean-Marie Albertini, grand vulgarisateur et pédagogue.

au CAFOC, avec en plus un peu de théorie issue de mon passé universitaire. J'ai réussi le concours, classé 7e sur 1426 candidats, dont 58 avaient été admissibles à l'oral. Je me souviens bien de la leçon d'oral : je devais, en 50 minutes, répondre à la question « La théorie économique est-elle sans conséquence sur la prise de décisions publiques ? ». Je ne m'en suis pas très bien tiré.... Mais l'essentiel était d'avoir réussi, et, à la rentrée 1978, je pouvais avoir – enfin ! – un enseignement entièrement centré sur l'économie.

- L'introduction difficile des SES dans le secondaire

J'ai donc rejoint l'enseignement général, en section B à la rentrée 1978-1979, toujours au Lycée du Castel. Cette année-là et la suivante (1979-1980) ont été pour moi des années où je me suis totalement investi dans l'enseignement : j'ai d'ailleurs gardé depuis le contact avec quelques-uns de mes anciens élèves.

Mais l'année suivante (1980-81), j'ai été mis à disposition du Lycée Carnot, le lycée d'excellence de Dijon, qui triait soigneusement le bon grain – les sections « S » (scientifiques) ou « L » (littéraires) – de l'ivraie – la section « B ». Car un enseignement de sciences économiques et sociales de 2 heures venait d'être inclus pour l'ensemble des classes de Seconde générale des lycées. Il fallait un prof pour l'assurer, et le Proviseur avait exigé un professeur agrégé en « sciences sociales ». Étant le seul à Dijon à l'être, j'ai donc été mis à sa disposition. L'établissement est sélect : une salle des profs agrégés, une autre pour les non-agrégés. Le Proviseur me reçoit, et me dit (en substance) « ce n'est pas de gaîté de cœur que je vous vois arriver, Monsieur Clerc. Nous avons toujours refusé les sections qui n'étaient pas les meilleures. Nous n'avons donc pas de section B. Mais on nous impose une initiation économique et sociale dans toutes les classes de seconde. Je le fais parce que c'est un ordre ». Je me suis retrouvé unique prof d'économie-social dans les huit classes de seconde que comprenait le lycée. Je devais donc faire huit fois le même cours. J'ai tenu un an, mais pas plus : l'année suivante (1981-1982), j'ai enseigné dans un lycée nettement plus ouvert et dynamique, Montchapet, avec un proviseur très actif et des collègues sympa, où la filière B était reconnue et bien installée. Pourtant, je n'y suis pas resté longtemps, puisque, en mars 1983, j'ai quitté ce lycée pourtant dynamique pour d'autres aventures... plus parisiennes.

- Le goût d'écrire… pour comprendre

Christophe : nous avons vu que tu avais écrit ton premier article en 1966 pour Notre Combat, un magazine dépendant de Témoignage chrétien. *As-tu eu des réactions à cet article ?*

Denis : Je n'ai eu que des réactions de journalistes, dont celle de Bernard Schreiner, qui a fait passer mon article à Claude Gault et à Georges Montaron, grand ami de l'Algérie, où il avait organisé en 1965 un voyage avec les amis de TC. En outre, en 1968, j'avais écrit un article sur la généralisation de la TVA[1]. Sur un sujet où personne n'y comprenait rien, France Inter l'avait sélectionné dans sa revue de presse en soulignant ses qualités pédagogiques. Enfin, les articles que j'avais envoyés sur le conflit franco-algérien concernant le pétrole me valaient une bonne réputation dans la rédaction. Rentré en France en août 1971, au cours de l'année que j'ai passée à Paris, j'ai pris contact avec les journalistes auxquels je me contentais jusque-là d'envoyer des articles de Dijon ou d'Algérie, et j'ai ainsi fait la connaissance d'André Laudouze, Claude Gault, Bernard Schreiner, André Vimeux ou Roger Tréfeu, qui sont devenus des amis.

J'ai proposé un article par mois pour l'hebdomadaire TC jusqu'au lancement d'*Alternatives Économiques* (1980), à la suite duquel j'ai diminué le rythme, mais sans jamais arrêter ma collaboration, devenue plus épisodique.

Christophe : La phrase-clef, dans cette affaire, c'est : « personne n'y comprenait rien » c'est vraiment ça qui te pousse à investir le sujet pour que tout le monde comprenne. C'est Denis Clerc, ça !

Denis : Je pense que même des sujets compliqués comme la comptabilité nationale ou les questions monétaires peuvent être expliquées de façon pédagogique et en termes simples. Toutefois, j'ai un peu trop tendance à m'appuyer sur les chiffres, c'est mon défaut… Il est toujours possible de simplifier une question difficile sans la trahir.

Christophe : Tu te poses toujours la question : « en quoi cela peut-il servir aux autres, et en quoi cela peut servir pour l'action ? » C'est ce que tu nous dis

1 Instituée en France en 1954, la TVA a d'abord été limitée aux grandes entreprises, puis étendue à toutes les transactions le 1er janvier 1968. Denis Clerc a réalisé pour *Témoignage chrétien* un dossier de trois pages publié dans le n° 1226 du 4 janvier 1968.

lorsque tu nous parles de ton goût de la pédagogie et de ta volonté de mettre la science économique à la portée de tes élèves algériens. On voit bien qu'il y a à la fois le souci de se mettre à la portée de ceux à qui tu enseignes, et aussi celui de percevoir que ton enseignement va servir leurs engagements futurs.

Denis : Mais tout le monde fait cela.

Christophe : Non, justement...

Denis : Il est vrai que nombre d'universitaires se complaisent dans leur jargon, ce qui contribue à ce que beaucoup de citoyens n'y comprennent rien et appauvrit d'autant les débats sur des questions pourtant essentielles. Je me félicite tous les jours d'avoir été contraint de quitter le parcours universitaire qui me semblait tout tracé, même si sur le coup, quand j'en ai été écarté après Mai 68, cela m'avait beaucoup chagriné.

Marc : Est-ce que ta conviction sous-jacente n'est pas qu'en éclairant les questions économiques, les sujets sociaux, en les expliquant le mieux possible, tu peux éveiller une certaine conscience chez ceux qui te lisent, tu peux les changer un peu ?

Denis : je ne dirais pas les choses de cette manière. Je veux les aider à comprendre, ce qui devrait permettre d'éviter les discussions sans fin, les accusations et critiques infondées, mais aussi les espoirs chimériques. Je crois qu'il est déterminant de partir des réalités de terrain, surtout lorsque l'on vise à instaurer une société plus souhaitable parce que plus juste ou plus durable. À défaut, on risque fort de « se casser la figure », comme tant d'expériences avortées – dans la presse « alternative » comme dans les créations d'entreprises « différentes ». C'est sans doute en partie la raison pour laquelle *Alternatives Économiques* a pu s'enraciner et se développer.

- Chemins croisés avec Économie et Humanisme

Dans le domaine de la formation d'adultes, l'association *Économie & Humanisme* était pionnière, grâce à Jean-Marie Albertini, qui avait imaginé des jeux (notamment *Ecocircuit*[1]) pour familiariser à l'économie (d'entreprise autant que nationale) les adultes n'ayant jamais eu de formation initiale dans ce domaine. À cheval entre E&H et le CNRS, les deux organismes

1 Jeu pédagogique qui avait pour objectifs de faire découvrir les rouages de l'économie nationale et comprendre les interrelations entre la vie économique et la vie sociale.

dans lesquels il travaillait, Albertini était à la fois un exceptionnel pédagogue – comme en témoignent ses *Rouages de l'économie nationale* (1960), vendus à plus de 400 000 exemplaires – et un remarquable concepteur de méthodes pour vulgariser l'économie. Entre E&H et *Culture et Promotion* fut donc créé l'« Atelier de pédagogie économique » (APE) pour rapprocher nos deux compétences : dans le domaine de l'innovation pédagogique pour E&H et dans celui de la pratique de terrain pour *Culture et Promotion*, qui s'était spécialisée dans la formation économique des travailleurs en entreprise, et y avait acquis une bonne réputation. « La tête et les jambes » si j'ose dire. Mais ce rapprochement n'a pas eu le succès escompté : Jean-Marie voulait approfondir l'approche par les jeux, nous avions du mal à l'acclimater sur le terrain.

- Des dominicains lecteurs de Karl Marx

Pourtant, j'ai tiré un bénéfice secondaire de ce semi-échec : j'ai fait la connaissance d'une partie de l'équipe des chercheurs d'*Économie & Humanisme*, et notamment d'Hugues Puel, qui en était alors le directeur. Il était maître-assistant d'économie (l'équivalent alors d'un maître de conférences actuel) à l'Université Lyon 2, tout en étant prêtre dominicain. À ce titre, il poursuivait en quelque sorte le chemin tracé par le fondateur d'*Économie & Humanisme*, Louis-Joseph Lebret (mort en 1966). Curieusement, Lebret s'était plongé dans la lecture de Marx, ce qui n'était pas commun, voire hétérodoxe, dans une Église très conservatrice, qui avait accueilli très majoritairement Pétain comme un sauveur. Au fond, ce qui intéressait Lebret, ce n'était pas de se plonger dans la théorie, mais de regarder dans quelle mesure l'économie prenait réellement en compte le sort des hommes. Or l'œuvre de Marx comporte de nombreux passages où il aborde cette question, montrant à quel point l'exploitation, si elle enrichissait certains (parfois au-delà de toute mesure), avait aussi pour conséquence des conditions de vie dramatiques pour nombre de travailleurs. D'où l'importance des enquêtes minutieuses que mèneront par la suite des chercheurs de l'association sur la vie au travail (Philippe Bernoux, Jean Bunel ou Jean Saglio), sur le logement social (Olivier Brachet), sur l'aménagement du territoire (Robert Caillot, le fondateur de « l'enquête-participation »), sur les conditions de vie dans les pays du Sud (Jean-Claude Lavigne), etc. Au début des années 2000, j'ai hérité des œuvres complètes de Marx (et d'Engels)[1] que Lebret avait sans doute fait acheter par les Dominicains, lesquels, quittant leur couvent parisien, souhaitaient s'en débarrasser, car elles n'intéressaient plus personne… Mais Lebret s'en était nourri. Soucieux de ne pas perdre la conviction du fondateur d'*Économie & Humanisme* que l'économie doit être au service de l'homme, Hugues Puel a lancé en 1973 un « séminaire lyonnais d'analyse marxiste » auquel il a invité une quinzaine de personnes susceptibles d'être intéressées. J'ai bien entendu accepté. Impliqué alors dans la formation d'adultes, cette invitation à plonger dans la réflexion sur le marxisme confronté au réel m'intéressait au plus haut point, d'autant que le marxisme était au cœur des débats dans les années 1973-78. Comme beaucoup, je me posais alors la question : « Suis-je ou non marxiste[2] ? » Mais heureusement, Marx est un grand intellectuel, pas un gourou ou le dieu d'une religion : chacun est libre de trier dans son œuvre ce qui lui semble intéressant et ce qu'il rejette.

Marc : La création d'Économie et Humanisme n'a-t-elle pas été provoquée, dès le départ, par la curiosité, l'attrait pour Marx ?

Denis : C'est ce que rapporte Hugues Puel, qui est la mémoire d'*Économie et Humanisme.* Dans un de ses livres[3], il cite un texte où Lebret, en 1945, racontait la naissance de cette association : « [En 1938, après] un mois de convalescence (…), je ramenais la volonté de fonder un centre international d'études sur le marxisme. (…) Mon désir était seulement de travailler à partir du marxisme, sur l'objet nouveau détecté par lui dans le champ des sciences humaines et selon la méthode d'expérimentation objective préconisée ou au moins rêvée par son inspiration première », c'est-à-dire par l'enquête de terrain sur les conditions réelles de vie des hommes, et notamment des travailleurs. Lebret ajoutait qu'il avait renoncé non à ce projet, mais à ce titre parce que « sous cette étiquette, notre travail aurait été fatalement interprété comme un travail soit contre le marxisme, soit pour le marxisme, soit au-delà du marxisme. ». Ce fut donc *Économie & Humanisme.* Mais, par une sorte de coup de bâton de l'histoire, *Économie & Humanisme* a traversé une grave crise au début des années 1950 : l'un de ses membres,

1 Dans la traduction par J. Molitor, éditée entre 1925 et 1937 par Alfred Costes.

2 En témoigne un article publié en juin 1968, « L'analyse économique de Marx au travers du problème de la répartition des revenus », dans le n° 27-28 de *Notre Combat.*

3 Puel H., Économie et Humanisme dans le mouvement de la modernité, Cerf, 2004, p. 70.

Henri Desroche, lui aussi dominicain, avait publié dans la maison d'édition d'É&H, avec l'accord explicite de son supérieur (Lebret) *Signification du marxisme*, une analyse sociologique plutôt empreinte de sympathie à l'égard de l'auteur du *Capital*. Lebret n'y avait sans doute pas vu d'obstacle, mais les évêques, qui se débattaient avec des prêtres ouvriers souvent encartés à la CGT, voire, pour quelques-uns, au PCF, virent rouge, au sens propre du terme. Ils sommèrent Lebret de désavouer Desroche. Il obtempéra. Henri Desroche ne fit ni une, ni deux : il quitta É&H, les dominicains, la prêtrise et l'Église, ce qui lui permit de faire ensuite une brillante carrière de sociologue spécialiste de l'économie sociale.

J'ai participé pendant presque un an à ce séminaire lyonnais mensuel, et j'ai fait connaissance des lieux d'Économie et Humanisme. Pour le séminaire, chacun des participants devait synthétiser les apports des économistes ou sociologues contemporains d'orientation marxiste sur un thème précis. Pour ma part, j'ai planché sur les analyses des crises du capitalisme et de leurs causes. Ma synthèse critiquait assez vertement les analyses « officielles » des économistes du Parti communiste (« la crise de suraccumulation du capitalisme monopoliste d'État » développée notamment par Paul Boccara), mais je me montrais beaucoup plus compréhensif à l'égard des thèses « hétérodoxes » d'Arghiri Emmanuel[4], compagnon de route du marxisme, qui reprenait à nouveaux frais ce qu'avait écrit Marx.

Il m'est arrivé de relire cette synthèse (jamais publiée) il y a peu, et je m'y suis bien reconnu : j'étais intéressé par les thèses marxistes, mais pas au point d'y adhérer pleinement et d'en tirer des leçons politiques. Le texte lui-même est très daté et je n'oserais le proposer aujourd'hui à la revue *L'économie politique*. On peut en tirer deux conclusions : le vieillissement vous rend plus prudent et mesuré ; ou bien on est nettement plus perméable aux idées en vogue (ce qui était le cas des analyses marxisantes en 1973) qu'on ne le croit.

Grâce à ce séminaire, je me suis lié d'amitié avec Hugues Puel, ce pilier d'E&H, avec lequel j'ai par la suite souvent travaillé.

4 Arghiri Emmanuel (1911-2001), économiste grec de langue française. Dans *L'échange inégal* (Maspéro, 1969) il montre à l'aide de la *valeur travail*, concept de Ricardo repris par Marx que l'exploitation appauvrit le Sud au bénéfice du Nord tout entier, et pas seulement des firmes multinationales.

- Économie et Humanisme, centre de recherche et bureau d'études

Christophe : peut-on faire un parallèle entre Économie et Humanisme et le CIDOC d'Ivan Illich à Cuernavaca ?

Denis : Je ne connais pas assez l'institution de Cuernavaca, au Mexique, pour en juger. Mais il me semble que ce « Centre interculturel de documentation » était bien plus qu'un centre de recherche. La très forte personnalité d'Illich attirait des intellectuels de premier rang. Je pense évidemment à Jean-Pierre Dupuy et André Gorz qui ont fait connaître Illich en France, et qui ont été fortement influencés par la pensée illichienne. Le CIDOC était à l'époque ce que l'on nommerait aujourd'hui un *think tank* ; un laboratoire d'idées hétérodoxe, qui a été formidablement productif, mais qui s'est éteint lorsque Illich l'a quitté. Bien sûr, lors de sa période la plus faste (les années 1960), *Économie & Humanisme* a un peu joué ce rôle, mais surtout à propos de l'économie du développement, grâce à la personnalité de Lebret, suscitant des équipes É&H au Brésil, conseillant les chefs d'État des pays africains devenus indépendants (Mali, Sénégal), et inspirant à la fin de sa vie l'encyclique *Populorum progressio* (1967). Mais cette intense activité se menait ailleurs qu'en France, et jamais la belle maison de Caluire, où se situait alors *Économie & Humanisme* n'a connu le bouillonnement intellectuel de Cuernavaca.

En fait, l'association Économie et Humanisme vivait en partie des sessions de formation qu'elle organisait. Mais le cœur de son activité était le centre d'études, qui comprenait un certain nombre de « chercheurs » au solide bagage intellectuel, en général en économie ou en sociologie. Le passage à Économie et Humanisme leur permettait d'acquérir un savoir-faire professionnel dans leur domaine de travail, et ainsi d'être reconnus par les universitaires ou les instances officielles de recherche comme le CNRS, surtout lorsqu'ils publiaient dans la collection Économie et Humanisme des Éditions ouvrières[1] ou dans la revue trimestrielle que l'association éditait. Plusieurs d'entre eux ont ainsi effectué une brillante carrière au CNRS ou dans des organismes sociaux. Il y a donc eu toute une période où, grâce à la force de travail intellectuel hautement qualifiée mise quasi gratuitement à disposition de l'association par des organismes qui en supportaient le coût

1 Devenues les éditions de l'Atelier en 1993.

financier – l'Ordre des dominicains ou le CNRS –, le Centre d'études a joué un rôle important.

Mais, dès les années 1980, ce temps était révolu et, du coup, il fallait gagner de quoi rémunérer les chercheurs, ce que le petit nombre de cotisants était incapable de faire. Il y avait bien les sessions de formation, mais, là aussi, les inscriptions se sont réduites au fil du temps : je me souviens d'une session (vers 2000) où moins d'une dizaine de personnes s'étaient inscrites. Bref, il a fallu faire évoluer le modèle économique de l'association vers un bureau d'études vivant de rapports ou d'études commandés par des donneurs d'ordre. Ce qui changeait beaucoup de choses. D'abord, c'était le donneur d'ordre, et non plus l'association, qui fixait le sujet, le temps à y consacrer et la nature des réponses à apporter. Ensuite les « chercheurs » ne faisaient plus vraiment de recherche, et n'avaient donc plus la possibilité d'approfondir leur domaine de travail, du fait de la grande variété des appels d'offres. En outre, aux yeux des salariés qui faisaient ainsi vivre l'association, l'activité « militante » – les sessions, la réflexion sur ce que devait être l'économie humaine, la parution de la revue, la rédaction d'un nouveau « Manifeste » pour une économie humaine, etc. – devenait une charge plutôt qu'une aide. Enfin, la légitimité du Conseil d'administration[1] était posée : le financement de l'association reposait désormais essentiellement sur les salariés et, s'ils étaient représentés au CA par l'un des leurs, ils souhaitaient pouvoir disposer de davantage de pouvoir dans cette instance de décision.

Ainsi, peu à peu, l'association s'est fragilisée. Financièrement, car les contrats obtenus ne permettaient pas toujours de maintenir la voilure. Socialement, du fait de la précarité de l'emploi des salariés : le *turn-over* des « chercheurs » s'est accentué au fil du temps. Intellectuellement enfin, car *Économie & Humanisme* a mis l'accent davantage sur les réponses aux appels d'offres que sur l'humanisation de l'économie.

Gérard Sarazin était devenu Président de l'association en 1986. Nous nous étions connus à *Culture et Promotion* en 1971. Ancien commandant de marine marchande, il était devenu Inspecteur général des affaires sociales, et a été le bras droit de Bertrand Schwartz, avec lequel il a mis en place les « missions locales » (pour aider l'insertion des jeunes en difficulté). En 2002, il me demanda de lui succéder, car il estimait que, en ces temps difficiles pour E&H, il fallait du sang neuf. Je pense aujourd'hui que la réussite

1 Le conseil d'administration s'est appelé « Conseil de surveillance et d'animation » entre 1986 et 1997.

d'*Alter Eco* l'avait impressionné et il en déduisait que je pourrais redonner à l'association une partie de son lustre passé. D'abord réticent, trois raisons m'ont poussé à accepter : une bonne équipe de salariés, un « délégué général »[1] dynamique recruté peu auparavant et qui débordait d'idées, Cyril Kretzschmar, sur qui je pouvais m'appuyer, et, enfin un Conseil d'administration comportant de fortes personnalités, comme Jean Clément, ancien PDG du groupe Algoé (un ensemble de sociétés de conseil), Yves Crozet (économiste qui était alors directeur du Laboratoire d'économie des transports) ou André Chomel (ancien responsable du Crédit Coopératif). Je suis donc devenu Président d'Économie & Humanisme en 2002. Mais pour peu de temps : j'ai démissionné deux ans après, et l'association a déposé le bilan, puis a été liquidée en 2007. Comment expliquer ce qu'il faut bien qualifier d'échec ? *Économie & Humanisme* était à la croisée des chemins, et deux voies s'offraient, entre lesquelles, à mes yeux, il fallait choisir.

La première consistait à aller jusqu'au bout de l'évolution largement entamée vers une structure vivant de rapports et de conventions d'études sur des sujets « sociétaux » (conditions de vie, logement, travail social, etc.), en donnant aux salariés concernés davantage de pouvoir, voire en transformant l'association en Scop (coopérative de travailleurs). Venant moi-même d'une Scop, il me semblait qu'il s'agissait d'une idée à creuser. Pas forcément en adoptant ce statut, mais en laissant une place majeure dans sa gouvernance à ceux sur lesquels reposait la base matérielle de l'organisme.

La seconde, plus conforme à l'idée du fondateur, consistait à faire de l'association un lieu d'élaboration de réflexions, d'analyses et de propositions de sorte que l'économie soit au service des hommes, et pas l'inverse, et qu'elle soit pilotée par les besoins, non par le profit. Au fond, faire d'E&H un lieu mobilisant bénévolement experts et citoyens concernés en vue de produire des idées neuves sur le rapport entre économie et société dans une perspective solidariste, un peu l'équivalent de ce que fait aujourd'hui Terra Nova.

Aucune de ces deux voies n'était réaliste. La première parce que le Conseil d'administration ne l'entendait pas de cette oreille : ç'aurait été une trahison du projet de Lebret, qui voyait l'association comme un lieu où des hommes de bonne volonté – les uns salariés, les autres bénévoles – s'efforçaient de travailler ensemble pour remuer la « pâte humaine » afin qu'elle donne un meilleur pain. J'ai retrouvé une note significative de Jean Clément

1 Nom donné au directeur.

où il écrivait que « l'association doit avoir pour souci constant, au travers de et par ses activités, son organisation et ses modes d'action, de promouvoir ses acteurs, collaborateurs salariés ou adhérents bénévoles, dans leur vocation créatrice ». La deuxième parce que la force de frappe intellectuelle nécessaire, la capacité de mobilisation d'experts, faisait défaut : dans son orbite, E&H en attirait peu prêts à s'investir bénévolement. Ainsi, Bernard Carrère, un économiste en retraite, avait écrit en 2002 une intéressante note où, s'appuyant sur Polanyi (« ce n'est pas la société qui doit se conformer au marché, mais le contraire »), il souhaitait qu'E&H élabore une « nouvelle pensée de l'économie », ce qui était bien au-dessus de nos capacités, même en nous rapprochant d'autres, comme il le suggérait.

En outre, le contexte ne s'y prêtait pas. Très vite, j'ai été absorbé par les remous au sein du groupe des salariés, qui voyaient bien la précarité de leur situation : les uns s'inscrivaient résolument dans l'histoire de l'association, mais d'autres, plus jeunes, se vivaient plutôt comme des tâcherons exploités. Quant au délégué général, sans doute avait-il trop donné de lui-même pour dynamiser l'équipe et dégoter suffisamment de conventions d'études pour assurer les fins de mois : très déprimé, il a fallu qu'il s'arrête et que des membres du C.A., et notamment le bureau (y compris, bien sûr, le Président) le remplacent plus ou moins bien, ce qui a accentué les difficultés. Pas question, dans ces circonstances, de nous lancer dans la réalisation d'un nouveau *Manifeste*, actualisant les objectifs dans lesquels s'inscrivait l'association. Pas davantage question de relancer une collection de livres : avec quels auteurs et quel éditeur ? Aucun de ces chantiers – le premier figurait dans ma corbeille d'accueil comme Président, l'autre dont j'avais lancé l'idée – n'a pu être mené à bien. Quant à la crise de gouvernance soulignée par les salariés, elle n'a pas pu être réglée, faute d'accord du Conseil d'administration. Sans ménagement, Hugues Puel m'a donc demandé de démissionner dans les termes suivants : « il apparaît à l'évidence que tu n'es plus en état de gérer cette délicate transition (…). Je regrette l'erreur que Gérard Sarazin et moi avons commise en te sollicitant comme président mais je te garde toute mon amitié. » Il avait raison sur mon échec et le lien amical, qui subsiste. Mais il avait tort de croire qu'un changement de président pourrait sauver l'association. Le dépôt de bilan n'a pu être évité. Quatre des consultants, sous l'impulsion de Vincent Berthet, ancien directeur de la revue, ont alors créé une SCOP, *Développements et humanisme*, qui poursuit aujourd'hui l'activité de conseil *d'Économie et Humanisme.* C'est au fond la concrétisation de la première option que j'avais envisagée, et à cause de laquelle j'ai été démissionné.

- La revue *Économie et Humanisme*

Marc : Nous n'avons pas parlé de tes publications dans la revue Économie et Humanisme.

Denis : J'ai publié quelques articles dans la revue entre 1974 et 2006. Il fut un temps (les années 1950 à 1980) où cette revue bénéficiait d'une bonne renommée. Elle accueillait des signatures parfois prestigieuses, comme celle de Kenneth Arrow, un brillant économiste qui a été « nobélisé » en 1972, et c'est dans la collection Économie & Humanisme des éditions Ouvrières qu'ont été publiées les traductions françaises de deux livres d'Albert Hirschman : en 1970 *Face au déclin des entreprises et des institutions* (traduction de *Exit, Voice, and Loyalty*[1]), et en 1974 *Stratégie du développement économique*. Dans les années 2000, la collection avait disparu et la revue vivotait en publiant des numéros centrés sur des thèmes plus proches du travail social que de l'économie.

1 Une traduction plus récente a été publiée chez Fayard en 1995 sous le titre *Défection et prise de parole*.

Deuxième partie
Les turbulences des années 70, après la tempête de 68

1 - La vie d'un militant après 1968

Denis : La décennie 1970 a été – au moins pour moi – une décennie hyper-militante, principalement *via* le PSU, qui va progressivement tomber dans le gauchisme et y entraîner nombre de ses militants, parmi lesquels j'étais. Cela provenait évidemment des « évènements » de mai 1968, lesquels avaient suscité chez beaucoup des espoirs déçus qu'ils ont tenté (vainement) de concrétiser durant ces années 1970. Mais en outre, ces années ont connu des bouleversements importants : la « crise pétrolière », comme on l'a appelée, l'affaire Lip, puis celle du Larzac. Je vais cependant commencer plutôt par le contexte dijonnais entre 1973 (car mon ré-enracinement dijonnais ne commence que cette année-là, ayant été à Constantine, puis Alger, puis Paris au cours des quatre années antérieures) et 1980 (année de lancement d'*Alternatives Économiques*, qui a été pour moi celle de la chrysalide, l'enseignant devenant chef d'entreprise).

- Le contexte dijonnais

À la suite de 1968, le PSU a connu une envolée, à Dijon comme ailleurs : le nombre d'adhérents s'est accru et diversifié, leur militantisme également. Le PSU décide de se doter d'un local. Il est vite trouvé, dans le vieux Dijon : une ancienne boutique transformée en appartement. Une société civile immobilière (SCI, dont je suis le gérant bénévole) est créée, les militants et sympathisants souscrivent des parts, et hop, l'affaire est bouclée. Parallèlement, un projet commercial prend corps : pourquoi ne pas créer une imprimerie militante ? Cela permettrait d'améliorer sensiblement le visuel des nombreux tracts qui sont alors distribués, pour dénoncer les « méchants » (employeurs, journaux, groupes politiques hostiles ou concurrents) et soutenir les « bons » (les grévistes, manifestants, révolutionnaires, etc.). Cela permettrait même de sortir régulièrement un journal politique local, pour faire contrepoids à la presse qualifiée alors de « bourgeoise », comprenons « d'information ». Hubert Guyet, un prêtre dolois adhérent du PSU, se propose pour y travailler à mi-temps. Par ailleurs, dans la mouvance PSU, se trouvent des enseignants qui rêvent de diffuser livres et brochures que l'on ne trouve guère dans les librairies classiques : c'est l'époque de la « contre-culture ». Pourquoi ne pas additionner ces deux projets ?

Des locaux sont proposés gratuitement par un adhérent qui dispose d'une vieille maison à Saint-Apollinaire, dans la banlieue dijonnaise. Banco : les statuts de la « Librairie imprimerie de Saint-Apollinaire » (en abrégé LISA) sont déposés, sous forme de SARL, avec un salarié (Hubert, qui s'occupe de la composition des textes, affiches et journaux) et des militants bénévoles (je suis chargé de la comptabilité, normal pour un agrégé en techniques économiques de gestion !). Au début, le matériel est composé d'une ronéo. La CFDT est prête à faire imprimer ses publications locales à LISA, mais à condition que ce soit une vraie imprimerie. Une machine offset est achetée, un deuxième salarié, conducteur offset, est recruté. Catastrophe : le militant qui fournit les locaux démissionne du PSU et met LISA à la porte. Que faire ? Pas de problème : dès 1974, le tout trouve refuge dans le local du PSU, et les libraires bénévoles sont ravis, car ce local dispose d'une devanture qui permet d'exposer les livres et brochures, et améliore les ventes quasi-nulles du local précédent. Mais cette solution n'a pas que des avantages : où loger la Fédération du PSU ? La réponse est vite trouvée : dans un autre local, toujours dans le vieux Dijon, mais dans un quartier nettement plus misérable, voire insalubre, puisqu'il n'est pas rare de mettre en fuite des rats quand on emprunte l'allée qui y conduit. Peu importe : une deuxième SCI est constituée, les militants, sympathisants, associations proches sollicités, le local – plus grand et moins cher – est acheté, retapé, assaini. Tout cela prend du temps, nécessite de l'argent et consomme beaucoup d'énergie militante. Mais c'est pour la bonne cause.

- Allende et le putsch chilien

Le 11 septembre 1973, le général Pinochet réalise un coup d'État au Chili. Salvador Allende, le Président légalement élu, se suicide avant de tomber aux mains des putchistes. La répression est féroce et des milliers de résistants sont exécutés, bien davantage encore étant emprisonnés ou torturés. Personnellement, ce putsch m'a fortement touché. Avec mon épouse et un groupe d'amis de Témoignage Chrétien, nous avions passé un mois au Chili l'année précédente, et nous avions assisté aux « défilés des casseroles », mais aussi écouté et apprécié la « nouvelle chanson chilienne », avec Isabel et Angel Parra et le groupe des Quilapayun. Victor Jara, un chanteur et guitariste engagé que nous avions rencontré à la *Peña de Los Parra* (un peu l'équivalent des « caves de St Germain des Prés » dans les années 1950) a eu les doigts coupés (« Maintenant, essaye de gratter ta guitare ! ») avant d'être exécuté. L'émotion est grande, et nous trouvons que la réaction du PS est bien faible, d'autant qu'il semble que le coup d'État ait bénéficié du soutien américain. Le groupe autogestionnaire de Quetigny (la commune où nous habitions alors, à côté de Dijon) dont le PSU local fait partie propose d'accueillir et de prendre en charge un réfugié chilien, puisque, parmi les militants qui sont parvenus à échapper à la répression ou qui ont été arrêtés puis libérés, nombreux sont ceux qui ont demandé l'asile dans un pays européen. Le groupe promet de trouver à la personne qui sera accueillie un logement, une formation si nécessaire et un emploi. C'est Juan qui nous est alors confié : ancien mineur, militant de gauche en Bolivie, il a été emprisonné dans son pays pour activisme politique, s'en est évadé (en traversant à la nage le lac Titicaca), et s'est réfugié au Chili quelques mois avant le putsch. Problème : il est illettré et ne parle pas un mot de Français. Qu'à cela ne tienne : Lisa l'embauche. Mais il faudra de nombreux mois pour qu'il apprenne les rudiments linguistiques et sache faire tourner correctement la machine d'impression offset. Par chance, l'un des adhérents du groupe autogestionnaire s'occupe de formation du personnel communal et lui trouve une formation dans les métiers de l'imprimerie et un emploi au Centre de formation du personnel communal. Juan y restera jusqu'en 2000. Désormais en retraite, il a retrouvé sa Bolivie.

Ce drame chilien va d'ailleurs révéler un malaise politique profond entre les composantes de la gauche non communiste. Depuis mai 68, les uns parient sur le réformisme pour changer notre système social. Les autres estiment au contraire que des coups de boutoir sont plus efficaces. Le PSU hésite entre les deux voies. Mais, de plus en plus, la voie « gauchiste » l'emporte. Dans le vocabulaire – « pouvoir ouvrier », « travailleurs en lutte »... –, mais aussi dans la pratique : dès qu'une entreprise se met en grève, les militants du PSU accourent. Ils soutiennent les comités de défense des appelés qui récusent la hiérarchie militaire, etc. Le putsch chilien devient un révélateur : pour le dénoncer, on peut faire pression internationalement et accueillir des réfugiés. Mais on peut aussi constituer un comité de lutte prônant la résistance par la lutte armée. À Quetigny, la majorité municipale se contente de donner le nom de Salvador Allende à un boulevard, tandis que le PSU local se voudrait plus radical, mais accueille un réfugié, comme s'il hésitait entre les deux voies. Au niveau national, la voie gauchiste l'emporte largement en appelant à la constitution d'un comité de soutien à la lutte *révolutionnaire* du peuple chilien. Michel Rocard en tirera la leçon en 1974, en démissionnant de son poste de Secrétaire national et en adhérant au PS.

Une partie des membres du PSU de Quetigny le suivent. Parmi eux, Hervé Vouillot, l'ami proche, celui-là même qui m'a aidé à passer l'agrégation de *Techniques économiques de gestion.* Adjoint aux Finances de la municipalité (et futur député de Côte d'Or sous la bannière PS), les divergences croissantes entre le PSU et la majorité PS du Conseil municipal l'amenèrent à m'écrire une lettre dans laquelle il posait une bonne question : « Le PSU a-t-il choisi définitivement l'isolement et le sectarisme ? Si c'est le cas, il sera marginalisé car c'est le destin de ceux qui ne distinguent pas l'essentiel de l'accessoire. » Il avait raison, et c'est sans doute à ce moment que j'ai commencé à m'interroger sur le caractère velléitaire du gauchisme qui était le nôtre.

- LIP 1973-74

Marc : Tu étais installé à Dijon, mais tu avais vécu un temps à Besançon, une ville où il s'est passé pas mal de choses à la fin des années 1960 et au début des années 1970 : les grèves de la Rhodiaceta, et un peu plus tard LIP. Comment as-tu vécu ces événements ?

Denis : J'ai fait une partie de mes études à Besançon, où j'ai rencontré celle qui est devenue mon épouse, mais nous n'y sommes pas restés. Nous avons habité à Dijon (ou dans sa proche périphérie) durant l'essentiel de ma vie professionnelle. Je ne suis retourné à Besançon qu'épisodiquement, notamment au moment de « l'affaire LIP », en 1973-1974.

Peu de jours après le putsch chilien, s'y déroule la marche de soutien aux Lip. Lip était la plus grande fabrique d'horlogerie française, la seule en France qui fabriquait la totalité des composants d'une montre. Son patron, Fred Lipmann, inquiet de devoir prendre le tournant de l'électronique, avait vendu l'entreprise à une société suisse, laquelle entend réduire fortement la voilure, fermer l'usine et ne conserver quasiment que la marque et le commercial. Sur les 1 300 salariés, un millier est menacé. C'est alors le plus important licenciement industriel en France qui se prépare. On se rendra compte plus tard qu'il ne s'agissait que d'une avant-garde, puisque bien d'autres fermetures d'usines interviendront par la suite Mais, sur le moment, cette fermeture annoncée suscite bien sûr la colère des travailleurs, et aussi un choc dans l'opinion publique, qui prend fait et cause en faveur de ces derniers. Il se trouve en outre que la CFDT est bien implantée chez Lip, notamment grâce à Charles Piaget, un ouvrier qualifié très respecté. En avril 1973, la grève commence.

Deux mois après, voyant que rien ne bouge, ni du côté de l'employeur, ni de celui des Pouvoirs publics, les travailleurs décident de reprendre la production de montres, mais à leur compte. Le slogan « on fabrique, on vend, on se paie » fait mouche et, de partout, affluent des soutiens en faveur de ce qui ressemble à une forme d'autogestion (même si, dans les faits, les montres vendues proviennent surtout des stocks existants). L'utopie de mai 68 serait-elle en train de se concrétiser ? En tout cas, à Dijon, les adhérents du PSU y croyaient et ils ont écoulé quantité de montres.

Le 14 août 1973, la police fait évacuer l'usine. Mais les ventes « sauvages » (*via* des militants du PSU ou de la CFDT principalement) continuent. Charles Piaget est très applaudi lorsqu'il proclame que « l'usine se trouve là où se trouvent les travailleurs ». Car les syndicalistes, anticipant cette évacuation, avaient fait main basse sur les stocks et, grâce à la connivence de nombreuses personnes, les avaient dispersés dans de multiples caches, dans tout le département du Doubs : églises (de nombreux prêtres ou curés soutenaient « les Lip »), granges, maisons particulières, etc. Le plus surprenant est que la police n'a jamais pu trouver une seule de ces caches, ni prendre la main dans le sac les syndicalistes qui faisaient parvenir les montres aux « revendeurs » bénévoles. Sans doute parce que bien des policiers traînaient des pieds pour coincer les « voleurs ». Et la « marche sur Besançon » ayant rassemblé 100 000 personnes – du jamais vu dans la capitale franc-comtoise, et ceci malgré la pluie drue qui était de la partie – montrait clairement que l'opinion publique penchait plus du côté des « insurgés » que du pouvoir. Les salariés continuant d'être payés grâce à cette mobilisation à la fois militante, commerciale et illégale d'ampleur dans toute la France, la fin de la grève n'était guère en vue. Aussi, malgré une déclaration tonitruante du Premier ministre de l'époque (Pierre Messmer) – « Lip, c'est fini » –, le ministre de l'Industrie, Jean Charbonnel et quelques grands industriels de l'époque (notamment Antoine Riboud) obtiennent de relancer Lip, avec Claude Neuschwander (n° 2 de Publicis et membre du PSU) comme patron, et une formation des salariés. En effet, contrairement à l'image d'industrie haut de gamme, l'horlogerie française relevait autant du « taylorisme » que de la mécanique de précision : une partie non négligeable des ouvriers étaient des « O.S. » (l'ouvrier spécialisé n'est pas qualifié : c'est la tâche qu'il effectue qui est « spécialisée », entendons « subordonnée au rythme de la machine qu'il alimente » et ne nécessitant qu'une formation sur le tas).

Et c'est ainsi que, en mars 1975, la formation des O.S. est confiée au CESI, en la personne de Michel Préfol, avec lequel j'avais souvent travaillé lorsque j'étais au CAFOC. Les travailleurs licenciés sont formés et réembauchés, une nouvelle collection de montres lancée, mais quelques mois après, les apports de fonds promis par l'État et certains patrons faisant défaut, l'entreprise a dû à son tour déposer le bilan (1976). Claude Neuschwander a raconté dans un livre co-écrit avec Guillaume Gourgues (*Pourquoi ont-ils tué Lip* ? aux éditions Raisons d'agir) la façon dont cette relance a capoté alors même qu'une nouvelle collection de montres était sortie, que la paix avait été signée avec les horlogers-bijoutiers et que les ventes « légales » reprenaient. Il est clair que le fonds de roulement (ce qui finance le délai entre le paiement des dépenses et l'encaissement des recettes) de la nouvelle entreprise n'avait pas été suffisamment doté. Claude Neuschwander pense que les industriels qui accompagnaient cette reprise l'avaient fait exprès, histoire de ne pas permettre qu'une révolte ouvrière réussie menace de faire tache d'huile. C'est vraisemblable.

J'ai fait partie durant cette période du Conseil d'administration de l'« Association des amis de Lip » et, en tant que militant du PSU, j'ai aidé à vendre des montres, nouant ainsi des relations amicales avec Charles Piaget (*le Charles*, comme disaient les travailleurs), Jean Raguenès et bien d'autres[1]. J'ai aussi brièvement participé, avec André Gauron, à la mise au point d'un jeu de société, *Chomageopoly*[2], dont l'idée centrale était que les

1 *Alternatives Économiques* consacrera la 4e de couverture de son numéro 2 à un article signé André Dubois (un pseudonyme de Denis Clerc) intitulé « LIP : toujours là » et insistant sur l'aspect le moins connu de l'aventure : les sociétés, coopératives et associations fondées par les ouvriers – notamment *LIP, Les Industries de Palente*, une SCOP créée en 1978.

2 Le *Chomageopoly* (que l'on peut trouver sur *eBay*) a été le premier jeu « coopératif ». Ce jeu de société créé par les travailleurs de LIP en grève, représente la lutte des travailleurs mis en chômage par la faillite de leur entreprise. Ils restent ensemble pour obliger le gouvernement, le patronat, et le système qui les ont mis au chômage, à leur trouver un emploi. Pour gagner, il faut s'unir. *Chomageopoly*,

gagnants ne gagnaient que s'ils parvenaient à se solidariser avec les perdants qui, du coup, ne l'étaient plus. Cette approche m'intéressait, mais j'étais plutôt partisan de jeux de rôles, et je n'ai donc pas participé à la conception du jeu qui a été finalement édité, mais n'a pas été un grand succès commercial.

Charles Piaget raconte qu'il a été heureux que sa fille se marie, car le changement de nom qui en découlait pour elle allait lui permettre de trouver plus facilement un emploi, dans une ville où le petit patronat local n'a jamais digéré « l'affaire Lip ». « Le Charles » anime depuis une association de lutte contre le chômage.

En février 1976, le rideau tombe pour la deuxième fois, définitivement. Les travailleurs de Lip auront beau s'escrimer à créer une coopérative, une imprimerie, une association de vacances populaires, etc., l'entreprise Lip ne renaîtra pas, même si le nom – racheté par un petit industriel – subsiste.

Mais, exceptés cet engagement et cette période, j'ai été largement étranger à ce qui se passait à Besançon, notamment à la Rhodiacéta, cette usine qui fabriquait le tissu synthétique vendu sous la marque Tergal : le brevet protégeant ce fil polyester étant expiré, les prix de vente ont sensiblement diminué et de nombreux travailleurs ont été licenciés avant que, en 1982, le site lui-même soit fermé : 2000 emplois ont ainsi disparu

- Un militant actif du PSU

J'ai adhéré au PSU en 1967 et j'ai été très militant d'abord comme étudiant, puis ensuite, en 1968, devenu assistant à la Fac, au cours des « évènements » de mai 68. Mon départ en Algérie avait mis fin – provisoirement – à cette activité politique, que j'ai reprise en 1972, une fois revenu à Dijon. C'est ainsi que j'ai été amené à contribuer à *Germinal*, publication agricole du PSU, dans laquelle j'ai fait mes premiers pas dans la presse comme rédacteur en chef et éditeur.

Christophe : et c'est à ce moment que tu commences à participer à la Commission économique ?

contrairement à la plupart des jeux qui amènent chaque joueur à affronter tous les autres, récompense la coopération.

Denis : Oui : de fil en aiguille, j'ai été amené à faire la connaissance des membres de la Commission économique nationale du PSU à peu près au moment où Michel Rocard quittait le PSU pour le PS. Elle comprenait notamment Yves Barou, Jacques Rigaudiat, Hugues Sibille, Bernard Billaudot, Michel Mousel, Jacques Sallois et Jean-Pierre Piau, qui sont devenus des amis. Mais je n'ai jamais été membre officiel de cette Commission et je ne participais à ses réunions que de loin en loin. Elle était assez marxisante, bien plus en tout cas que je ne l'étais. Et surtout, ses membres m'intimidaient par leur cursus de formation (Polytechnique, ENA...) aussi bien que leur positionnement professionnel (Insee, Cour des Comptes...). La plupart d'entre eux ont participé étroitement par la suite à l'aventure d'*Alternatives Économiques*, au moins au début.

- La « crise pétrolière »

C'est toujours en 1973 (octobre) qu'éclate la « crise pétrolière ». Les principaux pays arabes (Égypte, Jordanie, Syrie, Irak) attaquent Israël par surprise, afin – officiellement - de récupérer les territoires que ce pays a annexés unilatéralement six années auparavant (plateau du Golan et péninsule du Sinaï), mais sans doute dans l'espoir d'en finir avec l'État hébreu. Les États-Unis livrent immédiatement à ce dernier des armes très sophistiquées pour se défendre, et, en dix jours, la « guerre du Kippour » consacre la défaite arabe. Par solidarité, les pays arabes membres de l'OPEP – Organisation des pays exportateurs de pétrole - (Arabie Saoudite et Émirats du Golfe inclus) décident d'augmenter les prix du pétrole brut de 70 % et de réduire de 5 % par mois leurs exportations tant que les territoires occupés le resteront et que les droits des Palestiniens n'auront pas été reconnus. L'Arabie Saoudite décrète en outre un embargo sur les exportations de brut vers les États-Unis et les Pays-Bas. Enfin, ils décident de suivre l'Algérie qui, en 1970, avait nationalisé les puits pétroliers et gaziers, de façon à pouvoir fixer unilatéralement prix et quantité des hydrocarbures extraits de ces puits. Au total, en quatre mois, les prix du brut « Arabian light » (et la rente pétrolière captée par l'État producteur) sont multipliés par quatre, et la panique s'installe dans les pays occidentaux, qui se découvrent totalement dépendants de « l'or noir », qui n'a jamais si bien mérité son nom. C'est « le choc pétrolier ».

La « crise » engendre immédiatement deux conséquences. D'abord, elle crédibilise les premiers cris d'alarme environnementaux lancés aux États-Unis par les auteurs du « Rapport au Club de Rome » (Donnella et

Dennis Meadows, Jørgens Randers et William Behrens), quatre chercheurs du MIT (*Massachusetts Institute of Technology*) qui, pour la première fois, avaient conçu un modèle informatique pour tester la « durabilité » de la croissance économique des années d'après-guerre. Leur rapport, traduit en français sous le titre *Halte à la croissance* ?, prenait en compte le caractère non renouvelable des ressources, la pollution et la démographie mondiale, et concluait à l'impossibilité de poursuivre cette croissance. Le rapport avançait que l'état d'équilibre (« un état caractérisé par une population et un capital global constants ») ne pourrait être atteint qu'à condition de revenir à une « croissance zéro » (*zero growth*, ou, en abrégé *zeg*) en 1990 au plus tard. À défaut, l'humanité paierait très cher – des formes d'effondrement liées aux pénuries alimentaires, minérales ou énergétiques – son incapacité à freiner l'allure puis à la stabiliser. Croissance zéro ? Que n'avaient-ils écrit ! Qualifiés de « zégistes », ils furent l'objet de quolibets et de moqueries. Ainsi, Wilfred Beckerman, un économiste anglais très libéral, demanda même « de quel degré de bêtise devez-vous faire montre pour être admis au Club de Rome ? ». Ils étaient pourtant des précurseurs, même si, trente années après, Dennis Meadows et Jørgens Randers, actualisant leur rapport, convenaient qu'ils avaient un peu trop chargé la barque environnementale. Mais ils maintiennent leur diagnostic essentiel : la croissance économique est un danger majeur pour l'humanité et il est impératif de la maîtriser.

Encore aujourd'hui, et alors même que les alarmes sur la dégradation de la planète se multiplient, la majorité des économistes continuent de penser que la croissance économique est un bienfait. Ainsi – pour ne prendre qu'un exemple – Joseph Stiglitz (« Nobel » 2001), critique la politique économique de l'Union européenne en expliquant qu'elle aboutit à un freinage de la croissance économique. Personnellement, je reconnais qu'il m'a fallu longtemps pour chausser de nouvelles lunettes et admettre que, si la croissance économique était un impératif pour réduire la misère des pays dits « en développement », dans les pays à niveau de vie élevé elle était destructrice. Dans ces pays, notre problème n'est pas l'insuffisance de croissance, mais l'insuffisance de partage, en termes d'emploi aussi bien que de niveau de vie.

Pour en revenir au « choc pétrolier », il y a bien eu un choc, puisque le rythme annuel de croissance économique dans les pays développés a été divisé par deux environ dans les années « post-choc » (et même davantage certaines années) par rapport aux « Trente Glorieuses ». Ce que nous prenions pour la règle – des progressions de niveau de vie moyen de l'ordre de 3 à 4 % chaque année – a cédé brutalement la place à des rythmes bien moindres, voire des régressions. La faute au prix du pétrole ? C'était le bouc émissaire idéal : des Arabes rentiers qui prélevaient sur notre dos de quoi vivre fastueusement. Valéry Giscard d'Estaing, alors Président, affirmait en 1977 que « *la crise est comme les épidémies : elle nous vient du dehors* ». Ce n'était pas totalement faux, mais c'était très nettement excessif. Je me suis alors attelé à l'écriture d'un livre destiné à *Comprendre la crise* (éd. Universitaires), qui est paru en 1977. J'y expliquais que si la hausse du prix du pétrole avait joué un rôle, elle n'était qu'une composante – et pas la principale – des raisons du brutal ralentissement de la croissance économique. S'y ajoutaient une crise monétaire internationale (le dollar était devenu inconvertible en or en 1971, ce qui favorisait la spéculation) et une crise de l'investissement, faute de rentabilité suffisante. Cette dernière analyse puisait assez largement dans l'argumentaire développé par les économistes de la régulation (Michel Aglietta, Bernard Billaudot, Robert Boyer et Alain Lipietz notamment) : faute de profits suffisants et d'innovations majeures susceptibles de stimuler l'activité, les investissements des entreprises avaient marqué le pas, entraînant un fort ralentissement des gains de productivité et donc une quasi-stagnation des salaires et de la demande de consommation. Bref, l'ère du fordisme se terminait et il fallait inventer un autre modèle de régulation, privilégiant les besoins collectifs davantage que des besoins de consommation individuels. Néanmoins, je m'appuyais également sur les analyses d'Ivan Illich, André Gorz (qui signait alors Michel Bosquet les articles qu'il publiait dans *Le Nouvel Observateur*) et de Jean-Pierre Dupuy, qui m'avaient beaucoup marqué.

Je ne pensais pas avoir fait œuvre réellement novatrice, mais davantage didactique, en m'appuyant néanmoins sur de nombreuses références (78 !) et statistiques. Je pensais naïvement que ce livre susciterait l'intérêt. Ce fut un bide : quasiment aucune recension, moins d'un millier d'exemplaires vendus, alors même que les livres des auteurs dont je m'inspirais étaient des succès de librairie… Mais ce livre, qui est de loin celui qui m'a demandé le plus de travail, m'a convaincu que le capitalisme n'était pas seulement critiquable du point de vue économique – ses fluctuations, crises et krachs –, ou du point de vue social – les inégalités et le chômage –, mais aussi, et de plus en plus, du point de vue « environnemental » et « sociétal » : une société fondée sur la quête du « toujours plus » n'est ni morale (elle repose sur l'envie), ni durable (elle repose sur la prédation). Néanmoins, j'ai pris ma revanche quelques années plus tard (1983), en co-écrivant avec Alain Lipietz et Joël Satre-Buisson un petit livre (*La crise*, qui a eu quatre éditions successives) reprenant pour l'essentiel la thématique de *Comprendre la crise.* Quarante ans après, je crois que, si les analyses de ce livre n'étaient pas fausses, nous étions à côté de la plaque en qualifiant de « crise » le ralentissement sensible de la croissance économique et la forte montée du chômage. Il s'agissait bel et bien d'un tournant historique, lié à une surexploitation des ressources non renouvelables, qui contraint désormais à ne plus voir dans la croissance la solution, mais le problème : il faut de plus en plus d'innovation et donc de travail intellectuel – pour parvenir à peu de croissance. Nous sommes désormais en face d'une « grande crise » (pour reprendre le vocabulaire de Robert Boyer) qui met en cause le capitalisme, non pas dans son penchant pour l'exploitation, mais en raison de l'illimitation dont il est porteur (trop n'est jamais assez) dans une planète où les ressources sont limitées et où la croissance abîme, voire détruit, plus qu'elle ne produit. En gros, on est passé d'une crise des gains de productivité du travail à une crise de surexploitation destructrice de l'ensemble des ressources grâce auxquelles nous vivons.

- La marche sur le Larzac

Marc : Le Larzac a été la grande affaire des milieux paysans dans la décennie 1970. Le PSU venait alors de lancer un journal, Germinal, dont, plus tard, tu deviendras le directeur. Tu as toi-même indiqué que « Le premier numéro de Germinal paraît en février 1973 comme supplément à « Tribune socialiste », et l'objectif est de faire le lien entre les différentes luttes paysannes, dont celle du Larzac, [qui a duré dix ans, de 1970 à 1980]. Il y a aussi l'idée sous-jacente de capter les lecteurs de Vent d'Ouest, le journal de l'association des Paysans-travailleurs, pour les amener à rejoindre le PSU ![1] ». Comment as-tu participé, par Germinal ou autrement, au mouvement du Larzac ?

Denis : L'année 1973 a décidément été fertile en évènements, puisque ce fut l'année de la première marche sur le Larzac (le 25 août, soit un mois avant celle de Besançon). Là encore, le PSU est aux avant-postes et soutient le refus des 103 paysans (la plupart éleveurs de brebis dont le lait sert à faire le Roquefort) dont les terres devraient faire l'objet d'une expropriation au profit d'un gigantesque camp militaire. Cette première marche (il y en

1 Denis Clerc, in Thomé Pierre, *Créateurs d'utopie*, éd. Yves Michel, 2012, p. 68.

aura plusieurs les années suivantes) rassemble 60 000 personnes à l'appel des « Paysans-travailleurs ». Sans doute le côté antimilitariste a joué, mais c'est aussi la résistance non-violente des paysans concernés – « des moutons, pas de canons » – qui suscite la sympathie en leur faveur. La marche sur ce plateau en apparence désertique est spectaculaire. Le soir, en présence de nombreux participants qui ne se résolvent pas à partir, Graeme Allwright donne un concert en plein air. Mais le soir sur le Larzac, fin août, est plus que frisquet. Les doigts gourds du chanteur ne parviennent pas à pincer comme il faudrait les cordes de sa guitare. La famille Clerc – car, vacances obligent, elle est au complet : 4 enfants et 2 adultes – a beau s'être équipée des ponchos rapportés du Chili l'année précédente, se tenir au chaud est difficile. Cette lutte contre le froid a effacé chez moi tout autre souvenir de la marche.

2 - L'autogestion et *Alternatives Économiques*

Marc : L'autogestion a été dans les années 1970 un concept important, qui a été « enterré à la sauvette »[1] *au milieu des années 1980. C'est pourtant une vieille idée qui n'est pas née en mai 1968. Depuis le XIX*e *siècle, la plupart des mouvements révolutionnaires, qu'ils soient socialistes, anarchistes ou anarcho-syndicalistes, ont préconisé des formes d'auto-organisation ouvrière. À l'époque qui nous intéresse – la seconde moitié du vingtième siècle – l'autogestion a été vue par différents courants antitotalitaires comme une alternative au socialisme soviétique. Dans les années 1950, la référence était « l'expérience yougoslave », réaction titiste à « l'anti-modèle » stalinien. A posteriori, cette autogestion yougoslave nous apparaît comme une sorte de cogestion encadrée par l'État, les entreprises ayant la forme de sociétés à directoire (la direction générale, nommée par le pouvoir politique) et à conseil de surveillance (les organes de contrôle, élus par le personnel).*

En France, nous n'avons pas connu d'épisode significatif d'autogestion comme Kardelj l'avait conçu pour Tito en Yougoslavie ou Michel Pablo pour Ben Bella en Algérie. Il existe par contre une littérature très abondante où l'on peut trouver des textes de qualité, à commencer par L'Âge de l'autogestion, de Pierre Rosanvallon, dont tu nous as dit qu'il t'avait marqué. En relisant cet essai très complet, ou le livre de Daniel Chauvey, Autogestion[2]*, on saisit la complexité du sujet !*

Même si quelques chercheurs continuent à disserter sur l'autogestion, on peut (symboliquement), dater la fin de l'utopie autogestionnaire de 1986, lorsque la revue Autogestions (créée par Georges Gurvitch en 1965 sous le nom d'Autogestion au singulier) a cessé de paraître.

Les formes les plus proches de ce que l'on pourrait entendre par « autogestion » au niveau de l'entreprise (pas du pays, aucun théoricien sérieux n'ayant réussi à concevoir une organisation autogestionnaire crédible, réalisable, dépassant les limites du local) sont des expériences de communautés

1 Pierre Rosanvallon, Notre histoire intellectuelle et politique 1968-2018, Seuil, 2018, p. 135.

2 Chauvey Daniel (pseudonyme de Didier Limon), *Autogestion*, Seuil, 1970. Préfacé par Edmond Maire, alors membre de la Commission exécutive de la CFDT.

libertaires, marginales et éphémères, si l'on excepte quelques petites entités rurales comme Ambiance bois[1].

L'autre forme d'autogestion moderne est celle des coopératives, et plus spécialement des SCOP, les autres formes de coopération (agricole ou entre entreprises) n'ayant aucun rapport avec les idéaux autogestionnaires. Depuis quelques années, on assiste à un fort regain d'intérêt pour les SCOP, dont le nombre a triplé entre 1980 et 2017. Mais le nombre de salariés n'a augmenté que des deux-tiers, loin du triplement, et les effectifs de l'ensemble des SCOP représentent la moitié de ceux d'une grande entreprise comme Michelin.

Cela étant, on peut dire que la SCOP est le dernier avatar de l'autogestion, avec un avantage sur tout ce qui a pu se faire depuis que le concept existe : les principes d'organisation, proches de ceux des entreprises ordinaires, sont suffisamment souples et pragmatiques pour que les coopératives puissent fonctionner, quelles que soient les convictions philosophiques ou politiques de leurs membres. Et l'on n'entend plus les excommunications des révolutionnaires purs et durs, comme Jules Guesde qui fulminait contre « les voies trompeuses du coopérativisme » ou de la CGT qui considérait en 1900 que « les coopératives sont les ennemies des syndicats[2] *». Ce ne sont plus des réticences idéologiques, mais des raisons techniques et financières, qui freinent le développement des coopératives, le limitant à de très petites entités (en moyenne 18 salariés par société).*

Quel a été ton rapport avec cette grande idée, cette belle utopie ? Comment Alternatives Économiques *a-t-il traité ce qui fut l'un des grands thèmes de réflexion, d'étude et de débat de la gauche à laquelle tu appartenais, ce PSU qui a, pendant sa courte existence, « cherché à concilier le souhaitable et le possible, la justice sociale et l'efficacité, l'autogestion et le marché, l'économique et le social, le national et le local » ?*

1 *Ambiance Bois*, créée en 1988, compte 25 salariés autour d'un noyau très soudé et très motivé d'amis qui se connaissent depuis 40 ans. Sa forme juridique (une SAPO, Société anonyme à participation ouvrière) laisse une grande liberté d'organisation.

2 On notera l'objection de Jean Schwœbel, militant des sociétés de rédacteurs, opposé à la forme SCOP pour les journaux, le principe « un homme, une voix » ne garantissant pas que « la première place soit assurée aux journalistes », qui devraient selon lui avoir toujours le dernier mot « en raison de la mission qu'ils assument », Schwœbel J., *La Presse, le pouvoir et l'argent*, éd. Seuil 1968 (2e éd., 2018, p. 198).

Avant de se transformer en SCOP, Alternatives Économiques *était une association loi de 1901 (devenue l'association des lecteurs). Ses statuts fixaient, parmi les finalités de l'association, celle de « susciter des propositions allant dans le sens d'une autogestion de la société ». Lorsque les statuts ont été modifiés, en 1998, toute référence à l'autogestion a été supprimée. En Assemblée générale, le débat a été vif et plusieurs membres de l'association ont voté contre. Cette anecdote montre combien l'idéal autogestionnaire a marqué le journal et ses lecteurs les plus fidèles. Comment* Alternatives Économiques *a-t-il vécu les soubresauts du concept d'autogestion dans les années 1980-1990 ?*

Denis : Bien vu, Marc ! Tu as mis le doigt sur un vrai problème – au minimum un oubli, peut-être une trahison –, que l'on rencontre souvent quand on essaie de passer de la théorie à la pratique. L'édito du premier numéro d'*Alternatives Économiques* était sans ambages : « Nous pensons que d'autres formes d'organisation de la société sont souhaitables et possibles. Qui engendreraient moins d'inégalités. Qui respecteraient davantage l'autonomie des hommes. Pour tout dire, qui favoriseraient l'autogestion, de telle sorte que les hommes, quels qu'ils soient, puissent décider par eux-mêmes de ce qui les concerne, au lieu de n'être que les jouets impuissants d'un destin aveugle. »

Ne s'agissait-il que des derniers sursauts de l'utopie soixante-huitarde en voie de disparition ? Ou d'une nouvelle flambée de « Lip-La lune », comme le journal du patronat de la métallurgie avait qualifié la lutte des travailleurs de Lip pour leur emploi en 1973[1] ? En réalité, l'autogestion était pour moi – comme pour les rédacteurs qui participaient alors à l'aventure des premières années – moins un objectif concret à atteindre qu'un espoir à venir. La preuve : dans le n° 4 (mai-juin 1981), qui saluait l'avènement de la gauche au pouvoir, il y avait un dossier consacré aux grands enjeux économiques que devaient affronter les nouveaux dirigeants politiques, dans lequel le terme « autogestion » n'apparaissait pas. L'édito de ce numéro soulignait même qu'il ne s'agissait pas de rêver à « un monde idéal, le Phalanstère à la Fourier », mais « de partir de ce qui existe, des rapports de force, des structures… et de la nouvelle donne de mai ». En gros, « soyons réalistes, demandons le possible », contrairement au slogan de mai 68 (« *demandons l'impossible* »). Au cours des deux ou trois premières années, la préoccupation dominante était la conjoncture (chômage, inflation) et la politique écono-

1 En fait, ces travailleurs réclamaient moins l'autogestion qu'un patron prêt à relever le défi.

mique, bien plus que les enjeux de société[1]. Il a fallu attendre trois ans pour que le terme refasse son apparition dans *Alternatives Économiques*, et ceci de façon pas vraiment positive, puisque, dans l'édito du n° 19 (nov.-déc. 1983), Philippe Frémeaux constatait que « après deux ans et demi de socialisme, les mythes sur lesquels fonctionnait la Gauche [on notera la majuscule] se sont effondrés. Les nationalisations n'ont rien changé et l'autogestion est rangée au magasin des accessoires. Il n'y aurait pas de quoi se lamenter si naissait dans le même temps une idéologie adaptée à la situation : quitte à vivre avec le capitalisme, il faut désormais oser définir clairement ce que peut être une gestion de gauche du système. »

Bernard Billaudot s'offusqua de cet enterrement sans gloire de l'autogestion comme enjeu de changement de société. Laurent Joffrin (qui n'était pas encore le patron de *Libération* qu'il est devenu par la suite), enfonçait le clou dans ses réponses aux questions que lui posait Joël Satre-Buisson (entretien publié dans le numéro de décembre 1984) : « Oui, le capitalisme est l'avenir de la gauche. (...) Faut-il s'en plaindre ? Non, il faut en finir avec l'idée qu'on pourrait mettre en place un système économique et politique complètement différent, qui échapperait aux lois de la concurrence, de la demande, de l'initiative privée. (...) Le marché est porteur de valeurs qui ne sont pas forcément de droite : l'initiative, l'invention, la créativité, le dynamisme, la concurrence... Je ne vois pas au nom de quoi on laisserait le monopole de ces valeurs à la droite. » Certes, Laurent Joffrin ne parlait pas au nom d'*Alternatives Économiques* (il n'y a jamais écrit), mais il avait de la sympathie à notre égard. Le point d'orgue (plus nuancé que celui de Joffrin chantant inconditionnellement les vertus du marché) est venu de Philippe Frémeaux, dans le n° de février 1986 (le journal était devenu mensuel depuis septembre 1985) : « La faillite des pays socialistes nous fait voir aujourd'hui dans le capitalisme le moins mauvais des systèmes. Soit. Mais ce choix raisonné ne vaut pas quitus des tares du capitalisme et ne change rien à ses contradictions. (...) Admettre qu'il n'y a pas d'alternative au capitalisme ne signifie pas qu'on approuve une collaboration de classe qui revient à ali-

1 Il faudrait sans doute pondérer cette affirmation de quelques bémols. Dans le n° 7 (novembre-décembre 1981), on pouvait lire un dossier sur les analyses critiques d'Ivan Illich sur la société productiviste, et un article sur *Produire autrement* et l'autosuffisance à l'échelle locale, tandis que dans le n° suivant, il était question de *l'économie alternative en pratique*. Plus largement, Hugues Sibille a écrit de nombreux papiers sur des alternatives locales qui lui paraissaient porteuses de transformations sociétales, tandis que André Gorz insistait (par exemple dans le n° de juillet-septembre 1982) sur l'importance d'en finir avec *la religion du travail*.

gner les dominés sur les intérêts des dominants. (...) On attend aujourd'hui d'une gauche gestionnaire d'un capitalisme en crise plus de personnalité : la gauche doit revendiquer son effort de modernisation économique, mais elle doit aussi affirmer haut et clair sa volonté de transformation sociale. La crise rend nécessaire la rigueur, mais elle justifie également un effort de solidarité accru, qui passe sans doute par une socialisation croissante des revenus. »

C'était prémonitoire, quatre ans avant que le « socialisme réellement existant » ne s'écroule. Personnellement, je me sentais à l'aise avec cette analyse, car elle rejoignait mes propres convictions : dans une économie qui se complexifie, on ne peut se passer du marché, et le rôle de l'État doit être de réguler (instaurer des règles) l'économie, pas de la diriger. Je constate d'ailleurs que, même à la gauche de la gauche, on reconnaît désormais l'importance et le rôle du marché, comme en témoigne, par exemple, le dernier livre de Thomas Coutrot, *Libérer le travail* (Seuil, 2018), dans lequel il approfondit une analyse qu'il avait esquissée dès 2005, dans *Démocratie contre capitalisme* (La Dispute, 2005) : le marché n'est pas un synonyme du capitalisme, mais pourrait être compatible avec un système différent. Il s'agit d'« allier les mécanismes de la délibération politique pour décider des choix structurants (réduction drastique des inégalités de revenus, taux d'investissement et critères d'affectation des ressources pour l'investissement, objectifs de transition écologique...) et les mécanismes du marché pour guider les décisions quotidiennes des producteurs » (*Libérer le travail,* p. 291).

Tu auras sans doute remarqué que, dans cette réponse, j'ai peu à peu glissé de l'autogestion vers le marché. Car ces deux notions sont liées : pas d'autogestion possible si la production dépend du Plan, et pas (ou peu) des producteurs. Mais pas d'autogestion possible non plus si la production est soumise à des conditions de rentabilité imposées par des actionnaires. C'est pourquoi Thomas Coutrot suggère « une économie incluant des marchés du travail et des produits, mais pas du capital ». Dans un livre récent, Benoît Borrits (*Au-delà de la propriété*, La Découverte, 2018) avance une proposition très détaillée d'autogestion généralisée se substituant à la « propriété productive », y compris celle de l'État. Les travailleurs (et les usagers consommateurs ou acteurs locaux), constitués en coopératives, seraient les seuls maîtres des entreprises, mais ne les posséderaient pas, car l'ensemble des actifs (locaux, investissements productifs, terrains) seraient financés par endettement, tandis qu'un mécanisme de péréquation des revenus permettrait de réduire les inégalités entre salariés tout en assurant à chacun un revenu minimum décent, même en cas de chômage ou de licenciement. *In fine*, l'emploi dépendrait de la capacité des entreprises autogérées à vendre ce qu'elles produisent à un prix permettant de boucler les comptes (remboursement des dettes, contributions à la péréquation des revenus et montant des salaires).

La proposition ne manque pas d'intérêt, mais elle suscite chez moi une certaine réserve, pour deux raisons. La première est un fait d'expérience : la réalité diffère toujours du projet, aussi bien ficelé soit-il. C'est le ressort dramatique de bien des films, comme *7 h. 58 ce samedi-là*, de Sidney Lumet, ou *Fargo* des frères Coen. Cela se vérifie quand on regarde le sort que l'histoire a réservé aux différentes utopies imaginées par les « bâtisseurs d'avenir » lorsqu'ils sont passés à l'acte. Cela vaut, bien sûr, pour les utopies collectivistes : les réalisations de Nicolas Ledoux, Robert Owen, Prosper Enfantin, Etienne Cabet, Victor Considérant, Giovanni Rossi, Pierre-Joseph Proudhon et sa banque, et bien sûr Lénine et les soviets, ont toutes été des échecs retentissants et parfois dramatiques. Dans ce registre socialisant, seuls le *Familistère* de Godin à Guise et la république anarchiste de Makhno dans l'actuelle Ukraine peuvent être considérés comme des réussites : passagère dans le cas de Makhno (c'est l'Armée Rouge qui a mis fin dans le sang à cette république paysanne, en 1921), plus durable dans celui de Jean-Baptiste Godin, grâce à sa réussite industrielle (inventeur de la fonte émaillée) et à sa personnalité charismatique.

Les échecs sont au moins aussi importants et dramatiques chez les utopistes libéraux (les « libertariens »), qui croient dur comme fer aux bienfaits de la main invisible du marché (les intérêts individuels contribuent forcément à l'intérêt collectif) et à la nocivité intrinsèque de l'État. Les paradis libéraux censés découler de leurs utopies se sont terminés par des crises majeures (1873, 1929, 2008) ou par des enfers d'exploitation ou d'exclusion pour une partie de la population. Bref, je me méfie des vendeurs de rêve : le croyant, sans s'en rendre compte, tend à ignorer les risques et à exagérer les bienfaits. Cela vaut pour les « *business plans* » des porteurs de projet d'entreprise, comme pour le mariage. Je préfère regarder les faits que me fier aux promesses.

Ce n'est pas ma seule réticence vis-à-vis de l'autogestion. Je me rappelle l'expérience de *Libération* en 1973-1976 : tous les salariés étaient payés au même niveau, quel que soit le poste de travail, standardiste ou directeur. Mais les uns partaient pile à l'heure, voire avant, tandis que d'autres restaient tard le soir, et Serge July – le directeur de l'époque – a fini par mettre les pieds dans le plat et rétablir une hiérarchie des salaires assez classique (même si les écarts sont restés moindres que dans la plupart des autres journaux). Dans une équipe, les motivations des uns et des autres ne sont pas identiques. S'y ajoutent la plus ou moins grande facilité à se faire entendre ou à intervenir, et le fait que les postes de travail sont plus ou moins stimulants. Tout cela fait partie de la vie, je l'ai constaté à *Alternatives Économiques*, même lorsque le statut de coopérative a été mis en place. Il ne suffit pas d'affirmer que tous sont dans le même bateau pour que la mayonnaise prenne : les conflits de personne, les jalousies, les stratégies personnelles pour améliorer son sort, ne disparaissent pas avec un statut. Et lorsque la mayonnaise prend, elle peut se rapprocher du liquide plus que du solide. L'autogestion est plus facile dans une entreprise de quelques personnes ayant plus ou moins le même niveau de compétence – cabinet d'architecte, par exemple – que dans une entreprise où les fonctions requièrent des niveaux de formation très différents. *Alternatives Économiques* n'a jamais été une entreprise autogestionnaire : il y a toujours eu une organisation du travail de type hiérarchique, avec des chefs de service et un comité de direction. Les décisions importantes – investissements, organisation du travail, mensualisation, pagination… – ont toujours été présentées et discutées avec les salariés, mais la décision finale ne relève pas d'une assemblée générale, elle est prise en comité de direction. Une SCOP n'est pas une entreprise autogérée, même si elle est nettement plus démocratique dans son fonctionnement que la plupart des entreprises : « un homme = une voix », information détaillée sur l'activité, les comptes, les projets, les décisions. Mais, par exemple, il a été question un temps (en 1984) de rassembler sur Paris l'ensemble des fonctions de l'entreprise alors réparties entre Dijon et Paris. C'est seulement parce que je m'y suis opposé (et non parce que les salariés, alors majoritairement sur Dijon, le refusaient) que cette décision n'a pas été retenue par l'organe dirigeant qu'était alors le « comité de rédaction ».

Je reconnais volontiers que j'ai pratiqué une sorte de *no bridge* entre mes positions politiques issues du PSU – vive la société autogestionnaire – et la façon dont j'ai dirigé l'entreprise. Peut-être parce que je redoutais de donner trop de pouvoir aux salariés au point que soient prises des décisions – sur les salaires ou sur l'organisation du travail – qui auraient pu fragiliser davantage un journal aux assises bien faibles. Mais surtout, je crois, parce que je craignais devoir arbitrer des discussions sans fin, au détriment du journal, tant en gestion qu'en rédaction. Force m'est en outre de reconnaître que la demande d'autogestion au sein de l'entreprise était faible, voire inexistante : j'ai toujours travaillé en bonne entente avec les salariés chargés de responsabilités (Jean-Pierre Chanteau, Philippe Frémeaux, Daniel Salles, Pierre Liret...), avec lesquels les échanges étaient quotidiens et nourris, et plus difficilement avec les salariés chargés de fonctions techniques. Je me souviens en particulier d'échanges bien moins conviviaux avec Marilyn Fleutot (une de mes anciennes élèves) en charge du service abonnement, qui a eu beaucoup de mal à évoluer vers l'informatique. Difficultés aussi avec Louis Bignand, notre informaticien, qui ne parvenait pas à finaliser le logiciel qu'il avait entrepris de créer pour le routage[1], au point qu'il nous a fallu acheter un progiciel à un éditeur spécialisé. Tout cela ne m'inclinait pas à penser à l'autogestion.

- L'Économie sociale, dernier avatar de l'autogestion ?

Marc : Peut-on suivre Patrick Viveret lorsqu'il affirme que l'Économie sociale et solidaire (ESS) est le dernier avatar de l'autogestion ?

Dans le n° 20 (janvier-février 1984) d'*Alternatives Économiques*, Jacques Coulaures (pseudonyme de Jacques Rigaudiat) écrivait : « L'économie sociale sur laquelle misent certains camarades, c'est sympathique, mais il est bien rare que cela rapporte gros... Bref, c'est loin d'être à mes yeux la priorité des priorités. » Il est vrai que, depuis, cette économie sociale a ajouté un qualificatif de poids dans son patronyme : « et solidaire », et qu'elle est devenue nettement plus grosse en termes de salariés (10 % de l'ensemble des salariés). Mais, même en tenant compte de ces considérations (élargissement et taille), le jugement de Jacques Rigaudiat était excessif et trop général, comme souvent en ce qui concerne l'ESS.

En effet, l'ESS constitue un monde particulièrement bigarré. Elle englobe toutes les associations, coopératives, mutuelles et fondations, ainsi que, depuis la loi de 2014 dite « Loi Hamon », des entreprises à statut commercial poursuivant un objectif d'utilité sociale et faisant le choix d'appliquer les principes de l'ESS (un homme, une voix ; gouvernance démocratique ; réserves impartageables). Les gros bataillons de l'ESS sont constitués de deux sous-ensembles : d'une part, les banques coopératives et les mutuelles de santé ou d'assurance ; d'autre part, les associations gestionnaires de services sociaux pour le compte des Pouvoirs Publics comme

1 Opération consistant à classer les abonnés par tournée de facteur afin d'avoir droit au tarif presse de la Poste.

la majorité des EHPAD (Établissements hospitaliers pour personnes âgées dépendantes), les ESAT (Établissements et services d'aide par le travail), la lutte contre les addictions, les centres d'hébergement ou d'accueil de demandeurs d'asile, les chantiers d'insertion… Bien sûr, on y trouve aussi les grandes associations humanitaires (Restos du cœur, Secours Catholique…) soucieuses d'éthique et de solidarité. Mais, en nombre, les associations de parents d'élèves et les clubs sportifs l'emportent largement.

- L'économie solidaire renforce-t-elle l'économie sociale ?

L'économie sociale n'est en fait devenue « et solidaire » qu'après que Michel Rocard, qui avait obtenu de François Mitterrand la création d'une délégation interministérielle à l'économie sociale rattachée à son ministère, en ait élargi la mission sous l'influence d'Hugues Sibille.

Christophe : C'est Jean-Louis Laville qui a conceptualisé l'économie solidaire, au milieu des années 1980. Travaillant en tandem avec Bernard Eme[1], il avait mis en évidence que de nouvelles organisations étaient apparues, pour répondre aux problèmes sociaux posés par la montée du chômage, la pauvreté et les difficultés d'insertion, face auxquels on avait besoin de nouvelles formes juridiques et de nouvelles formes de gouvernance, afin d'« hybrider » le marché, l'économie publique et les logiques associatives.

Denis : Lorsque j'ai commencé ma vie professionnelle, en 1967, le terme « économie sociale » n'était guère usité. Chez les économistes, il renvoyait à Léon Walras, le fondateur de la théorie néoclassique qui entendait par là ce que nous appelons aujourd'hui la redistribution : « J'appelle économie sociale (…) la partie de la science de la richesse sociale qui traite de la répartition de cette richesse entre les individus et l'État et qui recourt au principe de la justice[2]. » En 1905, Charles Gide publie sous le titre *Économie sociale* un rapport dans lequel il élargit la notion à l'ensemble de ce que nous appelons la protection sociale : « Elle étudie (…) les rapports volontaires, contractuels, quasi-contractuels ou légaux, que les hommes forment entre eux en vue de s'assurer une vie plus facile, un lendemain plus certain, une

1 Comme Jean-Louis Laville, Bernard Eme a été enseignant-chercheur au Conservatoire National des Arts et Métiers. Il est connu pour ses travaux sur l'économie solidaire et le concept d'insertion par l'activité économique.

2 Préface aux Associations populaires de consommation, de production et de crédit (1863), volume VI des *Œuvres économiques complètes* d'Auguste et Léon Walras, Economica, 1990.

justice plus bienveillante et plus haute que celle qui porte pour tout emblème les balances du marchand[1]. » L'économie sociale a donc longtemps désigné l'économie *du* social. Même en 1971, lorsque, revenu en France, je travaillais à *Culture et Promotion*, je n'ai pas eu conscience de devenir un salarié de « l'économie sociale ». Tout ce que je savais, c'est que cette structure n'avait pas d'actionnaires, ne versait pas de dividendes, et n'avait pas pour but de réaliser des profits, même si nous étions contents de savoir qu'elle dégageait des excédents, parce que c'était une garantie pour notre emploi. On ne connaissait que les coopératives, les mutuelles (de santé ou d'assurance) et les associations. Mais, dans les années 1970, « face à l'extension de la production marchande et au désengagement de l'État », estime Claude Vienney[2], les têtes de ces réseaux (auxquels s'adjoignent les Fondations) décident de se rapprocher, car leurs structures et leurs modes de fonctionnement sont similaires. Les adhérents (associations) ou sociétaires[3] (coopératives et mutuelles) disposent chacun d'une voix. Quel que soit le montant de leur cotisation d'entrée, ils peuvent donc élire leurs dirigeants (Conseil d'administration et Président(e)), et les bénéfices, s'il y en a, sont majoritairement ou totalement conservés sous forme de « réserves impartageables ». L'économie sociale devient donc une institution, basée sur des statuts. Et même une institution bien vue par la nouvelle majorité politique de gauche qui arrive au pouvoir en 1981 : sur la suggestion de Thierry Jeantet, est créée une « Délégation interministérielle à l'économie sociale » (DIES, dont Hugues Sibille sera responsable entre 1998 et 2001).

Bienveillance étatique, donc, mais aussi méfiance, voire hostilité du patronat qui, en 1985, publie un texte virulent : « ces tentatives multiples de démarginalisation de l'économie "sociale" dans le secteur marchand constituent un risque réel » pour les entreprises du secteur concurrentiel. À vrai dire, dans les décennies 1970 et 80, les gros bataillons de l'économie sociale étaient composés de banques coopératives (Crédit Mutuel, Banques Populaires et Crédit Agricole), de mutuelles de santé et d'assurances, et de coopératives au sein desquelles, les SCOP ne pesaient rien au regard des coopératives de commerçants (Leclerc, Système U, Intermarché, Optic

1 Volume IV des *Œuvres de Charles Gide*, L'Harmattan, 2007, p. 241.

2 Claude Vienney (1929-2001) a consacré sa carrière d'enseignant-chercheur à l'économie sociale et aux syndicats.

3 Juridiquement, les actionnaires d'une société sont appelés « associés », tandis que les adhérents d'une mutuelle ou d'une coopérative sont appelés « sociétaires ». Curiosité du langage…

2000, Gitem…)[1] et des coopératives agricoles. Un monde dont l'éthique (et les pratiques) n'étaient pas toujours aussi « sociales » qu'elles le prétendaient.

Christophe : Au début des années 1980 l'économie sociale cherchait à se constituer une vraie identité pour peser face aux pouvoirs publics, portée en cela par des gens comme Thierry Jeantet ou Hugues Sibille. L'économie solidaire a émergé à la fin des années 1980, puis l'économie sociale est devenue ESS au tournant des années 2000, malgré les réserves de certains des leaders de l'Économie sociale traditionnelle. La raison de ce rapprochement était politique : il fallait faire masse, montrer que ce secteur pesait lourd dans l'économie française et méritait qu'on s'y intéresse particulièrement.

Denis : Tu as sans doute raison, et d'une certaine manière, l'économie sociale a profité de l'émergence de structures se réclamant de la solidarité (d'où le terme d'économie solidaire) pour rebondir sous de nouveaux atours dans la sphère publique. L'arrivée de ces organismes qui se veulent solidaires a changé la donne : les statuts juridiques (le fait d'être une mutuelle, une coopérative ou une association) ne suffisent pas à se donner bonne figure, car ce qui compte c'est ce que l'on fait concrètement pour que la société devienne moins injuste et se soucie du « bien vivre » de tous. Cela a redonné du lustre à l'économie sociale. Face au chômage de masse qui se développe et se cristallise au cours de ces années-là, des travailleurs sociaux prennent des initiatives, et créent ce que l'on appelait, au début, des « entreprises intermédiaires », qui sont devenues des « chantiers » ou des « entreprises » d'insertion. Au lieu d'attendre de l'État qu'il règle ces problèmes – ce qu'il ne parvient d'ailleurs pas à faire – des citoyens retroussent leurs manches. Dans le logement avec *Habitat et Humanisme,* dans l'accompagnement vers l'emploi, avec *Solidarité nouvelle face au chômage*, etc. Ces initiatives sont soutenues par l'État, mais animées par des associations et des bénévoles. Jean-Louis Laville et Bernard Eme ont qualifié de « tiers-secteur » ces dispositifs mariant, au sein d'associations, à la fois du bénévolat, du marchand et de l'aide de l'État, qui le subventionnait pour qu'il se substitue à lui pour régler les problèmes d'intégration, d'alphabétisation, etc. Dans la foulée, un nombre croissant d'entreprises se sentent obligées de prendre ce train « éthique » en marche : par exemple, je lis dans *Les Échos* du 5 février 2019 qu'un fonds d'investissement a décidé de financer des logements dont 20 %

1 Le chiffre d'affaires des trois premières enseignes citées a été de 79 milliards d'euros en 2018. Ce qui est légèrement inférieur à celui des coopératives agricoles (85 milliards en 2017), elles aussi englobées dans l'ESS.

seraient très sociaux, confiés sans loyer à *Habitat et Humanisme,* à charge pour cette association d'accompagner les personnes ou familles en difficulté qui en bénéficieraient. Les gestionnaires de ce fonds conviennent que leur marge sera amputée d'autant, mais sans doute en espèrent-ils une meilleure image.

Christophe : L'économie sociale mettait en avant les statuts et la gouvernance démocratique. Puis il y a eu l'économie solidaire qui a mis l'accent sur les finalités des activités produites. Aujourd'hui l'entrepreneuriat social, sans nier l'importance des statuts et de la gouvernance, ainsi que des finalités, met au premier plan les résultats, l'impact des actions conduites.

Marc : Tu parles de « poids politique ». Dans cette mouvance, est-ce que certains ne considèrent pas l'ESS comme un substitut ou un avatar du socialisme ?

Christophe : Le poids politique a atteint son apogée quand Benoît Hamon est devenu ministre délégué à l'ESS. Ce secteur n'avait jamais eu de ministre, même s'il y avait eu en 1984, dans le gouvernement Fabius, un secrétaire d'État chargé de l'économie sociale (Jean Gatel) puis en 2000, sous Jospin, un secrétaire d'État à l'Économie solidaire (Guy Hascoët). Pour en revenir à Alternatives Économiques, *le choix du statut de SCOP voulait-il inscrire le journal dans cette mouvance, et est-ce que le journal s'en est voulu le porte-voix ?* Alternatives Économiques *a été créée peu après l'ALDEA, Agence de liaison pour le développement de l'économie alternative*[1].

Denis : Ce sont des choses que Christophe connaît aussi bien (et sans doute mieux) que moi, puisque tu as dirigé en 2001 un livre intitulé *La nouvelle économie sociale, solidarité, efficacité et démocratie*[2]. L'ALDEA (« petit village » en espagnol) a été fondée en 1981 (donc un tout petit peu après *Alter Eco*), sous la houlette de Patrice Sauvage, qui travaillait alors à l'OCDE. Elle se voulait une sorte d'accompagnatrice de projets d'entreprises alternatives, c'est-à-dire mariant l'économique et le social. Patrice pensait que le financement pourrait provenir d'une épargne alternative comme il l'expliquait dans un livre corédi-

1 *Alternatives Économiques* a vécu pendant quatre ans avec un statut d'association loi de 1901. En 1984, son développement incite à choisir le statut de société. Elle adopte alors le statut juridique qui convient le mieux à ses principes : la SCOP. Quant à l'*Aldea,* elle a été créée en 1979 par Patrice Sauvage, haut fonctionnaire, diacre catholique et animateur d'associations caritatives.

2 Fourel C. (dir.), *La Nouvelle économie sociale*, (préface de Lionel Jospin), coll. Alternatives Économiques, Syros, 2001.

gé avec Philippe Outrequin et Anne Potier intitulé *Les entreprises alternatives* (dans la collection Alternatives Économiques, chez Syros). C'était une bonne intuition, puisque, de fait, des organismes comme les « Cigale » (Clubs d'investissement pour une gestion alternative et locale de l'épargne) naissent au même moment, et que la Caisse des Dépôts crée *France active*, outil de financement notamment d'entreprises à finalité sociale.

En revanche, autant je suis persuadé qu'il est possible (et indispensable) de moraliser et d'humaniser les entreprises – ce qui est le but affiché non seulement de l'ESS classique, mais aussi de sociétés de capitaux qui se réclament de « l'entrepreneuriat social » -, autant je suis dubitatif sur l'idée que cela puisse conduire à une troisième voie entre capitalisme et socialisme. L'entreprise est un collectif humain de travail dans lequel il est possible et souhaitable que les inégalités de rémunération se réduisent, que la fraude sociale et fiscale soit éradiquée et que les travailleurs soient traités dignement et aient voix au chapitre. On y viendra inéluctablement, je crois, et le mouvement a déjà un peu commencé. Mais les entreprises en question devront toujours se confronter au marché, car nous n'avons pas trouvé d'autres moyens de coordonner les activités économiques. Je ne suis pas devin, et je peux me tromper : comme je l'ai déjà dit, des auteurs comme Benoît Borrits (*Au-delà de la propriété*, La Découverte, 2018) et Thomas Coutrot (*Libérer le travail*, Seuil, 2018) ont avancé des propositions intéressantes pour sortir du capitalisme sans sortir du marché. Il nous faut regarder cela de près et tester la faisabilité de ce type de projets.

Mais, concernant l'économie sociale et solidaire, les choses sont bien différentes. Certes, Charles Gide avait lancé l'idée d'une « République coopérative » au sein de laquelle, par grignotages successifs, les coopératives de consommation remplaceraient le commerce classique, puis absorberaient leurs fournisseurs, transformés alors en coopératives de production. Pour lui, « le véritable but de la coopération [est de] modifier pacifiquement, mais radicalement, le régime économique actuel, en faisant passer la possession des instruments de production, et avec elle la suprématie économique, des mains des producteurs qui les détiennent aujourd'hui entre les mains des consommateurs[1] ». Jean-François Draperi, dans *La République coopérative* (éd. Larcier/de Boeck, 2012) avance que c'est par la coopération que peut seule se faire cette humanisation des entreprises à laquelle aspirent la plupart des travailleurs.

---

1 Discours d'ouverture du 4e Congrès des coopératives de consommation (1889), reproduit dans le volume 4 des *Œuvres de Charles Gide*, L'Harmattan, 2001, p. 143.

En fait, je crains que les espoirs placés dans l'ESS soient démesurés. J'ai déjà dit que leurs poids lourds (les banques et les mutuelles) se drapaient souvent de bonnes intentions, mais que nombre d'entre eux, pris dans les rets de la concurrence et parfois la folie des grandeurs de leurs dirigeants, sont devenus des contre-exemples. Pour ne citer que deux cas, c'est bien une filiale d'une banque coopérative qui a été (et reste en partie) championne de l'enrichissement par la spéculation, et c'est bien la filiale d'une autre banque coopérative dont le dirigeant (aujourd'hui décédé) lui a fait racheter tous les quotidiens de l'est de la France, de l'Alsace à Lyon. Dérapages ? Sans doute, mais révélateurs des faiblesses d'une économie sociale où le pouvoir ne rencontre pas de contre-pouvoirs, où les élections « démocratiques » ne comportent qu'une liste, où la soif de puissance peut l'emporter sur toute autre considération. Néanmoins, cette économie demeure créatrice et innovatrice, surtout dans sa branche « solidaire » (mais pas seulement : témoins, la MGEN – mutuelle de l'éducation nationale –, ou le groupe « Up », anciennement « Chèque déjeuner »), à travers la mobilisation contre le réchauffement climatique, la création de « sociétés coopératives d'intérêt collectif », les « coopératives d'activité et d'emploi » ou les structures d'insertion par l'activité économique. Je ne crois pas que ces initiatives, même multipliées, puissent se substituer au capitalisme ou lui faire concurrence. Mais je crois qu'elles créent du lien, redonnent espoir à ceux qui n'en avaient plus guère et, surtout, que leur esprit infuse peu à peu sur les gens comme sur les autres entreprises. Une usine reprise en Scop n'est pas une garantie de succès, mais le signe du refus d'un déterminisme économique. Philippe Frémeaux en parle très bien dans son livre, *La Nouvelle alternative ?*, un livre qui montre que, si l'ESS n'est pas « un mouvement social porteur d'un projet alternatif[1] », elle est porteuse d'utilité sociale, donne du sens à la société tout entière et concourt « à la démocratisation de l'économie par le seul fait de son existence ». À mes yeux, le capitalisme est bien moins fragilisé par l'ESS (l'exigence de démocratie et de moralisation) que par son incapacité à se passer de la croissance. J'y reviendrai.

- *Alternatives Économiques* et l'ESS

Denis : Longtemps, *Alternatives Économiques* ne s'est pas trop intéressé au tiers-secteur. Je ne le connaissais sans doute pas assez pour en parler.

1 Frémeaux P., *La Nouvelle alternative ? Enquête sur l'économie sociale et solidaire*, Les Petits matins, 2011, p. 127.

Pour moi l'économie sociale ce n'était pas cela, c'était bien plus la réduction des inégalités, le logement, etc. Je regrette que nous n'ayons pas eu, dans le magazine, une plus grande ouverture sur ce secteur. Nous aurions pu être des compagnons de route de tout un mouvement qui a progressivement émergé.

Christophe : À Alternatives Économiques, *celui qui a constamment entretenu un intérêt pour l'économie sociale puis solidaire, c'était Hugues Sibille. Et la réputation du journal était telle que c'est à* Alternatives Économiques *que Carole Yerochewski est venue proposer le projet de la Lettre de l'insertion par l'activité économique. Mais c'est vrai qu'il y a eu pendant quelques années une certaine déception du secteur de l'ESS, qui reprochait à* Alternatives Économiques *de ne pas relayer suffisamment les expériences et les innovations sociales, qui certes étaient souvent financées par l'État mais remplissaient des fonctions d'intérêt général que le marché ne pouvait pas rémunérer.*

Denis : Les associations répondent aux besoins de certaines populations mieux que l'État ne peut le faire. Par exemple, près de 100 000 jeunes quittent chaque année le système éducatif en situation d'échec. La « garantie-jeunes » a pour objet de permettre à ceux d'entre eux démunis de moyens financiers de percevoir l'équivalent du RSA dès lors qu'ils acceptent de s'inscrire dans une problématique de recherche d'emploi ou de formation. Ce sont les « Missions locales » imaginées par Bertrand Schwartz et Gérard Sarazin qui sont désignées pour les accompagner et les aider à surmonter les difficultés qu'ils rencontrent. Voilà un exemple assez réussi de coordination et de partage des rôles entre l'État et les associations spécialisées, puisque cela permet à une importante proportion de ces jeunes de reprendre pied au lieu de se marginaliser ou de s'engager dans l'économie de la débrouille.

Christophe : Pendant quelques années, l'écho de l'ESS dans la presse a aussi été assuré par Le Monde *initiatives, dirigé par Alain Lebaube. Ce mensuel a disparu en 2005.* Alter Eco *a d'une certaine manière repris le flambeau sous l'impulsion de Philippe Frémeaux. Et depuis 2016,* Alternatives Économiques *organise à Dijon les Journées de l'économie autrement, qui sont une véritable vitrine de l'ESS.*

Denis : Et la part de l'information sur l'ESS dans *Alternatives Économiques* s'est accrue sensiblement ces dix dernières années.

Marc : et que penses-tu de l'idée que l'ESS serait un « lot de consolation » après la disparition de l'utopie autogestionnaire ?

Denis : L'image de l'ESS est certes dominée par la solidarité. Mais je ne partage pas la conviction de Thierry Jeantet qu'il s'agirait d'une alternative au capitalisme (titre de son livre[1]). Les organismes qui relèvent du marché sont contraints par ce dernier à être concurrentiels, ceux qui relèvent des politiques sociales sont contraints par le financement public. Il reste donc bien peu de marge de manœuvre pour que l'ESS perce en tant que modèle dominant. Sur ce point, Jacques Rigaudiat avait raison : ce n'est pas l'ESS qui solutionnera le drame du chômage, même si elle contribue à le réduire par ses propres créations d'emploi, mais aussi par l'accompagnement des demandeurs d'emploi, l'insertion par l'activité économique ou le développement local. Philippe Frémeaux ne dit pas autre chose dans *La nouvelle alternative ?* (Les Petits Matins, 2011) : « L'ESS, prise en tant qu'ensemble, ne constitue pas une force politique, un mouvement social porteur d'un projet alternatif. »

Pour autant, elle est loin d'être inutile. D'abord, parce que certaines de ses composantes – je pense aux 2 500 Scop et à leurs 50 000 salariés[2] – prouvent par la pratique que le profit n'est pas une finalité, mais seulement un moyen, que la démocratie peut franchir les portes de l'entreprise et que c'est un atout bien davantage qu'un frein. Ensuite parce que sa composante sociale contribue largement à réduire les dégâts engendrés par le capitalisme, le chômage et l'exclusion. Enfin, parce qu'elle montre que, ensemble, on est souvent plus efficace et innovant que chacun de son côté. Les fruitières à Comté (le fromage) le prouvent depuis le XIIIe siècle, et, sur des terrains bien différents, des innovations récentes tout comme les « territoires zéro chômeur de longue durée », Wikipédia et les logiciels libres, ou encore les sites de financement participatif par appel aux dons.

Est-ce un « avatar » – c'est-à-dire une métamorphose – de l'autogestion des années 1960-1970 ? Certains éléments y contribuent, je crois : l'idée que, ensemble, on est à la fois plus innovant et plus fort, la méfiance à l'égard des grandes institutions bureaucratiques ou vis-à-vis du profit comme seul guide. Toutefois, même si l'autogestion et l'ESS envisagent le même objectif

---

1 Jeantet T., *L'Économie sociale ; une alternative au capitalisme*, Economica, 2008).

2 En 1985, quand l'association *Alternatives Économiques* a adopté le statut Scop, les chiffres étaient respectivement de 1 500 entreprises et 30 000 salariés. La progression a été des deux tiers en trente ans.

à long terme – une société apaisée et sans conflits, où chacun verrait son rôle reconnu – les leviers qu'elles actionnent pour y parvenir sont très différents. L'autogestion vise un renversement du rapport de forces entre capital et travail, l'économie sociale et solidaire vise plutôt à réduire les aspérités du capitalisme et les inégalités existantes. La première privilégie la lutte, la seconde le *care* (le soin, l'attention, la réparation). En caricaturant quelque peu, l'autogestion relève de la masculinité, l'économie sociale de la féminité. Est-ce une métamorphose ? La chenille autogestionnaire se serait-elle transformée en papillon solidaire ? Je suis dubitatif et plaiderais plutôt pour une réduction des ambitions : faute de grives, on mange des merles.

Troisième partie
Alternatives Économiques

1 - Avant Alternatives Économiques

• *Germinal*, un galop d'essai

Marc : Tu nous as raconté tes premiers pas de journaliste à Témoignage chrétien. Avant de créer Alternatives Économiques *quelle a été ta participation à d'autres journaux, notamment dans la mouvance du PSU ?*

Denis : Entre 1978 et 1980, j'ai écrit des articles d'éclairage économique dans *Tribune socialiste*, l'hebdomadaire devenu mensuel du PSU, mais j'ai arrêté à la fin des années 1970, parce que le PSU était parcouru de tensions, divisé en chapelles qui me désespéraient. Je pensais qu'on avait autre chose à faire dans le mensuel du parti que de se critiquer les uns et les autres et d'échanger des noms d'oiseaux. C'était de plus très parisien : ces gens se connaissaient tous et souvent se haïssaient.

Auparavant, je m'étais investi dans *Germinal*. La presse – au sens large du mot : fabrication (imprimerie, composition) et édition – me fascinait depuis longtemps. J'ai déjà évoqué la naissance de *Lisa*, l'imprimerie créée par le PSU de Côte d'Or sous forme de SARL. Quant à *Germinal*, d'abord publié à l'occasion de la lutte du Larzac comme supplément occasionnel à *Tribune Socialiste*, l'hebdomadaire du PSU national, il est devenu un titre mensuel à part entière en 1975. Comme son titre le suggère, il s'adressait au monde agricole. Il était édité par la Commission nationale agricole du PSU et se faisait l'écho des problèmes et conflits dans le monde agricole, aussi bien en France que dans la CEE (Communauté économique européenne, devenue par la suite Union européenne). Cette Commission regroupait certes des paysans, mais aussi des salariés travaillant dans l'agriculture. Par exemple, Daniel Lenoir, alors agronome à l'Assemblée permanente des Chambres d'agriculture, en était membre. Il se trouve que Dijon est le siège de nombreux organismes publics spécialisés dans la formation ou la recherche agronomiques. Le PSU y était bien implanté. C'est donc assez logiquement que ce nouveau « mensuel » fut imprimé à *Lisa*, puisqu'une partie de ceux qui écrivaient des articles habitaient l'agglomération dijonnaise, notamment Luc Thiébaut, alors enseignant-chercheur dans l'institution devenue aujourd'hui « Agro-Sup Dijon ».

Mensuel ? En réalité, entre mai 1975 (parution du premier numéro) et juin 1978, 13 numéros sont parus en 36 mois. Il est clair que ce « mensuel » ne l'était pas. En outre, très militant, il relatait essentiellement des conflits et des luttes et les articles étaient d'une tonalité binaire : les méchants contre les bons, au détriment de l'information et de l'analyse. Sur ma suggestion, *Germinal* est devenu trimestriel et autonome financièrement en octobre 1978.

Marc : Quand tu as progressivement pris en charge Germinal, tu t'es retrouvé dans une position proche de celle qui sera la tienne avec Alternatives Économiques *: tu faisais à peu près tout.*

Denis : À partir du moment où je me lance ce défi – un trimestriel qui devra désormais vivre de ses ventes et non des subsides du PSU national – il ne suffit plus de se faire l'écho de luttes. Il faut aussi informer. Dès le n° 14, des articles d'un nouveau genre apparaissent : sur l'emploi en agriculture, sur les expériences de vente directe, etc. Devenu directeur de publication (et aussi rédacteur en chef, secrétaire, chargé des ventes, etc.), j'apprends alors qu'un journal n'est pas seulement un ensemble d'articles, mais requiert aussi des compétences *marketing* pour trouver des acheteurs, des compétences de gestion afin de ne pas boire le bouillon : comptabilité, respect de la périodicité, envoi aux abonnés, suivi des réabonnements avec relances éventuelles, etc. Il fallait trouver de nouveaux abonnés, et pour cela avoir une démarche commerciale : collecte d'adresses, envoi de spécimens, stand au Salon de l'Agriculture, etc. J'ai ainsi mis en pratique les connaissances comptables issues de l'agrégation de techniques économique de gestion, et appris bien d'autres choses que j'ignorais : gérer un fichier d'abonnés, éditer les bandes-adresses, les coller et expédier le tout ! Heureusement, je n'étais pas tout seul. Il y avait une bonne équipe de rédaction : notamment Luc Thiébaut, Philippe Perrier-Cornet et Michel Blanc, tous trois chercheurs et bons connaisseurs du monde agricole, ainsi que Daniel Lenoir, lui aussi agronome, mais parisien, qui écrivait sous le pseudo Daniel Joussan, et qui fera ensuite partie de l'équipe de rédacteurs bénévoles d'*Alternatives Économiques.* Le graphisme et la présentation se sont (un peu) améliorés, grâce à de la couleur et des photos. Le nombre d'abonnés a progressé, passant de 400 à 1 300 entre 1978 et 1984. Le tout durant le temps libre que me laissait mon travail d'enseignant. J'ai cessé de gérer *Germinal* en 1982 et d'y écrire en 1984, pour me consacrer à un autre bébé, autrement plus exigeant. Et ceci sans regret, car le PSU était en train de se liquéfier et de disparaître, et *Germinal* n'a pas survécu très longtemps.

Marc : Il s'est arrêté en mai 1986[1]*. Mais tu avais acquis des compétences en matière de direction et gestion d'un journal, en grandeur réelle. Quelles leçons en avais-tu tirées à la veille de concevoir* Alternatives Économiques *?*

Denis : D'abord qu'il n'était pas si difficile que cela de publier un journal, à condition que son rythme de publication ne soit pas trop soutenu et sa pagination pas trop importante. Ensuite qu'il y avait une demande – réduite, certes, mais néanmoins pas négligeable – d'informations et d'explications de la part de lecteurs pas forcément très militants, mais souhaitant des analyses documentées des évolutions et difficultés de notre société. Enfin – mais cela, je le savais depuis longtemps – que répondre à cette demande était possible, mais sous certaines conditions : s'appuyer sur des sources sérieuses (personnes ressources, données statistiques, rapports, etc.), veiller à écrire lisiblement, sans jargon, avec des exemples concrets, enfin ne pas prétendre dicter au lecteur ce qu'il lui fallait penser.

Germinal aura été pour moi une sorte de ballon d'essai, qui m'aura beaucoup appris sur l'envers du décor de la presse : il ne suffit pas d'écrire pour être lu, il faut aussi trouver des lecteurs.

• Nouvelle Donne, un échec instructif et un tremplin pour *Alternatives Économiques*

Pour être lu, il faut trouver des lecteurs… *Nouvelle Donne* m'en a fourni une preuve majeure. En 1978, Raymond Barre est Premier ministre. C'est, selon les termes du Président d'alors (Valéry Giscard d'Estaing), « le meilleur économiste de France ». Mais il est confronté à une forte montée du taux de chômage, qui, en une décennie (1968-1978) a été multiplié par quatre,

1 Le dernier exemplaire présent au dépôt légal (Bnf) est le numéro 41, de juin 1985.

passant de 1,5 % à 5,8 % de la population active (qui regroupe les personnes en emploi ou en recherche active d'emploi). La faute aux chômeurs qui ne cherchent pas vraiment, estime-t-il. Sa priorité n'est pas l'emploi, mais l'inflation, et ses remèdes sont la réduction de la dépense publique et des prélèvements obligatoires. Bref, une politique économique libérale. Pour un certain nombre d'économistes, d'orientation keynésienne ou marxo-keynésienne (*régulationniste*), ces remèdes risquent d'affaiblir encore davantage le malade au lieu de le guérir. Le malheur est que personne ne l'explique clairement. Les titres de la presse économique magazine de l'époque (*Le Nouvel économiste*, créé en 1976, et *L'Expansion*, créé en 1967 par Jean Boissonnat et Jean-Louis Servan-Schreiber) approuvent plutôt l'orientation gouvernementale : leur lectorat est essentiellement composé de cadres. Pourquoi ne pas lancer un magazine mensuel concurrent, mais critique, se demandent quelques économistes qui contestent le « barrisme » ?

En 1979, cette idée d'enfin « animer le débat politique et académique » mobilise donc autour de Jean-Michel Baer[1] (éventuel rédacteur en chef), une brochette intellectuelle de premier plan, tournant principalement autour de la théorie de la régulation : Robert Boyer, Alain Lipietz, Jean Pisani-Ferry, Yves Barou, Michel Mousel, Jacques Rigaudiat, Bernard Billaudot et quelques autres. Les quatre derniers animent la Commission économique du PSU et me mettent dans la boucle. Leur projet est intitulé « Nouvelle donne, une information économique différente pour une société différente ». Le titre de la revue sera simplement : *Nouvelle Donne.*

Mais où trouver les fonds ? Je suggère de rencontrer Georges Hourdin, le patron du groupe de presse qui édite *Télérama*, *La Vie catholique*, *Croissance des jeunes nations*, etc. Lequel est intéressé, mais sous condition, dit-il : « Réalisez un « numéro zéro » à votre charge, et envoyez-le à quelques milliers de personnes avec une proposition d'abonnement : la proportion de celles qui donneront suite sera déterminante pour moi. » S'ensuivent alors plusieurs réunions. Les unes pour fixer les rubriques et le sommaire de ce numéro zéro, se répartir les articles, d'autres pour collecter des adresses. Tout cela prend plus de six mois, et, en avril 1980, un numéro zéro – 36 pages, photos et couleur – est envoyé aux adresses des prospects que les uns et les autres avaient collectées. Il est accompagné d'une lettre qui décrit le projet et propose de s'y abonner. Le prix envisagé pour l'abonnement est de

1 Jean-Michel Baer, né en 1951, diplômé de Sciences Po Paris et titulaire d'un DES de sciences économiques, était alors journaliste à *Libération.*

120 F (à peu près 60 € d'aujourd'hui ; celui d'*Alternatives Économiques* sera fixé à 25 F la première année).

Le coût de ce numéro zéro est dix fois celui du numéro un d'*Alternatives Économiques*, et les animateurs prévoient d'embaucher 4 ou 5 salariés. Le titre ne peut être viable, selon leurs calculs, que s'il atteint rapidement les 7 000 abonnés.

Les retours sont décevants : pour un peu moins de 2000 personnes ou institutions prospectées avec l'envoi du numéro zéro, seulement 70 réponses positives. Inutile d'aller plus loin, estime Georges Hourdin : « Il n'y a pas de demande pour ce type de publication. »

Mon analyse est différente. Ce qui pèche, ce n'est pas le fond, c'est la forme. Le comité de rédaction était composé d'économistes qui ne s'étaient jamais confrontés, comme j'avais pu le faire, à la rédaction d'articles « grand public », avec des textes éclairants et faciles à lire. Les articles sont assez techniques, accessibles à des lecteurs déjà bien frottés d'économie. Le thème très dominant est la politique économique nationale, pas le vécu des gens ou des thèmes de société. Malgré l'effort important de présentation, le tout manque de diversité et s'adresse plutôt à des étudiants en sciences économiques qu'à M. ou Mme Tout-le-monde.

2 - Naissance d'un magazine original

- Le premier numéro d'*Alternatives Économiques*

L'avantage des enseignants – surtout prof du secondaire, ce qui était alors mon cas –, c'est qu'ils disposent de longues vacances en été. Fort de ces convictions, j'ai donc repris un article que j'avais écrit pour *Témoignage Chrétien,* et rédigé des articles d'actualité sociale, économique et internationale (sur la démographie française, le quotient familial, les frères Willot, dont la déconfiture dans le textile a permis à Bernard Arnault, avec le soutien de l'État, de devenir aujourd'hui l'homme le plus riche de France, etc.), agrémentés d'encadrés et de données chiffrées. À la rentrée scolaire, j'ai envoyé ces textes aux membres du Comité de rédaction de *Nouvelle Donne*, mais aucun n'a réagi. Alors, j'ai décidé de passer à l'acte tout seul, avec la parution d'un numéro 1, (donc inclus dans l'abonnement éventuellement souscrit alors qu'un numéro zéro est forcément gratuit).

Christophe : Les statuts de l'association Alternatives Économiques *d'octobre 1980 portent les noms des six fondateurs : Denis Clerc, Yves Barou, Bernard Billaudot, Luc Thiébaut, Hubert Guyet et Philippe Perrier-Cornet. Nous avons déjà fait connaissance d'Yves Barou et de Bernard Billaudot. Qui étaient les trois autres ? Des économistes ?*

Denis : Luc Thiébaut, j'en ai déjà parlé : il était agronome et enseignant-chercheur à l'ENSSAA de Dijon (École nationale supérieure de sciences agronomiques appliquée, qui a fusionné ensuite avec une autre école pour constituer AgroSup Dijon). Philippe Perrier-Cornet était chercheur en économie agricole à l'INRA. Hubert Guyet, responsable de l'imprimerie LISA (créée par le PSU à Dijon en 1974) avait accepté la proposition que je lui avais faite : pile, ça marche, et alors LISA sera payée, face, ça ne marche pas, et LISA en sera pour ses frais. C'est dire à quel point les ressources financières étaient absentes.

J'étais pressé par le temps : le journal allait paraître (il est sorti de l'imprimerie le 27 octobre 1980) et l'association éditrice devait avoir une existence officielle et faire le dépôt légal pour bénéficier du tarif postal de la presse. J'ai déposé les statuts le 20 octobre, et il me fallait six noms. Seuls Bernard Billaudot et Yves Barou, membres de la Commission économique du PSU, connaissaient mon projet, par le biais de la lettre (reproduite plus bas) que j'avais envoyée aux membres de cette Commission. Les trois autres ont été lancés dans l'aventure un peu « à l'insu de leur plein gré », mais ils me faisaient confiance. Je leur avais donné copie de la plupart des textes que ce numéro 1 devait contenir, mais il n'y a eu ni réunion, ni discussion sur ces textes (même pas pour l'édito). C'est dire à quel point ces « membres fondateurs » étaient sceptiques quant au sort de ce journal. Mon idée initiale était qu'il allait s'inscrire dans la mouvance du PSU. En témoigne cette lettre que j'avais envoyée le 24 août 1980 à tous les membres de la commission économique du PSU :

« Cher camarade,

Cette lettre a pour objet de présenter un projet de journal économique édité sous la responsabilité du P.S.U. Bien que j'en aie parlé à Huguette[1], il ne s'agit que d'un projet personnel. Je souhaite qu'il devienne collectif : aussi, je te prie de lire attentivement cette présentation et de me faire parvenir tes réactions.

À la base, deux constats : d'une part, depuis l'échec (provisoire peut-être) du projet "Nouvelle Donne" il n'existe pas de journal donnant un point de vue critique de l'actualité économique et sociale, une autre grille d'analyse. Une exception toutefois : "L'économie en questions", mais la formule "revue" choisie et son vocabulaire dogmatique par moments [*la ligne politique était alors très gauchiste*] la réservent à des gens très motivés. D'autre part, le P.S.U. ne fournit guère d'éléments à ses militants : pourtant la demande est forte à la base, j'ai pu le constater lors de quelques stages ou soirées de formation auxquels j'ai participé. Bref, il existe un besoin d'un instrument pédagogique fournissant aux militants (et aux non-militants !) une information économique et sociale synthétique (donc brève), commentée (pour comprendre la logique implicite des événements) et critique (pour faire pièce à l'idéologie dominante).

La lisibilité du journal doit être sa qualité essentielle : elle implique des articles bien rédigés (pas de jargon, des encadrés, un style alerte, un plan structuré), assez courts (5 à 7000 signes maxi), sauf un éventuel dossier. Mais la lisibilité implique aussi un journal assez peu épais (à l'opposé du style "revue", qui rebute tous ceux qui lisent peu, et ils sont nombreux : 12 pages grand format, cela paraît assez. Autre avantage de la faible épaisseur : bas prix. Cela est important si l'on veut toucher des gens qui sont déjà beaucoup sollicités et qui ne roulent pas sur l'or. »

1 Huguette Bouchardeau, Secrétaire nationale du PSU.

C'était déjà *Alternatives Économiques*, mais sous l'emprise du PSU. Cela s'expliquait : un journal au contenu à la fois engagé et pédagogique me semblait nécessaire, mais je n'avais ni les moyens, ni la capacité de le lancer tout seul. Tout naturellement, je me reposais donc sur le PSU pour le soutenir. Heureusement, cette hypothèse ne s'est pas concrétisée.

Christophe : Le premier numéro paraît et tu en es quasiment le rédacteur unique…

Denis : Je suis effectivement l'unique rédacteur de tous les articles. Je ne pouvais les publier tous sous mon nom, j'ai donc trouvé plusieurs pseudos (certains étant toujours usités). Il fallait une structure juridique : ce fut une association. Quant au Comité de rédaction, outre moi et deux de mes clones – dont un pseudo féminin[1] (utilisé également pour signer un article) pour ne pas verser dans le machisme absolu –, il comprenait Bernard Billaudot, Hubert Guyet, Philippe Perrier-Cornet et Gil Pernot (prof d'économie dans le même lycée que moi). Aucun n'avait mis la main à la pâte, sauf l'imprimeur ! L'édito résumait l'ambition : un regard critique sur la société, s'appuyant sur des faits et non sur des analyses théoriques ou idéologiques, un langage (et un prix) accessibles à tous. « Sans jargon, mais aussi sans simplisme. » Quant au titre, la mode était alors aux « alternatives » et l'abréviation « Alter Eco » s'apparentait à un jeu de mots. Va pour *Alternatives Économiques,* même s'il s'agissait d'une faute de français puisque le terme « alternative » désigne un choix entre deux possibilités (« l'alternative à cette mesure est de… »). Au pluriel, on commet un anglicisme, puisque, outre-Manche, « alternative » désigne l'ensemble des hypothèses envisageables. Mais nous n'étions pas l'Académie française et, au fond, singulier ou pluriel, le terme était évocateur d'un souhait de changement. Par la suite, j'ai trouvé une parade pour rassurer les puristes – il y en a eu – chagrinés par ce titre : il signifiait simplement que notre ambition n'était pas de changer de système économique – socialisme au lieu de capitalisme, économie planifiée au lieu d'économie de marché –, mais seulement de mettre en évidence une alternative envisageable dans chacun des domaines relevant de l'économie : l'entreprise, l'inflation, le chômage, la protection sociale, etc. C'était un peu tiré par les cheveux, mais pas faux, et cela calmait les critiques. Quoi qu'il en soit, la notoriété à venir du titre l'a installé dans le paysage médiatique, et

1 Le pseudo reprend le nom d'une jeune fille belfortaine dont, adolescent, j'ai été amoureux, mais à laquelle je n'ai jamais osé adresser la parole…

voici longtemps que plus personne, à ma connaissance, n'a fait de remarque sur cette « faute » de français bénigne.

Christophe : Comment Alternatives Économiques *est-il alors diffusé ?*

Denis : Par abonnement uniquement : le kiosque était écarté, faute de moyens publicitaires pour faire connaître le nouveau titre. Pour susciter ces abonnements, j'ai utilisé deux fichiers importants : celui rassemblé pour la tentative *Nouvelle Donne* et celui de la revue *Économie et Humanisme*, dont les adresses, fort heureusement, étaient fournies sur étiquettes autocollantes. Les vacances de la Toussaint ont été occupées par toute la famille Clerc et même deux voisins à assembler les pages, à les mettre sous enveloppe grand format et à les réunir par liasses (une par département), le tout au tarif lettre, puisque le tarif presse n'était pas encore obtenu. Ce fut la plus grosse dépense engagée... Sur les 4000 envois, il y a eu 900 retours positifs avant la parution du numéro 2, et parmi ceux qui se décideront au numéro 2, plusieurs demanderont à recevoir le numéro 1. Nous avons dû faire un second tirage. Ce succès étant sans doute dû au prix très incitatif : 25 F. pour 6 numéros (dont le n° 1 déjà reçu), soit à peu près 12 € actuels.

Christophe : Est-ce que des articles de presse ont salué la naissance du journal ?

Denis : *Témoignage Chrétien* l'a signalée, ainsi que *La Correspondance de la presse,* un organe spécialisé. Il faut dire aussi que je n'avais fait aucun effort dans ce sens. C'était au fond un « fanzine » (comme on disait à l'époque : « magazine pour les mordus (*fan*) », comme il s'en créait beaucoup, éphémère, artisanal et mal fagoté : à quoi bon en parler ? L'étonnant, c'est que sans soutien, sans argent, sans publicité, près d'un millier de personnes lui ont fait confiance. Souvent les chèques reçus étaient accompagnés de messages de soutien. Parmi ceux que j'ai conservés, un abonné regrettait la faute de français du titre, un autre m'écrivait que « le numéro un explique et démonte plus la situation actuelle qu'il ne propose des alternatives possibles ». Cette dernière remarque est revenue fréquemment, encore aujourd'hui, même si le journal traite souvent d'économie sociale et solidaire, si une rubrique « Agir » est désormais présente dans chaque numéro et si la structure coopérative qui est la sienne est désormais mise en avant.

- Les premiers rédacteurs d'*Alternatives Économiques*

Christophe : Quand le numéro 2 paraît, il y a donc près de 1 000 abonnés. Est-ce que cela suscite l'intérêt de nouveaux rédacteurs ?

Denis : Le premier comité de rédaction s'est réuni à Paris dans le bureau de Jean-Pierre Piau[1] pour préparer le numéro 2. J'y avais convié des économistes que je connaissais bien, parce qu'ils étaient membres de la Commission économique du PSU ou avaient participé à la tentative de *Nouvelle Donne.* Il y avait évidemment Jean-Pierre Piau, mais aussi deux polytechniciens (Yves Barou, qui travaillait alors à la Direction de la Prévision – on disait simplement « DP » – du ministère des Finances, et Bernard Billaudot, qui était à l'Insee), deux énarques (Jacques Sallois, alors à la Cour des Comptes, et Michel Mousel, au ministère des Finances), et Jacques Rigaudiat (Commissariat général du Plan). Une équipe réduite mais de qualité.

Une qualité qui a failli être fatale : le 10 mai 1981, François Mitterrand est élu Président de la République et, dans la foulée, les élections législatives donnent une large majorité à la gauche. Le sommaire du n° 4 (mai-juin 1981) est bousculé à la dernière minute, et le 18 mai – huit jours après l'élection présidentielle, un exploit ! – il est envoyé aux abonnés avec une couverture symbolique, une reproduction du célèbre tableau de Botticelli, « Le Printemps ». Dans le nouveau Gouvernement (avec Pierre Mauroy à sa tête), Jack Lang (ministre de la Culture) choisit comme directeur de cabinet Jacques Sallois, tandis que Jacques Rigaudiat et Yves Barou sont nommés conseillers techniques, le premier au cabinet de Jean Auroux (ministre du Travail) et le second à celui de Jean Le Garrec (secrétaire d'État à l'Extension du secteur public). À peine composé, le comité de rédaction de notre petit journal se réduisait comme peau de chagrin. Mais cela constituait aussi un appel d'air, tant pour les lecteurs que pour les rédacteurs. Le nombre d'abonnés a presque triplé entre le deuxième (1084) et le huitième numéro (2985). Parallèlement, de nouveaux arrivants enrichissent le comité de rédaction : Daniel Lenoir, Jean Pisani-Ferry, Jean-Yves Carfantan, Joël Satre-Buisson, Dominique Plihon, Michel Beaud, Hugues Sibille, Philippe Frémeaux… Ce dernier, prof de sciences économiques et sociales (SES)

1 Jean-Pierre Piau (qui signait Jean-Pierre Sorel ses textes politiques dans les publications du PSU) fondateur et dirigeant du GEREC, société réalisant des centres commerciaux.

comme moi, collaborait alors au supplément hebdomadaire du *Monde*[1]. Il avait pris contact avec moi en vue d'un article qu'il préparait sur le Crédit Agricole, suite à un petit livre que j'avais publié peu avant aux éditions du Cerf, *Le pouvoir des banques,* où se trouvait un passage consacré au *Crédit Agricole* qui l'avait intéressé. Quant à moi, j'étais impressionné : un journaliste (même pigiste) du *Monde* – ce quotidien que je lisais depuis 1960 (et encore aujourd'hui) – qui souhaitait m'interviewer, c'était presque comme si j'avais eu rendez-vous avec un Prix Nobel[2] ! J'ai donc fait la connaissance de Philippe lors d'une réunion du comité de rédaction qui se tenait alors à Paris dans un local prêté par *Les Amitiés protestantes*, juste en face du Sénat[3]. Ce foyer nous a accueillis quelque temps, avant que nous décidions – l'association étant devenue un peu plus solvable – de nous réunir une fois par mois dans une « librairie-café », parisienne dont les gérants étaient des amis.

*Christophe : Au démarrage d'*Alternatives Économiques, *les rédacteurs sont des économistes professionnels et des journalistes bénévoles. Ils sont rodés à l'analyse et au raisonnement économiques. Il y a aussi le poids de ceux qui ont enseigné l'économie. Toi et Philippe, vous avez été professeurs du secondaire, et le lien entre l'actualité économique et sociale peut se référer à ce qu'on enseigne au lycée.*

Denis : Effectivement, dans les premiers numéros du journal, ce sont des économistes professionnels qui écrivent. Souvent sous des pseudonymes, parce qu'ils ont des fonctions politiques (Yves Barou, Jacques Rigaudiat...) ou techniques mais proches des politiques (Jean Pisani-Ferry, Daniel Lenoir...). Tous écrivaient sur des domaines qu'ils connaissaient bien. Donc, il y avait plus de professionnels que d'enseignants. Parmi ces der-

1 Philippe Frémeaux collaborait au *Monde dimanche,* un supplément créé par Jean Planchais, journaliste au *Monde*, en 1979.

2 J'exagère, évidemment. Mais quelques années plus tard (4 juin 1994), lors d'un colloque organisé par l'Institut national d'études démographiques (INED à l'occasion du tricentenaire de la naissance de François Quesnay, j'étais très ému d'avoir été présenté à Wassily Léontief (« nobélisé » en 1973), invité d'honneur de ce colloque. Je devais animer une table ronde sur le thème « Physiocratie et monde moderne » à laquelle participaient Bernard Cazes, Jacques Lesourne et Sylvain Wickham. La revue de l'INED a publié les actes de ce colloque (*Population*, n° 4-5 de 1994).

3 Philippe Frémeaux était alors prof à mi-temps et pigiste au *Monde.* En 1982, il a été embauché comme consultant par le Bureau d'informations et de prévisions économiques (BIPE), un bureau d'études et de conseil créé en 1958 par l'État. L'article a été publié dans *Le Monde* du 28 décembre 1981 sous le titre *Les Gargantua de la banque verte*. Il était présenté comme une interview, mais composé de passages du livre précédés de questions adéquates.

niers, on ne comptait guère que Joël Satre-Buisson, Philippe Frémeaux et moi. Philippe et moi avons quitté l'enseignement peu après le lancement du journal pour travailler lui au BIPE, moi à l'Agence française pour la maîtrise de l'énergie, AFME, ancêtre de l'actuelle Ademe. Quant à Joël, il a été salarié du journal à temps très partiel, et a opté pour quitter l'enseignement et devenir consultant. Ce qui nous rapprochait le plus, au départ, c'était notre appartenance au PSU ou notre proximité avec ce parti. Ainsi, Jacques Sallois : comme directeur de cabinet de Jack Lang de 1981 à 1985, il a joué un rôle important en proposant une loi sur le livre (entrée dans l'histoire sous le nom de loi Lang), typique dans ses principes de la façon dont raisonnaient les gens du PSU : non pas supprimer le marché, mais l'encadrer de sorte qu'il concoure au bien commun. Car le livre est un élément du bien commun. Grâce à cette loi, la France a conservé un réseau dense de librairies de qualité, alors que dans la plupart des autres pays européens, le livre est essentiellement une affaire de grandes surfaces qui commercialisent surtout des « *best-sellers* ». Cette proximité politique commune a facilité les choses dans la période de démarrage, très vite ce sont les liens d'amitié et de confiance mutuelle qui ont cimenté l'équipe.

- Autour du berceau : convergences et soutiens, d'André Gorz à la CFDT

Christophe : Au moment où Alternatives Économiques *apparaît, André Gorz vient de publier ses* Adieux au prolétariat[1]. *C'est un livre qui a beaucoup marqué le petit monde proche d'*Alternatives Économiques, *car il tournait la page d'un certain marxisme. Les gens qui allaient constituer la mouvance d'*Alternatives Économiques *se retrouvaient-ils dans les thèses d'André Gorz ?*

Denis : Je n'ai rien dans mes archives concernant des discussions à plusieurs autour de ce livre. Je me souviens en avoir parlé avec Philippe Frémeaux, qui était très intéressé. Ce qui s'expliquait, car Gorz affirmait que la révolution prolétarienne n'était ni souhaitable ni possible. *Alternatives Économiques* a publié en 1982 (n° 11 du 15/07 au 15/09) une interview

1 La première édition d'*Adieux au prolétariat. Au-delà du socialisme* paraît le 21 février 1980, et l'édition de poche, augmentée, en mai 1981. Le livre provoque des débats dans les milieux de gauche et touche un public large, pour un essai politique publié par une petite maison d'édition (Galilée) : 20 000 exemplaires vendus. *L'Après-socialisme* (Grasset), d'Alain Touraine, traitant des mêmes questions et paru deux mois plus tard, sera lui aussi accueilli fraîchement à gauche.

d'André Gorz par Joël Satre-Buisson[1]. Une façon pour lui de soutenir un journal dont il appréciait le caractère tonique et sans effet de manche, un titre indépendant des grands média et attentif aux questions sociales et environnementales. Je ne veux pas dire qu'il s'y reconnaissait, mais cela allait dans le sens qu'il souhaitait, celui de l'autonomie et de la contestation des effets du capitalisme. Il avait donc accepté la proposition d'interview que lui avait faite Joël. Ce dernier en a décroché d'autres (par exemple celle de René Dumont, publiée dans le n° 7, janvier-février 1982) ou des passages à l'antenne pour faire parler du journal : je me souviens ainsi qu'il avait convaincu Ivan Levaï, journaliste très connu à l'époque, de m'inviter sur Europe 1. Incontestablement, Joël a beaucoup aidé le journal à être mieux connu. Il était pugnace et ne ressortait pas du bureau de son interlocuteur tant qu'il n'avait pas obtenu ce qu'il voulait.

Dans cette interview, André Gorz soutenait que le travail – salarié, précisait-il – « ne représentera bientôt plus qu'une dimension secondaire de nos vies, *à condition que tout le monde travaille.* Il faudra donc que le mouvement ouvrier se batte à la fois pour le partage de l'emploi, la libération et l'autogestion du temps, et enfin la polyvalence et la rotation de certaines tâches ». Dans ses livres ultérieurs, et notamment dans *Les chemins du paradis* (1983), il s'est rallié au revenu universel, avançant que « le droit au revenu doit perdre la forme-salaire puisqu'il n'est plus utile ni nécessaire que la société fasse sans arrêt travailler tout le monde » (entretien avec Joël Satre-Buisson publié dans le n° 17, septembre 1983). Pour lui, ce « revenu social » (ainsi qu'il l'appelait) devait être versé à vie, mais le droit au revenu devait avoir pour contrepartie l'engagement de chacun de fournir une certaine quantité de travail à la collectivité au cours de sa vie. Il récusait le dualisme (les uns dans l'emploi, les autres inactifs, exclus ou chômeurs), mais dissociait revenu et travail, ce dernier étant intermittent et choisi par chacun. Le troisième entretien avec lui est paru en juillet 1984, sous ma signature, car, entre-temps, j'avais fait sa connaissance et nous avions pas mal échangé sur la question du revenu universel, que je critiquais. Je me souviens notamment d'une discussion organisée par *Futuribles* sur ce thème : André Gorz et Philippe Van Parijs défendaient cette proposition (Gorz distinguait avec talent une version de droite, qu'il récusait, et une version de gauche, qu'il

1 Titre de l'article : *Vers la semaine de vingt heures.* Dans la citation de cet article, c'est André Gorz lui-même qui a exigé que le passage reproduit en gras soit imprimé de cette façon. Lui-même journaliste (sous le nom de Michel Bosquet), il était très vigilant sur les interviews qu'il donnait, allant souvent jusqu'à les écrire entièrement.

soutenait), tandis que j'exprimais mes réticences du fait de son coût et de ses répercussions potentielles sur le marché du travail.

*Christophe : Joël avait, entre autres, réussi à présenter le nouveau journal à Edmond Maire. Est-ce que la CFDT a réagi, voire contribué à l'audience d'*Alternatives Économiques *?*

Denis : Je ne sais pas si cela a contribué à l'audience. Il y a sans doute eu du bouche-à-oreille, mais le seul soutien dont je me souviens a été celui de la FGA, la Fédération générale de l'agro-alimentaire, peut-être parce qu'ils me connaissaient déjà grâce à *Germinal*, mais plus probablement parce que Joël connaissait bien plusieurs de ses responsables et travaillait de temps à autre avec eux. Cette Fédération a souscrit quelques abonnements et nous a envoyé une lettre d'encouragements. Au niveau de la Confédération, il y a bien eu, à l'initiative de Joël, un entretien avec Pierre Héritier (paru dans le n° 12, septembre 1982), qui était alors responsable du secteur économique de la Confédération – il avait remplacé à ce poste Michel Rolant, nommé Président de l'Agence française de la maîtrise de l'énergie (AFME). Pierre Héritier était considéré comme le numéro 2 de la CFDT. Il est donc vraisemblable que cet entretien valait soutien de la centrale syndicale, mais je ne pense pas qu'il y ait eu des retombées sur les abonnements, ou seulement d'une manière marginale. Il était d'ailleurs de notoriété publique que les relations entre Edmond Maire et Pierre Héritier étaient tendues, en raison du « recentrage » de la CFDT, c'est-à-dire du fait qu'elle avait décidé de privilégier l'action syndicale plutôt que l'action politique vis-à-vis de la gauche alors au pouvoir.

- Jouer dans la cour des grands en devenant mensuel

Christophe : Alternatives Économiques *est donc un bimestriel (parution tous les deux mois) édité par une association. Jusqu'à quand ?*

Denis : Jusqu'en 1985. Même si, d'année en année, le bimestriel gagnait des abonnés, nous n'avions pas encore percé éditorialement. Nous ne vivions que des abonnements, nous ne faisions quasiment pas de publicité, le petit monde de la presse ignorait largement notre existence. La mensualisation et le passage en kiosque pouvaient nous permettre de devenir visibles, d'être un titre comme les autres, repérable et achetable en magasin ou en kiosque. Mais en même temps, ce passage de bimestriel à mensuel était pour nous un saut considérable, avec des risques majeurs, alors même que nos sociétaires – les salariés et quelques autres soutiens extérieurs – n'étaient pas en mesure d'assumer ces risques si le pari n'était pas gagné. Une promesse de succès contrebalancée par le risque d'une disparition en cas d'échec.

Nous l'expliquons dans le numéro 29, le dernier bimestriel :

« Oui, nous allons tenter l'expérience. À partir de septembre 1985. Pour deux raisons.

[...] Pour coller mieux à l'événement, la mensualisation nous paraît souhaitable.

Ensuite, parce que nous souhaitons peser un peu plus dans les débats actuels. À notre place, qui est modeste. Mais avec notre originalité : vous en connaissez beaucoup des journaux économiques qui se veulent à gauche, sans complexe, mais qui regardent en face les contraintes bien réelles ? Qui disent qu'il n'y a pas de modèle ? Que le salut ne viendra pas de l'État seul ? Qui s'interrogent sur les bienfaits de la croissance et du productivisme ?

D'où la décision d'essayer de paraître 10 fois par an (...) et de tenter une vente en kiosques. »

Il s'agissait de toucher d'autres lecteurs que les militants, des citoyens intéressés par l'économie mais hésitant à franchir le pas de l'abonnement.

Prévue pour 1984, la mensualisation a été reculée d'un an, pour des raisons techniques et financières. Il nous fallait en effet changer d'imprimeur, puisque l'alimentation des kiosques (4 000 exemplaires environ) nous imposait d'augmenter le tirage d'autant, et que nous avions décidé d'augmenter la pagination en la passant de 24 à 32 pages, dont certaines en bichromie. Nous réalisions quelque bénéfice (65 000 F, soit 17 000 euros actuels) en 1984-1985 et le nombre d'abonnés s'accroissait régulièrement. On s'est donc lancé dans l'aventure, en tremblant un peu, et moi beaucoup, car mensualiser signifiait augmenter sensiblement le prix de l'abonnement, à la fois pour payer le tirage supplémentaire et la pagination accrue. Le journal devenait mensuel (d'abord 10 numéros par an, et depuis 1995, 11 de façon à réduire le trop grand intervalle entre le n° de juin et celui de septembre), l'organisme éditeur n'était plus une association, mais une SCOP (société coopérative ouvrière de production, dénomination qui est devenue aujourd'hui « société coopérative et participative », une responsable commerciale embauchée (Isabelle Schneider) et installée dans un petit bureau que nous avions loué en commun avec l'association Solagral (« solidarité agro-alimentaire », dont, après Bertrand Delpeuch, Laurence Tubiana puis Yannick Jadot ont été les animateurs successifs). Elle y était la seule salariée, ce qui n'est pas idéal pour travailler, mais elle veillait à la mise en kiosque et aux résultats des ventes, car elle savait que la pérennité de son emploi dépendait largement de l'accueil du public. Mais le dieu de la presse était avec nous et le pari a été gagné. Le premier numéro mis en kiosque s'est vendu à 1 400 exemplaires : un score minable en apparence, mais très positif pour un titre que les marchands de journaux avaient sans doute tendance à mettre dans le fond de leur boutique pour ne pas encombrer leur étal avec un journal inconnu (actuellement les ventes en kiosque sont de 20 à 30 000 exemplaires selon les numéros). Quant aux abonnés, leur nombre est passé de 8 000 à 10 500. Pas de quoi amortir l'ensemble des coûts de ce passage en mensuel, si bien que, craignant pour son emploi, Isabelle a préféré prendre les devants et quitter l'entreprise. Mais la dynamique était suffisamment forte pour effacer le déficit assez rapidement.

Christophe : La SCOP est créée en 1985, et l'Association est transformée en association de lecteurs, présidée par Daniel Lenoir. Pourquoi ce maintien ?

Denis : En fait, maintenir l'association était au départ une simple commodité juridique, car cela évitait de transférer le patrimoine (le titre et le fichier des abonnés) à la Scop, ce qui aurait exigé la nomination coûteuse d'un « Commissaire aux apports ». La Scop s'est donc contentée de prendre en charge le coût et la livraison des numéros dus aux abonnés qui avaient payé leur abonnement à l'association : autant d'économies pour cette dernière, qui s'est ainsi constitué un petit pécule. Au fur et à mesure que ces abonnés se réabonnaient, ils le faisaient à la Scop, laquelle siphonnait ainsi paisiblement le fichier de l'association, qui perdait peu à peu toute valeur. Quant à la création de la Scop, il suffisait alors qu'elle comporte au moins quatre salariés associés. L'association comptait alors quatre salariés (Jean-Pierre Chanteau, Marilyn Fleutot, Isabelle Schneider et moi, à temps très partiel puisque je travaillais alors à l'AFME à 4/5e de temps) : les contrats de travail ont été repris par la Scop et je suis donc devenu PDG de la Scop, élu à l'unanimité… Jusqu'alors, les débats et les décisions de l'association avaient lieu au sein du « comité de rédaction », structure informelle rassemblant, outre le secrétaire de rédaction, les rédacteurs bénévoles, dont le nombre s'était accru : Michel Beaud (enseignant-chercheur à Paris 8) Pierre Volovitch (prof de SES), Ahmet Insel (enseignant-chercheur à Paris 1), Jean-Yves Carfantan (économiste de l'agro-alimentaire), etc. Chaque mois les membres de ce comité recevaient des informations précises sur la diffusion, les ventes, les différents problèmes de gestion, etc. C'est en son sein qu'ont eu lieu les échanges autour de la mensualisation.

Aucun d'entre nous ne connaissait vraiment le statut Scop, mais il nous semblait adapté, parce que le capital était apporté par les salariés, pas par des actionnaires extérieurs. Symboliquement, cela voulait dire qu'*Alternatives Économiques* ne mettait pas les mains dans le capitalisme. Cette proposition, fortement soutenue par Philippe Frémeaux et Hugues Sibille, fut validée presque avec enthousiasme. Mais une chose est de prendre ses distances avec le capitalisme, une autre de réunir le capital, puisque même une SCOP doit avoir un capital. À l'époque, le montant minimum pour constituer une SARL de presse[1] était de 5000 F, lesquels furent apportés par les salariés, mais aussi par l'association (dans une Scop, les non-salariés peuvent détenir au plus 49 % du capital). Le passage en SCOP n'a pas fait disparaître pour autant l'association. Celle-ci n'était plus éditrice, certes, mais elle rassemble désormais les lecteurs qui souhaitent y adhérer. L'association est longtemps restée propriétaire du titre *Alternatives Économiques,* qui a été déposé trop tardivement pour empêcher une autre structure (de commerce équitable) de se dénommer *Alter Eco,* ce qui a été à l'origine de quelques quiproquos, facilement réglés à l'amiable il est vrai. Elle peut donc faire entendre la voix des lecteurs, *via* la personne qui la représente au Conseil d'administration, car elle détient quelques parts sociales de la Scop grâce au pécule évoqué plus haut. À quelques reprises elle a également pu combler un trou financier de la Scop, à hauteur de 160 000 F au total (40 000 à 50 000 € actuels, selon les années auxquelles ce soutien s'est concrétisé). L'association est donc devenue un solide soutien. Elle l'a prouvé à bien des reprises, et pas seulement en matière financière, mais aussi en organisant des évènements, des conférences, etc. Les Présidents de l'association (Daniel Lenoir, puis, depuis 1994, Christophe Fourel) ont toujours joué un rôle important dans l'animation de ce qu'il faudrait appeler le « groupe *Alternatives Économiques* », dont elle est un pilier, aux côtés de la « société civile de placement *Alternatives Économiques* » qui regroupe les investisseurs institutionnels ou personnels consolidant le capital de la Scop.

Marc : L'association est d'ailleurs longtemps restée propriétaire du titre « Alternatives Économiques ». En changeant de nom et en revoyant ses sta-

1 Les Scop sont des SARL ou des SA comme les autres, mais avec des dispositions complémentaires, particulières aux coopératives : un homme/une voix, impartageabilité des réserves, capital variable, répartition d'une partie des bénéfices aux salariés (« part travail »), financement du capital par prélèvement sur salaire…

tuts en 1998, elle a décidé de le céder gratuitement à la SCOP. Ce qui a donné lieu à un petit débat en assemblée générale de l'association.

Dans le maintien et l'activation de l'association des lecteurs, y avait-il aussi un intérêt marketing, une affirmation que le journal était proche de ses lecteurs ?

Denis : Probablement, mais ce n'était pas explicite. L'association a trouvé ses marques peu à peu et a permis – permet encore… – de faire des lecteurs des compagnons de route.

• Une opération de « croissance externe » : l'absorption de l'Économie en questions

La mensualisation a permis d'augmenter la diffusion, mais une partie de celle-ci a résulté de l'absorption de la revue *L'économie en questions* (EEQ), dont j'ai déjà parlé[1] : à la fois concurrente et plus engagée que nous, la cession de son fichier (600 abonnés à jour de leur abonnement) s'est faite moyennant le paiement de ses dettes (à l'URSSAF notamment), en plus de la publication de deux hors-séries annuels sous la bannière *Alternatives Économiques/L'économie en questions* sur des sujets choisis d'un commun accord. En réalité, seuls six hors-série parurent sous cette bannière (sur la désindustrialisation, le tiers-monde, la culture, l'emploi, mai 68 et sur « 15 ans de crise »), car leur équipe rédactionnelle s'était démotivée. Le rachat-fusion

1 Un groupe d'économistes de gauche avait lancé en janvier 1977 *Pour la lutte*, « Bulletin d'informations économiques », ambitionnant de « fournir à tous les travailleurs les éléments de […] connaissance de la situation économique ». La revue devient, pour son n° 8-9 *L'économie en questions (L'EEQ)*. En 1981, elle est une belle revue de 64 pages, qui se veut *Bulletin d'information et de réflexion économique*. On y trouve une recension d'*Alternatives Économiques* : « des amis, une association du même nom et un bimensuel [confusion : Alter Eco est un bimestriel] depuis un an, dirigé par Denis Clerc. Ça marche bien, la formule est très différente de l'EEQ : légère, 20 pages ; articles pédagogiques ne dépassant pas une page, un prix mammouth – 40F par an – et surtout une ligne directrice qui voudrait en faire un journal plein de propositions. Nous nous sommes rencontrés plusieurs fois pour échanger des idées sur les projets respectifs, sur des initiatives en commun […] mais la fusion des deux revues, qui ont chacune leur place, n'est sans doute pas une bonne solution ». Le ton est légèrement condescendant…
Au troisième trimestre 1982, les deux revues réalisent un dossier en commun. En 1984, L'EEQ annonce 1200 abonnés et 800 à 900 ventes en librairie, alors qu'*Alternatives Économiques* compte déjà 7 000 abonnés et 900 acheteurs au numéro, L'*EEQ* va devenir un hors-série d'*Alternatives Économiques*, avec une parution plus ou moins semestrielle… Son nom s'amenuisera progressivement dans la manchette de première page au profit de celui du magazine, jusqu'à disparaître sans bruit en décembre 1989.

du titre par *Alternatives Économiques* n'a pas suffi à les remotiver, et peut-être une partie d'entre eux n'appréciaient pas notre ligne moins révolutionnaire que sociale-démocrate. Seul Christian Chavagneux a franchi le pas. Il était le plus jeune de l'équipe, avait une formation économique solide (*London School of Economics*), un doctorat et une expertise financière approfondie. Ce n'est pas par hasard qu'il est devenu un spécialiste reconnu des paradis fiscaux. Dans l'équipe d'*Alternatives Économiques,* il a apporté clairement un plus, d'autant qu'il était capable de traiter de sujets internationaux en connaissance de cause, une faiblesse du journal depuis la moindre implication de Jean Pisani-Ferry, appelé à des fonctions de responsabilité difficilement compatibles avec un journalisme engagé.

L'absorption de *l'EEQ* nous a incités à systématiser les hors-séries. Ces numéros s'étaient bien vendus (au numéro ou par souscription d'abonnements avec hors-séries), et nous avons donc pérennisé la formule, mais sous la seule bannière *Alternatives Économiques.* Leur nombre annuel est passé à 4 avec l'ajout d'un numéro sur « Les chiffres de l'économie[1] » et un autre sur « l'état de l'économie » (réalisé avec le concours de l'OFCE) au terme de chaque année, pour synthétiser les grands débats et les questions qui ont animé l'année écoulée dans le domaine économique et social. L'audience du mensuel et celle des hors-séries ont ainsi progressé de pair. Un peu plus de quatre ans après la mensualisation, en 1990, la diffusion du mensuel avait triplé, pour les ventes à l'unité (5 000 exemplaires) comme pour les abonnements (35 000). Quant aux hors-séries, la même année, les ventes à l'unité ont dépassé 8 000 exemplaires et les abonnements 20 000 pour chaque parution.

- *Alternatives Économiques* commence à rémunérer ses rédacteurs

Ce pari réussi a permis un tournant majeur : la rédaction cesse de n'être composée que de bénévoles, elle se professionnalise. Mais cela s'est fait avec prudence : la règle implicite que Philippe et moi avons toujours suivie a été de ne recruter que lorsque les finances du journal disposaient d'une marge de sécurité jugée suffisante. Pas question de prendre de risque excessif en pariant sur une progression continue du nombre d'acheteurs. J'ai passé mon temps de PDG à vérifier que le robinet des recettes permettait de compenser au moins le flux des dépenses.

1 Destiné à fournir aux enseignants, à leurs élèves et à tous ceux que les données chiffrées macro-économiques intéressaient, mais qui ne parvenaient pas à accéder à leurs sources.

Christophe : C'est donc parce que le journal se développe et peut passer à une parution mensuelle que le statut de société semble plus approprié que celui d'association ? Le choix de la SCOP n'est pas anodin. Pourtant, pour financer la mensualisation et la mise en kiosque, le statut de coopérative n'est pas le plus rationnel économiquement parlant.

Denis : C'est vrai, puisque, dans une Scop, ce sont les salariés qui doivent apporter le capital. Il y avait une raison essentielle à ce choix. Hugues Sibille, en particulier, a été un acteur majeur de la mensualisation. Nous avons débattu entre nous, et le point-clef qui ressortait, c'était qu'il fallait certes se développer, mais en conservant à tout prix notre indépendance. Nous avions tous en tête l'échec de *Nouvelle Donne*, dû en partie à l'obligation de convaincre un financeur. Nous voulions rester maîtres de notre destin, quand bien même cela impliquerait d'autofinancer notre croissance. Nous avions beaucoup donné, en temps et en énergie, et il était exclu que nous fassions allégeance à quiconque, fût-ce un homme se réclamant de la gauche, comme Georges Hourdin, Claude Perdriel, Pierre Bergé ou Xavier Niel. Je m'en félicite encore tous les jours. Le statut Scop était la garantie de cette indépendance : un homme, une voix et des actionnaires majoritairement salariés. Mais il y avait un revers à cette médaille : la fragilité financière.

En effet, puisque les actionnaires (« sociétaires » dans le langage coopératif) étaient les salariés, chacun d'eux apportait certes sa cotisation mensuelle obligatoire, à hauteur de 2 % de son salaire brut, mais cela ne représentait que quelques milliers d'euros chaque année. Pas de quoi faire face à une difficulté sérieuse. Heureusement, nous avions (et avons toujours) les abonnés, qui payent d'avance, et cela alimentait notre trésorerie, mais de façon provisoire, puisque, en contrepartie, il fallait leur livrer les numéros prépayés. Mais ce n'était pas l'essentiel. J'ai évoqué à l'instant le cas de « difficulté sérieuse ». Par exemple, un déficit élevé, ce qui peut arriver à n'importe quelle entreprise ayant le statut de société. Elle peut faire appel à ses actionnaires, généralement plus riches que nos sociétaires. Et si cela ne suffit pas, elle peut essayer de trouver « un chevalier blanc », qui prendra le contrôle de la société et injectera des capitaux. C'est ce qu'ont fait des titres comme *Le Monde, Libération, Le Figaro* ou *L'Expansion* lorsqu'ils se sont trouvés en difficulté. Mais qui apportera des capitaux à *Alternatives Économiques*, sachant que, en raison du statut coopératif (« un homme, une voix »), cet apporteur ne pèsera pas plus dans la balance que le salarié le moins bien payé de l'entreprise ? J'ai coutume de dire que « nous volons sans parachute » : en cas de difficulté, personne ne viendra à notre secours. Pas pour des raisons idéologiques, mais à cause du statut coopératif. Ce dernier est à la fois une force (l'indépendance) et une faiblesse (le financement). Quand une Scop prend l'eau, on a beau écoper, ça ne suffit pas à la sauver. Au fond, être en déficit est bien plus contraignant dans une Scop que dans toute autre entreprise : il faut être très attentif à la gestion et aux accidents, car ils deviennent vite mortels. Il n'existe pas d'hôpital pour Scop en difficulté, pas d'infirmerie où l'on peut vous transfuser quand vous avez perdu beaucoup de sang. Il existe bien quelques outils financiers créés par (ou à la demande de) la Confédération des Scop, mais ils sont là pour des soins bénins, pas pour un sauvetage. Voilà pourquoi, lorsque j'en étais le directeur, l'insomnie m'était une compagne habituelle. Je ne crois pas avoir été un patron dictatorial, mais particulièrement vigilant, car notre intérêt collectif – pas celui des actionnaires – était en jeu. Être indépendant a un prix, que nous avons accepté de payer, mais cela n'a pas été tous les jours facile.

Christophe : Le réseau des professeurs commence à adhérer au projet ?

Denis : Les enseignants de SES et de gestion ont trouvé dans *Alternatives Économiques* le support pédagogique qu'ils attendaient. Au même moment, *Science et Vie économie* connaissait un engouement analogue, pour la même raison. Mais *Alter Eco*, dans certains milieux, sentait le soufre, et des rumeurs ont commencé à circuler : que nous arrosions les profs de cadeaux, que les élèves étaient obligés de s'abonner, etc. C'était évidemment faux : comme si les profs de SES faisaient passer leurs convictions politiques avant leur conscience professionnelle. Si les manuels d'économie reprenaient souvent des passages de certains articles, si les sujets du bac faisaient de même, ce n'était ni par complot, ni par idéologie, mais tout simplement parce que ces articles et les éléments sur lesquels ils s'appuyaient étaient jugés suffisamment pédagogiques et fiables pour éclairer les élèves. Et nombre d'enseignants, voire d'inspecteurs pédagogiques nous en étaient reconnaissants : enfin un journal accessible aux élèves ! Il était critique, certes, mais surtout il fournissait des éléments importants pour comprendre la société et son économie. Bruno Magliulo, un inspecteur pédagogique régional, a joué un rôle important, non pas pour faire vendre le journal, mais pour qu'il réponde correctement et intelligemment aux souhaits des enseignants. Il nous signalait les manques, les attentes, la façon dont certains articles étaient reçus, etc. Il en a même écrit un certain nombre, dans les domaines que nous couvrions mal (entreprise, management, gestion, etc.). Grâce à lui, la mayonnaise a pris, non pas – une fois encore – sur des bases idéologiques, mais du fait de l'adéquation entre les besoins des enseignants d'économie et les articles paraissant dans *Alternatives Économiques.* L'ampleur du succès dans ce milieu nous a même fait craindre d'être classés dans la catégorie des auxiliaires parascolaire, d'autant que nous étions courtisés par deux éditeurs de manuels. À ta suggestion, Christophe, nous avions imaginé de lancer un concours du meilleur article d'économie écrit par un groupe d'élèves ou une classe, dont les lauréats verraient leur article publié. Ce concours a connu un gros succès, mais nous ne l'avons pas reconduit, justement pour ne pas tomber dans ce piège.

- La professionnalisation de la rédaction

*Christophe : Philippe Frémeaux avait d'abord été professeur de SES puis consultant. Il avait une petite expérience du journalisme. Daniel Temam n'en avait pas plus. C'est donc à partir de l'embauche de Dominique Sicot et de Catherine André qu'*Alternatives Économiques *accueille des journalistes. D'où venaient-elles ?*

Denis : Les rédacteurs professionnels ne sont arrivés qu'au compte-gouttes et tardivement, faute de moyens financiers. Les premiers à avoir été recrutés ont été ceux s'occupant du secrétariat de rédaction, une fonction essentielle, puisqu'elle consiste à faire que les textes commandés arrivent à temps, sont de la bonne longueur et compréhensibles, ne contiennent pas d'inexactitudes, etc. Daniel Salles a été recruté en 1990 et est vite devenu un pilier essentiel du journal. À la rédaction proprement dite, Philippe Frémeaux n'était pas un débutant, puisqu'il avait travaillé au supplément hebdomadaire du *Monde.* Quant à Daniel Temam[1], il a été mis à sa demande à la disposition *d'Alternatives Économiques* pendant deux ans par son employeur, l'Insee, pour un mi-temps, son autre mi-temps étant consacré au journal bimestriel (*Tangente, l'aventure mathématique*) qu'il avait lancé. Sa très bonne connaissance d'un certain nombre de questions économiques lui a permis de rédiger nombre d'articles explicatifs. Mais, effectivement, c'est avec le recrutement de Dominique Sicot (1990) qu'arrive la première journaliste professionnelle patentée, venant de *Que Choisir ?* L'année sui-

1 Polytechnicien et ancien élève de l'ENSAE.

vante, c'est Catherine André qui est arrivée, en provenance de *Science et Vie économie*. Dominique était très expérimentée, et Catherine avait une formation économique et sociologique solide, ainsi que le gros avantage de pratiquer couramment l'anglais et l'espagnol. Pourtant, ces deux embauches n'ont pas été une réussite, car elles avaient l'habitude de rédactions plus fournies en journalistes, alors que la rédaction d'*Alternatives Économiques* était largement assurée par des économistes professionnels et bénévoles qui n'avaient guère de contacts avec les journalistes. En outre, les relations sont devenues difficiles entre le rédacteur en chef et Dominique Sicot, pas seulement pour des raisons idéologiques. Philippe n'aimait pas que son autorité soit sans cesse remise en cause et que Dominique n'en fasse qu'à sa tête. En outre, elle n'avait pas un caractère facile. Il lui est arrivé un jour de me dire que « je pissais la copie ». Bonjour l'ambiance ! Cela s'est terminé par un licenciement. Elle a été par la suite rédactrice en chef de *L'Humanité-Dimanche*.

Au total, les années 1994-2000 sont celles où les rédacteurs bénévoles s'en vont progressivement. Les uns parce qu'ils quittent l'enseignement de sciences économiques et sociales et intègrent des institutions où ils se spécialisent dans un domaine précis : ainsi, Pierre Volovitch, devenu chercheur en économie de la santé à l'IRES, ou Jean-Paul Hébert, spécialiste de l'économie de l'armement. Pour d'autres, leur carrière professionnelle les amène à assumer d'importantes responsabilités qui réduisent d'autant leur disponibilité : Jean Pisani-Ferry se consacre à la direction du CEPII, Christophe Fourel est devenu secrétaire général du CREDOC, Daniel Lenoir est devenu directeur général de la Mutualité fonction publique, puis de la Mutualité sociale agricole, Hugues Sibille passe au cabinet de Martine Aubry (chargé des « emplois-jeunes ») puis est nommé délégué interministériel à l'économie sociale. Parfois, à cette moindre disponibilité se mêle quelque réticence à l'égard de la ligne éditoriale. C'est le cas de Jacques Généreux, professeur à Sciences Po et remarquable pédagogue, militant du Parti de gauche, ou de Dominique Plihon, qui préside le conseil scientifique d'ATTAC.

En six ans (1994-2000), *Alternatives Économiques* est passé de l'adolescence à l'âge adulte. C'est devenu un titre reconnu (et souvent critiqué par tous ceux, nombreux, qui accordent une confiance aveugle au marché et à la quête de l'intérêt personnel). L'entreprise qui l'édite est une coopérative qui marche bien, dont le personnel est à la fois compétent, motivé et fier de ce qu'il fait. Le journal traite certes de l'économie – c'est son domaine – mais aussi, et de plus en plus, du social et de l'environnemental, car l'on ne peut dissocier ces trois domaines. Dès l'origine, les sujets environnementaux ont été présents, tout comme la critique du productivisme à tout crin, ou les questions du cadre de vie. Le recours aux bénévoles est devenu marginal, même s'il subsiste sous la forme de « Point de vue » ou de « Tribune ». Sans tapage, sa diffusion a progressé « en tache d'huile », comme je le dis souvent, plus par le bouche-à-oreille que par la publicité, donc prudemment : en ne dépensant jamais (ou très rarement) plus qu'il ne gagnait et en s'autofinançant pour conserver son indépendance. Il a élargi son audience, est devenu le troisième titre de la presse économique, derrière *Capital* et *Challenges*, mais devant *L'Expansion* aujourd'hui disparu. Dans la presse « grand public » (c'est-à-dire vendant par parution au moins 10 000 exemplaires chez les marchands de journaux), il était alors l'un des très rares à pouvoir se dire indépendant des puissances d'argent.

En réalité, les « lois de la presse » interdisaient à *Alternatives Économiques* d'exister, ou de se développer. Normalement, nous aurions dû disparaître, comme la plupart des titres « militants » qui se sont lancés dans les années 1980 (par exemple *Courrier de la Planète*, disparu en 2011), vivoter, comme ceux qui subsistent (citons *Silence*, *TransRural Initiatives*...) grâce à des militants qui complètent le produit des ventes (*Politis*), en comptant sur le dévouement de l'équipe largement bénévole. *Alter Eco* est une exception dans la presse française : un journal sans capitaux a pu se développer progressivement, sans faire appel à des financements occultes, à la charité publique ou au copinage. Pas seulement grâce à ceux qui l'ont porté sur les fonts baptismaux, mais aussi parce qu'il a rencontré un public et su grandir calmement, en fonction de ses moyens et sans avoir « la grosse tête ».

- Des salariés pour fabriquer le magazine et gérer la SCOP

L'aventure d'*Alternatives Économiques* a reposé initialement sur des bouts de ficelle. J'ai déjà parlé des économistes ou des responsables associatifs en général parisiens qui nous nourrissaient en articles. Mais un journal ne se réduit pas aux articles. Il fallait aussi un local et des petites mains pour envoyer aux abonnés leurs numéros, saisir les textes et les mettre en page, trouver des illustrations, etc., et tout cela se faisait dans l'agglomération dijonnaise. Le local, ce fut – durant quelques mois – la maison Clerc, les petites mains des amis, voisins et... Hubert Guyet, notre imprimeur, qui transformait les textes en articles mis en page puis imprimait le tout. Mais, à l'évidence, la montée en charge des abonnés exigeait des travailleurs salariés et un local pour œuvrer. Les deux premiers salariés, en 1982, furent Marilyn Fleutot et Jean-Pierre Chanteau. La première était une ancienne élève rencontrée par hasard aux « Nouvelles Galeries », où elle était vendeuse… faute de mieux. Elle accepta avec enthousiasme la proposition d'assurer le secrétariat dans le cadre d'un « emploi d'initiative locale » de deux ans financé aux trois quarts par l'État, début d'une collaboration qui dure encore à ce jour. Le second venait de terminer brillamment une formation d'ingénieur des techniques agricoles et d'obtenir le statut d'objecteur de conscience (deux ans) dans l'association *Tessito* au lieu du service militaire alors obligatoire. Cette boutique dijonnaise, devenue depuis magasin d'Artisans du Monde, faisait alors de l'information sur le Tiers-Monde. Comme AE était une association, elle pouvait aussi « candidater » pour l'accueillir à mi-temps, moyennant une autorisation administrative qui lui fut accordée. Et, cerise sur le gâteau, *Tessito* disposait d'un grand local, dont la superficie et le loyer furent partagés, tout comme le temps de travail de Jean-Pierre, qui, pour le journal, assuma la charge de secrétaire de rédaction (vérification de la dimension et des dates de remise des textes, relecture, coupes éventuelles et titraille – titre, « chapô », « inter » –, iconographie, couverture, mise en page, relations avec les auteurs et avec l'imprimeur, etc.). Sans ces deux salariés, le « fanzine » initial n'aurait jamais pu muer progressivement en journal de qualité.

À l'issue de son service d'objecteur, Jean-Pierre a été recruté à mi-temps. En 1984, la diffusion du journal dépassant les 8 000 abonnés, il devenait impossible de continuer à gérer ces abonnés et d'effectuer le routage (tri des expéditions selon des normes postales assez strictes, pouvant aller jusqu'au classement par tournée de facteur) de façon manuelle.

Louis Bignand, un informaticien dijonnais, nous proposa de réaliser un logiciel de routage pouvant tourner sur les premiers ordinateurs personnels. *Alter Eco* se dota donc d'une informatique de gestion cette année-là, très en avance sur le reste de la profession : comptabilité, facturation, gestion des abonnés et routage. Tandis que Jean-Pierre, non content d'avoir introduit la photo dans le journal et confectionné les premiers graphiques corrects, nous convertit à la PAO (« publication assistée par ordinateur » : composition et montage des films sur ordinateur) en 1988 (2e titre de la presse française à effectuer cette « migration » numérique !). Le « petit canard » faisait ainsi la pige aux grands groupes de presse. Pas pour leur faire concurrence, mais parce que cela réduisait nos coûts et améliorait considérablement le graphisme. À l'opposé d'Adam Smith, qui voyait dans la division du travail et la spécialisation des tâches le secret de « la richesse des nations », nous avons ainsi pris le parti d'internaliser tout ce qui pouvait l'être et de ne sous-traiter que l'impression, le routage et l'expédition. Ainsi, grâce à l'informatisation des abonnements, nous sommes restés propriétaires de notre portefeuille d'abonnés, sans dépendre d'un sous-traitant pour connaître leur fidélité (75 à 80 % de réabonnements dans les années 1990-2000, un peu moins désormais).

Ces « personnes de l'ombre » et, par la suite, ceux et celles qui les ont rejoints ou remplacés ont joué un rôle décisif dans le développement du journal, grâce à leur professionnalisme et leur implication. Les bouts de ficelle ont en effet été peu à peu remplacés par des moyens plus en phase avec nos ambitions, au fur et à mesure que le journal prenait de l'importance. Après plusieurs déménagements dans des locaux pas forcément fonctionnels, le siège social et un certain nombre de services techniques ont été installés à Quetigny (banlieue dijonnaise) dans des bureaux achetés sans recours à des prêts (merci les abonnés qui payent d'avance), tandis que la rédaction, la publicité et le *marketing* prenaient place dans deux étages loués rue du Sentier à Paris. Dans les années 1990, aussi bien pour la rédaction que pour la gestion, *Alternatives Économiques* était devenu un « vrai » journal.

3 - Construire un journal indépendant et critique

• L'indépendance rédactionnelle, clé de voûte d'une presse libre

Marc : Le 24 août 1980, tu expédiais à tes camarades de Nouvelle Donne *un courrier leur proposant un projet de journal fournissant « une information économique et sociale critique ».*

Par la suite, tu préciseras ta volonté que cette information soit également « indépendante ». En réalité, personne n'est indépendant. Un journal « indépendant » se définit par l'absence de subordination aux dirigeants économiques et politiques en place et le refus de choisir et traiter les informations en fonction d'intérêts particuliers. Et l'indépendance ne se manifeste le plus souvent que vis-à-vis des intérêts des « puissants », aucun journal ne s'interdisant d'écrire des articles répondant aux « intérêts particuliers » de catégories sociales ou économiques spécifiques, depuis les « petits commerçants » défendus par une certaine droite jusqu'aux coopératives promues par la gauche, pour se limiter aux intérêts économiques. Les autres types de liens ou d'influences : idéologiques, personnels, historiques, locaux sont plus difficiles à démêler et à éviter.

Comment définis-tu une information indépendante, et pour toi, qu'est-ce qu'un journal « indépendant », comment cette volonté d'indépendance se traduit-elle dans la ligne éditoriale du journal et les cibles de ses critiques ?

Denis : Pour moi, l'indépendance d'un titre se joue sur deux tableaux : un critère financier et un critère rédactionnel.

Le critère financier d'abord : c'est toujours celui (ou ceux) qui finance(nt) qui détien(nen)t au bout du compte le pouvoir (cf. la laisse du chien… même si l'image est très dépréciative), quand il faut combler un déficit, investir ou prendre un risque. Appartenir à un groupe de presse est certes une forme de mutualisation, mais au détriment de l'indépendance rédactionnelle.

- « Ne pas monter bien haut, peut-être, mais tout seul[1] »

Un titre est financièrement indépendant lorsqu'il n'a pas de compte à rendre à ses propriétaires, soit parce qu'il ne perd pas d'argent, soit parce qu'ils approuvent sa ligne rédactionnelle et sont prêts à compléter leurs apports initiaux si nécessaire. Ne pas perdre d'argent : j'ai toujours veillé attentivement au grain, et, de fait, entre 1985 (date de passage au statut Scop) et fin 1999 (date de mon départ comme PDG), la Scop n'a enregistré que deux exercices déficitaires, et les deux fois pour des raisons exceptionnelles. Avoir des actionnaires essentiellement salariés est en outre à la fois une garantie et un défi. Une garantie : je me souviens que, en 1997, j'ai reçu un coup de fil de Georges Ghosn (le frère de Carlos), qui venait de racheter *Le Nouvel Économiste*. Il souhaitait s'entretenir avec moi. Piqué par la curiosité, nous nous sommes donc rencontrés. Il m'a déroulé l'argumentaire suivant : « Vous êtes bon en macroéconomie et mauvais en microéconomie, tandis que, au *Nouvel Économiste*, c'est l'inverse. Si nous rassemblons nos deux titres dans un nouveau journal, ce dernier sera un grand succès. » J'ai donc consulté le Comité de direction (voir plus loin). Voici la réaction de Philippe Frémeaux : « Je ne me défonce pas depuis 16 ans pour ça ! » Il avait raison : on n'épouse pas un vampire si on ne l'est pas soi-même. Mais le revers de la médaille de n'avoir pour actionnaires pratiquement que les salariés de la coopérative, c'est que cela nous fragilise en cas de pertes, car, sauf exceptions rarissimes, les salariés ne sont pas suffisamment riches pour combler les pertes (si elles sont élevées) et relancer l'activité.

Heureusement, un journal dont la majorité des acheteurs sont abonnés (cas d'*Alter Eco*) est un peu à l'image des magasins *Carrefour* dont le stock est vendu en moyenne en 17 jours alors que les fournisseurs sont payés à 60 jours : sa trésorerie est en quelque sorte apportée gratuitement par les clients qui payent en moyenne un mois et demi avant la date d'échéance des factures des fournisseurs. Pour *AE*, elle l'est par les abonnés, qui payent d'avance (alors que les ventes en kiosques sont payées au contraire avec 2 à 3 mois de retard). Avec ses 60 000 à 80 000 abonnés dans les années 1992-1999, *AE* avait donc une trésorerie abondante, largement excédentaire. Notre premier résultat déficitaire n'est pas venu du journal, mais d'une activité annexe. Nous dirigions alors une collection de livres chez Syros, un éditeur ami, lequel était dans la situation inverse : le produit des ventes des

1 Edmond Rostand, *Cyrano de Bergerac*, deuxième acte, scène VIII.

nouveaux livres écoulés par les libraires arrive chez l'éditeur 6 à 12 mois après qu'ils aient été fabriqués. Nous avions donc convenu un *gentlemen agreement* : un prêt de 1 million F (l'équivalent d'environ 210 000 € d'aujourd'hui) en échange d'un effort sur la promotion de la collection (dont les titres se vendaient assez bien). Mais le gérant de Syros d'alors n'a pas été correct : notre prêt ne servait pas à renforcer le fonds de roulement mais à tenter de combler des pertes récurrentes. Il a déposé le bilan un beau matin, sans nous avoir prévenus de ses difficultés. La CFDT, qui était alors actionnaire des éditions La Découverte, a financé une augmentation de capital de cette dernière, afin que la maison d'édition puisse reprendre Syros. Mais seulement la moitié de notre créance a été récupérée et, en 1996, notre Scop a été déficitaire d'environ 100 000 € actuels. C'était entièrement de ma faute : j'avais fait confiance à un ami qui, en réalité, m'avait caché la réalité. Suite à cette mésaventure, a été créé un Comité de direction (CODIR) au sein de la Scop, qui est depuis devenu l'organe essentiel de gouvernance au jour le jour et de partage de l'information. L'accord du CODIR est désormais requis pour toute décision d'importance.

La deuxième perte (en 1996) est liée à un dysfonctionnement de notre système informatique. La Scop gère elle-même son portefeuille d'abonnés. Chaque fin de mois, elle envoie noms et adresses de ceux-ci, classés par tournée de facteur (pour les abonnés France) et par pays (pour les abonnés étrangers) à l'organisme qui met sous pli le journal sortant de l'imprimerie, puis remet à La Poste les sacs postaux destinés à chaque centre de tri. Cette opération – le routage – se traduisait alors par l'édition d'un « paravent », les étiquettes d'adressage de tous les destinataires, que le routeur découpait et collait sur l'enveloppe de chaque exemplaire d'abonné. Pour une raison inconnue, l'ordinateur s'est mis à bégayer lors de l'impression du paravent : un cinquième de nos abonnés ont reçu cinq fois le même exemplaire du journal, et les quatre autres n'ont rien reçu. Et ceci de façon aléatoire : sur dix abonnés qui, normalement, auraient dû se succéder sur le paravent, seuls deux d'entre eux étaient repérés, et avaient droit à cinq étiquettes chacun. Le paravent final faisait la même épaisseur, le compte rendu de l'ordinateur indiquait bien le nombre d'étiquettes imprimées (84 251 ...) correspondant au nombre d'abonnés pour ce numéro. Bref, aucune anomalie apparente : le paravent est donc parti comme d'habitude. Mais deux ou trois jours après, le téléphone s'est mis à sonner : « C'est normal que vous m'ayez envoyé cinq exemplaires du même numéro ? » Puis deux ou trois jours encore après :

« C'est normal que je n'aie pas reçu le numéro de mars ? » Jusqu'à cent appels par jour, on peut gérer et promettre aux appelants que « non, ce n'est pas normal, mais inutile de les renvoyer, faites-en bon usage » ou « désolé, on va vous vous envoyer le numéro qui ne vous est pas parvenu ». Au-delà de 100, il faut embaucher des intérimaires pour répondre au téléphone, faire réimprimer en urgence 84 251 exemplaires, sortir un paravent en règle, renvoyer le tout avec une lettre d'excuses pour ce nouvel exemplaire (« le sixième ») ou l'envoi tardif (impossible de déterminer qui avait reçu 5 exemplaires et qui n'en a reçu aucun). Surcoût total : 150 000 € d'aujourd'hui. Et une perte de l'ordre de 100 000 €.

Marc : L'autre volet de l'indépendance est celle des journalistes. À une époque pas si lointaine, cette question se posait en des termes aigus et conflictuels. L'épuration et la restructuration du secteur après la Seconde guerre mondiale ont provoqué de sérieuses empoignades autour de quelques patrons de presse dans les années 1950, 60 et 70. Les journalistes avaient réagi en créant des Sociétés de rédacteurs, qu'Edwy Plenel présente à sa façon dans son avant-propos à la réédition du livre de Jean Schwœbel, La presse, le pouvoir et l'argent, *leur prêtant l'objectif de « défendre l'indépendance de leur métier, conçu comme une mission d'intérêt public, contre la mainmise des intérêts privés ».*

Denis : il est vrai que l'indépendance n'est pas seulement (et sans doute pas principalement) financière. Elle doit être aussi rédactionnelle. Normalement, ce ne sont pas les actionnaires qui déterminent la ligne rédactionnelle, mais ceux qui rédigent le journal, les journalistes. Mais il arrive que le vrai patron soit le financeur, pas les journalistes et encore moins le directeur de la rédaction. Ainsi, Marcel Dassault a longtemps comblé les déficits de *Jours de France* (un magazine *people* qu'il avait créé et dans lequel il tenait une rubrique). En 2004, son fils, Serge est devenu actionnaire de référence du *Figaro* et a multiplié ses intrusions dans la rédaction (voir la page de *Wikipédia* consacrée au *Figaro*). Mais il faut reconnaître qu'il s'agit là d'un cas plutôt exceptionnel : la multiplication des sociétés de journalistes dans la presse quotidienne et dans bon nombre de titres d'informations générales a joué un rôle de contre-feu dissuasif. Reste que froisser trop souvent l'actionnaire de référence d'un journal pourrait avoir des conséquences. Donc, sans même que ce soit conscient parfois, les journalistes ont tendance à faire attention, à arrondir les angles, à pratiquer le « politiquement correct » vis-à-vis des propriétaires et de leurs convictions.

L'indépendance rédactionnelle d'un titre est largement subordonnée à sa capacité à équilibrer ses finances. Lorsque les lecteurs se raréfient, la ligne rédactionnelle est interrogée par les rédacteurs eux-mêmes : serait-ce parce que cette ligne ne correspond pas aux convictions et analyses des lecteurs ? Ainsi, en 2005, lors du référendum sur le projet de Constitution européenne (où le « non » l'a emporté avec 54 % des voix), de nombreux analystes ont souligné que la quasi-totalité des titres de la presse écrite (et audiovisuelle) penchaient pour le « oui » : leurs lecteurs n'ont clairement pas été convaincus, et l'on peut penser que, dans certains cas, cela a fragilisé les titres concernés (c'est sans doute le cas de *Libération*). Autre exemple : *Alter Eco* est fermement européen, et a toujours soutenu la monnaie unique (même si les politiques économiques mises en œuvre au sein de la zone euro ont été fortement critiquées). Cette position sans ambiguïté a été dénoncée par un certain nombre de lecteurs, qui se sont désabonnés. Cela n'a pas provoqué de changement de ligne rédactionnelle, mais a suscité des débats au sein de la rédaction et, sans doute, amené cette dernière à nuancer davantage les prises de position du journal. Dans cet exemple, ce ne sont pas les actionnaires qui sont en cause, mais le lectorat, qui, au fond, est le décideur ultime, surtout dans la presse d'opinion. Lorsqu'il n'est pas d'accord, le lecteur choisit entre les trois possibilités décrites par Hirschman : *Exit* (il cesse d'acheter le journal), *voice* (il écrit ou donne de la voix pour faire connaître son désaccord) ou *loyalty* (il regrette, mais reste fidèle, le plus souvent parce que son désaccord est partiel, mais aussi parce qu'il a de l'estime pour le titre).

Enfin, pour répondre sur le fond, et pas seulement de façon générale, il faut bien reconnaître que, même au sein d'une coopérative comme *Alternatives Économiques*, la ligne rédactionnelle – les grandes options défendues par le journal – relève d'un héritage, légué par les fondateurs et rarement discuté en interne (il y a des exceptions, et la position vis-à-vis de l'euro en a été une). Celle d'*Alter Eco* est claire et peut se résumer en trois propositions : oui à la social-démocratie, oui à l'Europe (donc à l'euro), non à l'omnipotence du marché (que ce soit dans les faits ou dans la pensée économique). Cette ligne apparaît dès le premier numéro du journal, et elle doit beaucoup à Philippe Frémeaux qui, dans ses fonctions de rédacteur en chef (de 1987 à 2013) n'a cessé de la rappeler et de l'adapter en fonction de l'actualité. Par un effet classique, cette ligne a attiré des rédacteurs qui partageaient ces convictions. Je me souviens d'une réunion de Conseil d'administration particulièrement houleuse (en 2014) lorsque, devant le déficit inquiétant du journal, je plaidais en faveur d'une baisse des salaires des journalistes et des cadres. Cette position ayant été écartée, j'ai décidé de démissionner de mon poste d'administrateur (ce que j'ai fait), en disant que je ne me reconnaissais plus dans ce refus de solidarité. Une journaliste (Sandra Moatti) s'est alors levée et a dit en substance : « Mais Denis, tu crois qu'on est venus par hasard à *Alter Eco* ? On est là parce que nous pouvons ainsi défendre des idées ou des convictions qui nous sont chères. Beaucoup d'entre nous acceptent pour cela un salaire nettement inférieur à celui que nous pourrions obtenir ailleurs. Si nous ne partageons pas ta suggestion, ce n'est pas par intérêt personnel, mais parce qu'elle ne nous paraît pas en mesure de régler le problème de la coopérative. » Je pense qu'elle avait raison, et moi tort. De fait, il aurait suffi que, en désaccord avec la baisse des salaires, un ou deux journalistes demandent leur licenciement – et donc l'indemnité liée à ce dernier – pour annuler la réduction de coût escomptée par la baisse des salaires. L'intervention de Sandra montre que la question de la ligne rédactionnelle (et donc du pouvoir) dans un journal relève d'une rencontre intellectuelle et idéologique réussie entre l'ensemble de ceux qui font le journal (j'entends par là journalistes, direction et responsables des axes stratégiques). D'où l'importance de la structure coopérative qui, sans gommer les hiérarchies, réduit sensiblement les heurts, incompréhensions, soupçons, conflits et disputes qui existent dans toute structure économique, et pas seulement dans la presse.

En fait, la question de Marc va plus loin que celle de savoir qui décide de (ou influe sur) la ligne rédactionnelle (ou éditoriale) d'un titre. La notion de « journal indépendant » signifie implicitement qu'il n'est pas soutenu par une organisation dont il dépend (idéologiquement, institutionnellement ou financièrement). Il a donc sa liberté de parole et de jugement, mais doit se débrouiller tout seul, un peu comme l'épicier face à la grande surface. La presse est une activité où les coûts fixes sont déterminants et où l'évolution des techniques est en train de tout bouleverser (et l'on sait qu'une forte proportion de titres ne parviendront pas à prendre ce tournant, faute d'offre suffisamment attractive pour susciter des abonnements numériques). Dans ces conditions, est-il raisonnable de croire que l'indépendance est un atout plutôt qu'un obstacle ? À vrai dire, je n'en sais rien. Ce que je crois – je l'ai souvent dit –, c'est que la structure coopérative (à condition qu'elle le soit vraiment, c'est-à-dire avec une information des salariés complète et systématique, des inégalités salariales réduites et des formes démocratiques de gouvernance) crédibilise le discours du type « nous sommes tous dans le même bateau ». Lorsque ce discours est tenu par le propriétaire actionnaire, nous savons qu'il demande en fait à ses salariés de sauver SON bateau et SON patrimoine. En outre, s'agissant d'un titre de presse d'opinion, le fait qu'il y ait un assez large accord idéologique entre les rédacteurs réduit d'autant le risque de conflits de personnes. Ce type d'entreprise favorise donc l'esprit d'équipe, surtout dans la presse. Mais l'esprit d'équipe ne peut pas tout, surtout en matière économique. Et quand tu dis, Marc, que : « L'indépendance se manifeste le plus souvent vis-à-vis des intérêts des "puissants", aucun journal ne s'interdisant en fait d'écrire des articles répondant aux "intérêts particuliers" de catégories sociales ou économiques spécifiques, depuis les "petits commerçants" défendus par une certaine droite jusqu'aux coopératives promues par la gauche », tu as raison. Au fond, l'indépendance d'*Alter Eco* est relative : comme dans une famille, on fait gaffe de ne pas froisser les susceptibilités des proches qu'on aime bien, qui nous aident et dont on a besoin. Il s'agit moins d'autocensure que de prudence pour maintenir les liens. Reste que, lorsque ATTAC s'est étonnée de ce qu'*Alternatives Économiques*, adhérent fondateur, fasse peu de place aux écrits ou commentaires de l'association, sa demande – disposer d'une chronique qu'elle alimenterait – a été fermement et vertement repoussée par Philippe. Un peu de connivence, d'accord, mais pas de complaisance...

- Une information critique, qu'est-ce que c'est ?

Marc : Tu voulais, en août 1980, « une information économique et sociale [...] critique (pour faire pièce à l'idéologie dominante) », qu'est-ce qu'une information critique, comment la construit-on, avec quels principes et – peut-être – quelles limites ?

Denis : Je vois deux sens possibles : un regard critique sur la réalité sociale, un regard critique sur l'analyse économique. Dans la phrase que tu cites, je les amalgamais.

• Le regard critique sur la réalité sociale

Dans le premier édito d'*AE*, j'écrivais que nous voulions explorer le côté cour aussi bien (je dirais aujourd'hui « davantage ») que le côté jardin. Bref, souligner l'envers du décor, qui est généralement passé à l'as, parce que les gagnants dominent (les livres sur les riches se vendent bien, ceux sur les pauvres beaucoup moins, je peux en témoigner). Ma conviction est que tout système social produit à la fois des améliorations et des régressions. Il n'existe pas de système parfait, générateur de concorde universelle. Mais on peut cependant réduire le fossé entre les uns et les autres, améliorer le sort des perdants, même si c'est au détriment des gagnants. Je me découvre « rawlsien », même si, en 1980, j'ignorais jusqu'à l'existence de Rawls[1]. Cependant, cela implique deux choses. D'une part une connaissance fine de la réalité sociale et de ses dynamiques. En 1980, la connaissance (statistique, mais aussi sociologique) de cette réalité sociale était très loin de ce qu'elle est aujourd'hui : il n'existait alors que des bribes des grandes enquêtes actuelles de l'Insee (sur les revenus disponibles et les niveaux de vie, sur les conditions de logement, sur les inégalités de santé, sur la reproduction sociale au sein du système éducatif, etc.). Les sociologues se battaient plus autour de la validité du marxisme ou du structuralisme que sur l'observation détaillée (le seul bémol de cette affirmation concerne le travail : des gens comme Georges Friedman, puis Crozier, Bernoux, Sainsaulieu, Gorz… ont apporté des éclairages qui restent encore aujourd'hui essentiels). D'autre part, cela exigeait des politiques publiques corrigeant les inégalités jugées excessives ou injustes entre classes sociales ou groupes sociaux. Ces politiques publiques avaient existé durant les « Trente Glorieuses », même si elles pouvaient être jugés insuffisantes (cf. le rôle du Plan, surtout le IVe, qui couvrait la période 1962-1965 et relevait de « l'ardente obligation », pour reprendre le terme de De Gaulle), mais elles avaient été mises assez largement entre parenthèses avec « la crise pétrolière », le sensible ralentissement de la croissance économique et l'essor du néolibéralisme impulsé par Reagan et Thatcher. Giscard et Barre penchaient en faveur d'un capitalisme plus libéral, c'est-à-dire plus soucieux du marché et moins du social. Hélas, les gouvernements qui leur ont succédé ont généralement occulté ou ignoré les effets négatifs de la mondialisation sur notre société. Ainsi, face au chômage que cette mondialisation a pu susciter, les grands perdants ont été les classes

1 Son livre phare, *Théorie de la justice*, a été publié en 1971 et traduit en français en 1987 (Seuil).

populaires, les petites villes et les régions de vieille industrialisation, tandis que les gagnants ont été les personnes détentrices de diplômes recherchés et les grandes agglomérations.

- La critique de l'idéologie dominante en économie

Ce qui nous amène à la deuxième dimension de la « critique », la dimension plus théorique ou plus idéologique de l'économie de marché. Dans son manuel en deux tomes (*Économie Politique*) que tous les apprentis économistes de ma génération ont utilisé, Barre écartait d'emblée les thèses de Marx, « remarquable instrument de combat [mais] il est douteux qu'elles puissent constituer un instrument d'analyse de la Répartition[1] » ; il laissait une place mineure à Keynes et au courant de pensée se réclamant de ce dernier – on trouve quelques rapides développements sur Joan Robinson, Michal Kalecki et Nicholas Kaldor – et l'essentiel des analyses économiques dont il faisait son miel reposait sur les soubassements néo-classiques traditionnels. Une vingtaine d'années plus tard, promu Premier ministre, il était persuadé que, si l'économie française souffrait, c'était en raison d'un marché trop étranglé par de multiples règles issues des groupes de pression corporatistes ou syndicaux.

Bref, ni Keynes, ni Marx n'étaient en odeur de sainteté au sein de l'Université française, alors même que toute une génération de jeunes hauts fonctionnaires (souvent passés par Polytechnique) ou de jeunes agrégés des Facultés de science économique (à ne pas confondre avec l'agrégation du secondaire que j'avais passée) travaillaient sur des modèles d'analyse ou de prévision plus ou moins inspirés de Marx et, surtout, de Keynes. Le courant *régulationniste* était alors en plein essor, mais il restait d'essence hétérodoxe au sein de l'Université. Il me semblait donc souhaitable de s'appuyer sur ces courants novateurs, qui tentaient de se faire une place dans la pensée économique et qui reposaient sur l'idée que l'État a un rôle important à jouer, que le marché, tout irremplaçable qu'il soit en microéconomie, ne pouvait guider la macroéconomie (politiques de répartition, d'investissement, d'emploi). Le combat – le terme n'est pas excessif, tant la pensée économique « orthodoxe », de type néoclassique, régnait en maîtresse – devait donc se mener non seulement sur le terrain des politiques publiques, mais aussi sur celui, plus intellectuel, de la théorie. Mon ambition était de me-

1 Barre R, *Économie politique*, tome 2, PUF, 4e édition (1964), p. 32.

ner ces deux tâches de front, mais de telle sorte que les lecteurs puissent comprendre les enjeux. Il ne s'agissait pas de les convertir au keynésianisme ou au marxisme, mais de montrer que des analyses alternatives au courant néo-classique existaient et pouvaient inspirer des politiques publiques à la fois plus « inclusives » (comme le dit le jargon européen à propos de la cohésion sociale) et pas moins (ou parfois nettement plus) efficaces sur le terrain socio-économique.

L'ambition n'était pas mince. Elle était même excessive, quand on connaît l'ampleur des changements à effectuer dans les politiques publiques pour réduire les inégalités de toutes sortes qui minent la cohésion sociale. Et quand on connaît aussi les querelles – certes souvent picrocholines – qui traversent le monde universitaire « hétérodoxe », chacun s'efforçant de faire triompher son point de vue et ne se privant pas, pour y parvenir, de taper autant que possible sur les concurrents, d'autant plus fort qu'ils sont plus proches et donc potentiellement plus concurrentiels. Ces tâches quasi-surhumaines devaient être menées par un petit journal de rien du tout, fier d'avoir rassemblé presque 3 000 abonnés un an après sa création… Même si, trente ans après, il comptait 40 fois plus d'acheteurs (30 fois plus en 2019), une telle ambition demeure toujours démesurée. Mais ce sont, paraît-il, de vulgaires trompettes qui ont fini par faire s'effondrer les murailles de Jéricho selon la Bible.

Cependant, il ne faut pas se méprendre. *Alternatives Économiques* n'a pas l'ambition de mettre en déroute ce que l'on appelle souvent « la pensée dominante ». Le croire ne serait pas seulement donner au journal une influence bien plus considérable que celle qu'il peut avoir, mais aussi négliger le fait qu'un journal n'est pas un instrument de combat, mais d'information. Il ne mène pas une guerre, mais analyse les faits. Nous avons d'ailleurs toujours insisté sur l'importance des faits et souligné que nos analyses reposaient moins sur des constructions intellectuelles que sur une observation détaillée de la réalité. Pour ne prendre qu'un exemple, celui de la pauvreté, nous soulignons à la fois que, au sein de l'Union européenne, la France n'est pas dans les choux (entre 2008 et 2015, le taux de pauvreté a peu augmenté, en tout cas nettement moins que dans la plupart des autres pays de l'UE), mais que ce n'est pas très glorieux pour un pays qui consacre la part la plus élevée de son PIB à la protection sociale. Cette priorité donnée aux faits se traduit dans le journal par une part importante donnée aux statistiques : déjà, dans le premier numéro, c'était le cas. Ce qui a valu à *Alternatives Économiques* d'être couronné « magazine de l'année » en 2017, devant *Télérama*. Le pari que nous faisons est que l'analyse finit par infuser et que nos lecteurs partagent l'idée que notre société, avec ses capacités économiques, pourrait faire mieux pour améliorer la cohésion sociale et le sort de la planète. Les premiers de cordée ont le souci de toute la cordée, et pas seulement de l'allure qu'ils sont capables d'atteindre. À quoi sert d'avoir 100 milliardaires dans notre pays, si 8 millions de pauvres galèrent ? Ni populisme – prendre pour parole d'Évangile tout ce que les gens disent ou pensent -, ni catastrophisme – on va dans le mur. Des alternatives sont envisageables, et *Alternatives Économiques* tente de les faire connaître, de sorte que la société n'exclue personne et partage plus équitablement les ressources dont nous disposons.

Longtemps cette prétention d'éclairer d'autres avenirs possibles s'est heurtée au mieux à l'indifférence (ou au silence), au pire à des attaques en règle. Nous étions un journal gauchiste, qui, avec la complicité supposée d'enseignants de sciences économiques et sociales, pervertissait les jeunes étudiants. Alors que, quasiment seul parmi les magazines dédiés à l'économie, une partie de ses rédacteurs (la majorité même durant un temps) avaient une solide formation économique : Sandra Moatti et Christian Chavagneux ont soutenu une thèse en économie, Bernard Billaudot, Jean Pisani-Ferry, Dominique Plihon et Michel Beaud (qui ont été des éléments clés du comité de rédaction durant la première décennie du journal) étaient des économistes connus et reconnus. Ces ragots de bas étage ne nous inquiétaient pas, car cela signifiait que le journal devenait plus influent, donc plus inquiétant pour tous ceux qui soutenaient des points de vue différents des nôtres : les chiens aboient, la caravane passe. Mais, néanmoins, notre image en pâtissait : des excités un peu foufous.

Cela me rend quelque peu amer. Surtout lorsque certains sont imbus d'eux-mêmes et persuadés que ceux qui critiquent leurs thèses ne sont que des ânes, des menteurs ou des ignorants. Ils estiment incarner la vraie (et seule) « science ». L'exemple qui me vient en tête est celui de Pierre Cahuc. Économiste renommé, *Le Monde* lui a décerné en 2001 le prix du meilleur économiste de moins de 40 ans. J'avais déjà eu maille à partir avec lui en 2003. Notre homme, féru de « formalisation » (la traduction en équations des comportements supposés des acteurs), venait alors de publier (avec André Zylberberg), un petit livre (*Microéconomie du marché du travail*, coll. Repères, La Découverte, 2003), dans lequel il soutenait que, sur le marché du travail, « les individus réagissent aux incitations dans le sens prédit par la théorie ». Par exemple, réduisez les allocations-chômage, ils chercheront un emploi avec plus de détermination. Rendant compte de ce livre dans une note de lecture d'*Alternatives Économiques* (n° 213), je n'en disais pas du mal : « On trouvera donc, dans ce petit livre, rappel d'un grand nombre d'évaluations souvent intéressantes (par exemple, sur l'efficacité des politiques d'accompagnement des chômeurs) ». Mais, comme souvent, je pointais certaines affirmations qui me semblaient contestables, comme : « Le salaire plus faible des femmes crée en faveur de ces dernières "un avantage comparatif en matière de production domestique". » Traduction : les femmes étant moins payées que les hommes, il est rationnel qu'elles assument les tâches domestiques, ce qui permet aux hommes de se consacrer davantage à des activités professionnelles mieux rémunérées. Le raisonnement économique met ainsi chacun à sa (bonne) place. Pour la première (et la dernière) fois, en tant que directeur de publication, j'ai reçu un droit de réponse par lettre recommandée avec accusé de réception pour une note de lecture, c'est-à-dire la rubrique où, par excellence, la liberté de critique est de mise. J'avais commis un crime de lèse-majesté. Mgr Cahuc était un scientifique, et critiquer un scientifique, c'était recommencer le procès de Galilée.

Mon respect pour Cahuc et son collègue, déjà bien abîmé, est cependant tombé au plus bas, au niveau du savant Cosinus, à la suite de la publication du livre *Le négationnisme économique et comment s'en débarrasser* (Flammarion, 2016), qui compare explicitement ceux qu'il vise à la barbarie nazie. On passe d'un débat intellectuel, où l'on échange des arguments et où l'on confronte des analyses différentes, à une condamnation infamante par deux personnes qui se prennent pour Dieu et décident qui mérite l'enfer et qui le paradis. Qui sont les suppôts du « négationnisme économique » ? Tous ceux qui contestent l'idée que le modèle du marché omniscient soit un bon guide pour comprendre le fonctionnement et les performances de l'économie : Philippe Askenazy, André Orléan, Henri Sterdyniak, Gaël Giraud, Steve Keen, Thomas Piketty, tous accusés de raconter des idioties plutôt que la vérité. Louis Gallois, un homme d'une rectitude sans faille et qui s'est engagé fortement dans la lutte contre la pauvreté, est présenté comme un affairiste vendu aux grandes firmes industrielles, Du haut de leur chaire et bardés de certitudes « scientifiques », il y a chez eux un côté Savonarole, le dominicain qui, au moment de la Renaissance italienne, avait fait élever le « bûcher des vanités » pour y brûler tout ce qui lui semblait impie et contraire à la « vraie foi » : images, livres, vêtements… Leur livre relève clairement du sectarisme plus que d'une démarche scientifique, notamment à propos des 35 heures.

• La querelle des 35 heures

Selon Cahuc et Zylberberg, « réduire le temps de travail ne crée pas d'emploi » et risque au contraire d'en détruire. Ils avancent deux « preuves » à cette affirmation. D'abord, le passage (en 1982) de la durée légale du travail de 40 heures à 39, qui n'a créé aucun emploi. Ensuite, la réduction du temps de travail au titre des 35 heures (en 2000) dans les deux départements alsaciens et la Moselle. Ces départements disposent de deux jours fériés annuels (Vendredi Saint et Fête de la St Etienne) de plus que le reste de la France, lesquels ont été comptés comme une sorte d'acompte antérieur pour le passage aux 35 heures. La durée légale du temps de travail dans l'année y a donc diminué de 168 heures au lieu de 184 partout ailleurs, et pourtant les créations d'emplois ont été proportionnellement aussi importantes que dans le reste de la France. Deux « preuves » d'une fragilité extrême comme l'a montré Olivier Godechot dans un article scientifique très détaillé (« L'Alsace-Moselle peut-elle décider des 35 heures ? »). Il y montre notamment que, contrairement aux affirmations de nos deux auteurs, la réduction du temps de travail n'a pas été moindre en Alsace-Moselle que dans le reste de la France. Quant au passage des 40 heures hebdomadaires à 39, tous les économistes – même « hétérodoxes » – admettent que maintenir le salaire mensuel tout en diminuant le temps travaillé revient à alourdir le coût horaire du travail, donc n'incite pas les employeurs à embaucher, mais à gagner en productivité pour compenser, ce qui est en général possible quand il ne s'agit que de rattraper une heure hebdomadaire. C'est ce qui s'est passé en 1982, d'où l'échec.

En 1998-2000, forts de cette expérience, les Pouvoirs publics ont pris de nombreuses mesures pour éviter un échec similaire des 35 heures : annualisation du temps de travail, négociations d'entreprise pour bloquer ou freiner les augmentations de salaires, aménagement du temps de travail, décompte des temps de formation et d'habillage, réduction de cotisations sociales et primes aux entreprises ayant conclu des accords de RTT, non-application aux entreprises de moins de 20 salariés, etc. Résultat : le taux de marge des sociétés non financières (qui mesure la part de la valeur ajoutée revenant à ces entreprises une fois le coût des salaires, des cotisations sociales et des impôts retiré) n'a pas bougé d'un pouce entre 1997 et 2003 (32,3 % dans les deux cas), période durant laquelle l'emploi dans ces sociétés a progressé d'un peu plus de 1,6 million. Que la croissance forte durant ces années ait joué un rôle essentiel, c'est évident. Mais quoi d'autre que les 35 heures a pu permettre d'aboutir à ce chiffre record ? Cahuc et Zylberberg se contentent d'affirmer que « toutes les évaluations crédibles montrent que des politiques bien ciblées de baisse du coût du travail créent des emplois alors que la réduction du temps de travail n'en crée pas. » « Toutes » ? En fait une seule référence est citée, laquelle renvoie à un travail… de Cahuc.

Les deux auteurs avancent dans ce livre que l'économie est une science expérimentale. Pour décider si telle mesure – fiscale, sociale, législative… – a eu des effets (bénéfiques ou destructeurs) et en estimer l'ampleur, ils s'efforcent de comparer deux sous-ensembles, l'un où la mesure a été appliquée, l'autre où elle ne l'a pas été. Cette méthode, mise en œuvre par Esther Duflo pour déterminer si une mesure (de santé publique ou d'éducation, par exemple) améliore ou non la situation des pauvres dans les pays en développement, n'est pas toujours possible, mais lorsqu'elle l'est, elle apporte des informations utiles. Leur nouveau livre aurait donc pu marquer un changement bénéfique dans les analyses de Cahuc : on regarde les faits et on ne se fie pas seulement aux équations.

Faisons donc de l'économie expérimentale, en comparant deux périodes de même durée, 1993-1997 et 1998-2002. Durant la première période, le PIB (en volume, après déduction des variations de prix) a progressé de 8,5 %, durant la deuxième de 10,6 %. L'emploi (dans les sociétés non financières, cibles essentielles de la réduction du temps de travail) a progressé de 3 % (+ 350 000 en équivalent temps plein) durant la première période, et de 14 % (+ 1,67 million) durant la seconde. Certes, la croissance économique plus forte dans la seconde période explique une partie de l'écart. Mais – et c'est la chose intéressante –, en 1993 les cotisations sociales patronales ont été diminuées pour les salariés percevant moins de 1,6 fois le Smic à temps plein, tandis qu'une réforme de l'assurance chômage (1992) réduisait tous les 4 mois le montant des allocations versées à chaque demandeur d'emploi n'ayant pas trouvé un emploi. Deux mesures dont Mgr Cahuc affirme qu'elles sont particulièrement favorables à l'emploi. Or, durant la deuxième période, le rythme des créations d'emploi a été quasiment 5 fois plus élevé que durant la première. Deux points d'écart de progression du PIB entre les deux périodes expliqueraient seuls cette multiplication ? Et ceci alors que les remèdes prônés par Mgr ont été appliqués durant la première période ? Nous prendriez-vous pour des imbéciles ? Si « la réduction du temps de travail ne crée pas d'emplois », dévoilez-nous le secret de cette progression sans précédent, je suis impatient, Monseigneur. À défaut, je vous qualifierai désormais de « charlatan ». Chiche ?

Mais ce n'est pas tout. Voilà le Monseigneur en difficulté qui, pour détourner l'attention des lecteurs incrédules, envoie un missile en direction de Guillaume Duval, le rédacteur en chef de notre « mensuel (...) pas très connu du grand public », selon les termes des deux super-débusqueurs de « négationnistes ». Ils écrivent que, selon Guillaume Duval, « entre 1997 et 2001 les 35 heures ont fait "*deux millions d'heureux qui ont trouvé un emploi grâce à elles*" », la phrase entre guillemets (et ici en italique) étant de Guillaume Duval dans un article d'*Alternatives Économiques* (mai 2016). Voici en réalité ce qu'il écrivait : « Grâce aux 35 heures, le tournant des années 2000 a été la période où l'on a créé le plus d'emplois en France depuis tout l'après-guerre : plus de 2 millions entre 1997 et 2001, soit une hausse de 8,5 %. (...) Les 35 heures ne sont directement responsables que d'une partie de ces créations – 350 000 emplois, estime l'Insee –, mais la baisse rapide du chômage a redonné confiance et dopé notre économie davantage que chez nos voisins. (...) Mais les 35 heures ont aussi été mal vécues par beaucoup de Français (...) : la réduction du temps de travail implique par nature une solidarité entre *insiders,* ceux qui occupent déjà un emploi, et *outsiders,* les chômeurs qui n'en ont pas. Autrement dit, elle implique que les *insiders* se serrent un peu la ceinture pour faire de la place aux *outsiders.* (...) Le travail a aussi souvent été réorganisé en annualisant les horaires, éliminant ainsi les heures supplémentaires, tout en supprimant quelques pauses. (...) Bref, avec les 35 heures, on a certes fait deux millions d'heureux qui ont trouvé un emploi grâce à elles, mais dans le même temps on a fait aussi beaucoup de mécontents parmi les 24 millions de personnes qui en avaient déjà un en 1997. » Pas vraiment la même chose, non ? Dans la presse, on appelle cela un caviardage : un raccourci destiné à tromper.

Voici ainsi deux économistes qui n'hésitent pas à caviarder un texte pour lui faire dire ce qu'il ne dit pas et tenter ainsi de convaincre leurs lecteurs qu'un affreux journal négationniste raconte n'importe quoi, tandis qu'eux s'appuient sur des preuves scientifiques. Il est évidemment plus facile de dénoncer ce journal et de l'accuser de négationnisme que de s'attaquer à l'un des meilleurs économistes français, Jean Pisani-Ferry (alors Président délégué du Conseil d'analyse économique) qui, après avoir eu quelques divergences avec Martine Aubry sur la méthode, écrivait dans un article du *Monde* du 16 décembre 2000, à propos de son rapport au Conseil d'analyse économique de fin 2000 (*Plein emploi*) : « Grâce, en particulier, à la croissance et aux 35 heures, 2000 restera dans les annales comme la meilleure année pour l'emploi jamais enregistrée en France. » *Grâce en particulier aux 35 heures.* C'était en substance ce qu'écrivait Guillaume Duval 16 ans après.

- *Alternatives Économiques* : le diable en économie ?

Il fut un temps (2015-2017) où sur le site *Wikipédia* on apprenait qu'*Alternatives Économiques* avait été aidé directement par l'État à hauteur de 30 000 € en 2014, alors que le même site, dans son article sur *Les Échos* ne disait rien des 450 000 € d'aides directes perçues par ce journal la même année, ni sur celles accordées à une petite centaine de journaux, dont 88 ont obtenu des montants plus élevés que celui dont *Alternatives Économiques* a bénéficié. Toujours sur le site *Wikipédia*, on apprend que « Pierre Cahuc et André Zylberberg accusent *Alternatives Économiques* de tenir un discours politiquement biaisé et de ne pas appuyer leur argumentation sur des sources scientifiques, académiques ou universitaires », que « certains critiquent l'orientation néo-keynésienne ou altermondialiste d'*Alternatives Économiques » ;* que ce journal, selon l'IFRAP, serait « en bonne partie responsable du "mépris" supposé de l'éducation nationale envers l'entreprise et les entrepreneurs, et de la présentation de la mondialisation comme une "menace" », et de l'"étatisme" » comme un bienfait auprès des élèves ». Enfin que, « aux yeux du petit patronat et d'une partie de la presse économique concurrente *(L'Expansion, Capital)* (…), le journal serait en partie responsable de la diffusion d'idées antilibérales dans l'enseignement français et constituerait l'une des causes d'une défiance des élèves vis-à-vis de l'économie de marché, du fait de son utilisation en classe et par les éditeurs de manuel[1] ». Le journal est habillé pour l'hiver : alimenté par les impôts des contribuables, vendu à la gauche et aux Verts, donc « *politiquement biaisé* », ce journal ignore la « science économique », vérole l'éducation des jeunes grâce à la complicité de profs idéologues, ce qui explique que les citoyens français soient méfiants à l'égard du marché, du patronat et de l'économie

1 Wikipédia, début de 2018. L'encyclopédie en ligne étant mise à jour en permanence par des bénévoles sans régulation (sauf une autorégulation des rédacteurs), ces citations ne sont que le témoignage d'avis exprimés à un moment donné.

en général. Quels pères ou mères de famille ne seraient inquiets de voir ainsi l'ombre bolchevique s'étendre sur leurs rejetons ?

On aimerait que pareil déferlement de soupçons, plus ou moins complaisamment cités au nom de « l'objectivité » ne vise pas seulement *Alternatives Économiques*, mais l'ensemble de la presse économique. Oui, vous savez bien, cette presse qui chantait les louanges de la mondialisation, de la finance et du libre marché avant 2008, censés apporter au monde entier bienfaits et harmonie. Faut-il le répéter ?, *Alter Eco* n'est pas hostile au marché, à condition que des règles empêchent le renard de se servir à son goût dans le poulailler[1] ; *Alter Eco* n'est pas hostile au patronat, à condition qu'il ne sacrifie pas le social à l'économique (ni l'inverse, d'ailleurs) ; *Alter Eco* n'est pas hostile à l'entreprise, à condition que les salariés – créateurs de richesses – en soient partie prenante; *Alter Eco* n'est pas hostile à la liberté, à condition qu'elle aille de pair avec la solidarité. L'économie de marché est irremplaçable, mais elle n'est pas sans défaut pour autant : sa main invisible est un bon régulateur microéconomique, mais un mauvais régulateur macroéconomique, comme la crise de 2008 l'a éloquemment montré.

Autre exemple : en 2008, Michel Pébereau, alors président de la BNP, mais aussi responsable de la Commission Éducation du Medef, était persuadé qu'*Alternatives Économiques* était composé de révolutionnaires au couteau entre les dents. Membre de l'Académie des Sciences morales et politiques, il avait chargé Pierre-André Chiappori, enseignant-chercheur aux États-Unis, d'expertiser les manuels de sciences économiques et sociales utilisés dans le secondaire. Il en résulta un rapport extrêmement critique, dont le passage suivant donne le ton : « On aimerait pouvoir dire que l'élève ne retirera de cet enseignement que peu de bénéfices. Mais même cette conclusion paraît trop optimiste ; il est difficile d'écarter l'hypothèse que cet enseignement, inadapté dans ses principes et biaisé dans la présentation, soit en fait néfaste. » Chiappori avait notamment relevé que le terme « marché » était fort peu présent dans ces manuels, signe, à ses yeux, d'un enseignement biaisé, qui ignorait largement la microéconomie et le mécanisme central que sont les prix de marché. Il se trouve que je possédais un certain nombre de ces manuels. J'ai donc voulu vérifier : dans un des manuels cités, Chiappori avait noté un nombre ridicule d'occurrences. En le regardant d'un peu près,

1 « Le libéralisme, c'est une doctrine qui pose en priorité que dans un poulailler, les poules sont totalement libres, tout comme le renard. » Métaphore attribuée à une demi-douzaine d'auteurs dont Lammenais, Jaurès, Kürnberger ou Karl Marx.

j'en ai relevé plus du double. Au cours d'une table ronde lors des « Journées de l'économie », dont Michel Pébereau et moi faisions partie sur l'enseignement économique et social dans le secondaire, j'ai mentionné ce fait, mettant en cause – ce que je regrette – l'économiste en question, alors qu'il ne s'agissait peut-être que d'une erreur. Michel Pébereau a explosé : je n'étais qu'un grossier personnage, et à la fin de la table ronde, il a refusé de me serrer la main. Ambiance…

Pourtant, en 2008, les faits nous ont donné raison : le capitalisme bancaire a failli s'effondrer en raison d'une crise financière majeure. La rationalité sans faille du système de marché était donc mise en cause et la recherche du profit maximal – le « triomphe de la cupidité » selon Joseph Stiglitz – engendrait le chaos au lieu du développement promis. Christian Chavagneux, spécialiste reconnu de la finance, était invité sur tous les plateaux médiatiques, tandis que les ventes d'*Alternatives Économiques* en kiosque frôlaient les 50 000 exemplaires (le double de celles de *L'Expansion*) : les gens voulaient comprendre, et ils choisissaient pour ce faire le mix de sérieux et de pédagogie qui a toujours marqué notre journal. Les marginaux, les gauchistes, les foufous sont devenus presque du jour au lendemain de sages et respectables visionnaires. Malheureusement, ce « printemps de l'économie alternative » n'a eu qu'un temps et, assez vite, le « BAU » comme on dit (*Business as usual* : « les affaires comme d'habitude ») a repris le dessus, les banques, les fonds d'investissement, la finance, le marché… et la théorie économique, tout cela a retrouvé ses marques habituelles. Keynes, un temps remis à l'honneur, est à nouveau méprisé, Minsky ignoré, l'orthodoxie reprend ses couleurs et le dessus, et Marx est sommé de rentrer dans la tombe dont la « crise des *subprimes* » l'avait un temps sorti. Et *Alternatives Économiques* a vu ses ventes diminuer : 80 000 exemplaires, voire un peu moins, au lieu des 130 000 atteints en 2010.

Cela montre que nombre de ceux qui nous critiquent pour nos positions supposées ne lisent pas notre journal et en ont une image fausse. Dînant un soir avec Hervé Mariton, alors député de la Drôme et étoile montante de l'UMP (devenue *Les Républicains*), il a été très surpris d'apprendre que nous avions soutenu l'instauration de la monnaie unique ainsi que le projet de Traité constitutionnel européen de 2005, mais aussi que je travaillais avec Jacques Delors, que j'étais, aux côtés de Martin Hirsch, l'un de ceux qui ont mis au point le RSA. Il avait en tête un journal gauchiste et contestataire, il découvrait un journal bien plus ouvert et pluriel qu'il ne le pensait.

Alter Eco n'a pas la prétention d'être une revue, c'est-à-dire un lieu où se publient des articles de recherche ou s'adressant à un public d'initiés[1]. C'est un magazine qui s'efforce de rendre intelligible le monde économique et social dans lequel nous vivons, et qui explore les solutions envisageables ou émergentes pour qu'il devienne à la fois *plus juste* et *plus vivable.* Pour ce faire, le magazine s'appuie notamment sur des économistes ou sociologues qui partagent cette même ambition et qui publient leurs analyses dans des rapports, des revues ou des livres. Pour *Alternatives Économiques,* ce lien avec le monde intellectuel des experts, chercheurs et enseignants est essentiel, et il nous distingue sans doute de nos « confrères » (en France *Challenges, Capital, Le Nouvel Économiste, La Tribune* ou *Les Échos*) : certes, ces derniers publient des « points de vue », des entretiens avec des intellectuels et font écho aux travaux d'instituts de recherche, mais ils le font en s'intéressant bien plus à la conjoncture économique qu'à la justice sociale ou aux conséquences environnementales. *Alter Eco* cherche en général à aller plus loin que le commentaire de l'actualité et à ouvrir de nouvelles portes intellectuelles lorsque les actuelles ne nous paraissent pas aller dans ce que nous pensons être « le bon sens ». C'est pourquoi ce rapport étroit avec les chercheurs et les analystes est vital pour nous : non seulement ils nourrissent notre réflexion et nos commentaires, mais aussi inspirent nos suggestions et propositions « alternatives ».

- Est-ce ce terme « alternatives » qui irrite les commentateurs ?

*Christophe : L'une des caractéristiques d'*Alternatives Économiques *a été de considérer qu'il n'y avait pas une « science économique », mais des approches différenciées qui aboutissent à une pluralité de points de vue entre lesquelles l'observation des faits permet de trancher.* Alternatives Économiques *donne de la place à l'hétérodoxie et dans une certaine mesure la valorise, même si l'on ne peut pas dire que le magazine soit un porte-parole de l'hétérodoxie.*

Denis : Oui, tu as raison sur la question de la diversité des approches. *Alternatives Économiques* n'est pas le porte-parole de l'hétérodoxie. Contrairement aux confrères qui privilégient l'approche « néoclassique » dominante, nous nous situons plutôt dans les courants hétérodoxes qui n'ac-

1 Toutefois, la coopérative publie aussi une revue trimestrielle, *L'économie politique*, qui est actuellement la revue économique dont la diffusion est la plus élevée en France.

cordent qu'une confiance limitée au marché. Cela nous rapproche d'écoles de pensée comme les « régulationnistes » ou les « conventionnalistes », qui insistent sur le rôle essentiel des institutions concourant à réguler les marchés. Mais *Alternatives Économiques* n'est pas pour autant partie prenante de ces courants : nous n'avons pas vocation à les défendre ou à les soutenir. Nous nous contentons d'y puiser les éléments qui nous paraissent éclairants pour mieux comprendre le fonctionnement de nos sociétés et éventuellement critiquer ou soutenir les politiques économiques mises en œuvre par les autorités. Partager certaines convictions ou analyses ne veut pas dire que nous serions la chambre d'écho de telle école de pensée, de telle organisation ou de telle tendance. Au sein même du journal, d'ailleurs, les points de vue peuvent différer, comme ce fut le cas lors du référendum sur le projet constitutionnel européen de 2005.

Voici un exemple. Comme je l'ai mentionné plus haut, en 1998, Dominique Plihon, universitaire spécialiste de la monnaie, et qui a fait partie très tôt des rédacteurs bénévoles qui écrivaient dans le journal, nous a proposé de faire partie des « membres fondateurs » d'ATTAC (Association pour une Taxe Tobin d'Aide aux Citoyens) que Bernard Cassen, alors directeur du *Monde Diplomatique* envisageait de créer. La taxe Tobin (du nom de son initiateur, James Tobin, économiste américain keynésien bon teint, « nobélisé » en 1981) consistait à taxer les transactions de change de manière à en augmenter le coût et, donc, de réduire leur volume. Car il avait constaté que ces transactions avaient pris un essor considérable, au point de représenter 200 fois le montant annuel des transactions commerciales internationales. Il en concluait que la majeure partie de ces transactions étaient liées à des spéculations ou des évasions fiscales. Leur taxation serait une façon de « mettre quelques grains de sable dans les engrenages trop bien huilés des transactions de change ». Nous n'avions aucune raison de refuser, même si certains d'entre nous étaient quelque peu dubitatifs sur l'opérationnalité de cette taxe. Toutefois, au fil du temps, l'association (devenue « Association pour la taxation des transactions financières et pour l'action citoyenne ») a publié de nombreuses analyses sur des thèmes débordant largement de la taxe Tobin et pris des positions (notamment sur l'Europe) qu'*Alternatives Économiques* ne partage pas forcément. Ce qui n'empêche pas certains de pratiquer l'amalgame, en attribuant à notre journal les positions défendues par ATTAC.

Ce qui est vrai, je le répète, est que nous ne partageons pas l'enthousiasme ou la confiance sans limite que certains vouent au marché, et que nous nous insurgeons contre les inégalités qui mettent à mal la cohésion sociale et la démocratie. Il s'agit d'une position éthique bien plus qu'idéologique. Cela nous pousse à nous référer à Keynes plus qu'à Hayek, à Stiglitz plus qu'à Friedman, à Galbraith plus qu'à Cahuc. C'est aussi la raison pour laquelle nous accueillons volontiers dans nos colonnes des économistes renommés comme Thomas Piketty, Jean Gadrey, Jezabel Couppey-Soubeyran, Michel Aglietta, Robert Boyer, Florence Jany-Catrice, Pierre-Noël Giraud… et bien d'autres, qui apportent leur expertise et leurs analyses. Ce qui n'empêche pas certains de nous accuser d'incompétence et de partialité au point de déformer la réalité et les esprits de nos lecteurs.

4 - Alternatives Économiques et les théories

• Deux théories modernes, passionnantes… et clivantes : le keynésianisme et l'École de la régulation

Christophe : En t'écoutant, on a l'impression que pendant ta formation et tes premières années d'enseignement, le poids du courant néo-classique en économie était très fortement dominant, et que le keynésianisme était marginal. Alors qu'il me semble que dans les années 1960 et 70 le keynésianisme était triomphant, y compris dans la politique économique, le pilotage de la macro-économie.

En fac de sciences éco, nous avions cinq années d'études : quatre pour la licence, et une pour le DES (diplôme d'études supérieures), indispensable pour qui souhaitait poursuivre en thèse. Je ne parlerai pas des deux premières, qui se résumaient à étudier les deux volumes de *l'Économie politique* de Raymond Barre, qui n'était pas franchement un keynésien. Les trois autres années n'ont pas non plus été beaucoup imprégnées de keynésianisme, car chaque prof était spécialisé dans un thème, par exemple les pays en voie de développement, ou la conjoncture. L'enseignement de la macro-économie se limitait quasiment à s'imprégner de la fameuse (pour les économistes) « synthèse » effectuée par l'économiste anglais John Hicks entre *La théorie générale* de Keynes et l'approche néoclassique traditionnelle. Au terme de ce tour de passe-passe, la « révolution keynésienne » devenait un cas particulier de l'approche néo-classique, lorsque la croissance économique fléchissait. Pour le reste, dans cette « synthèse », le marché parvenait sans peine, et tout seul, à égaliser épargne et investissement par la grâce des taux d'intérêt. L'État n'avait donc que peu de place dans la théorie économique : il suffisait qu'il soit « modeste », ne dégainant l'artillerie lourde que pour maintenir le rythme de croissance ou pour empêcher l'inflation de venir perturber la danse. Savoir bien jouer de l'accélérateur et du frein en somme.

Je n'entre pas dans les détails, mais Hicks avait présenté à Keynes en 1937 (un an après la parution du livre du maître de Cambridge) son raisonnement et les diagrammes *ad hoc*. Keynes n'avait d'abord rien trouvé à y redire, avant de les contester. Comme beaucoup d'étudiants, j'avais admiré la construction astucieuse, devenue le pont-aux-ânes des apprentis économistes sous le nom de « modèle IS/LM[1] ». Les économistes du courant traditionnel (« néoclassique ») devinrent alors presque tous keynésiens, puisqu'il n'était pas nécessaire pour eux de renoncer à leur approche « marginaliste » s'appuyant sur Walras et faisant de la concurrence « pure et parfaite » la référence économique optimale. Grâce à Hicks, une théorie unifiée affirmait réconcilier les deux approches : la marginaliste (microéconomique) et la keynésienne (macroéconomique). Le courant traditionnel fusionna ainsi avec le courant contestataire, pour donner l'approche néoclassique, au sein de laquelle il se trouvait seulement quelques nuances, selon que l'on insistait plus sur l'intervention publique ou sur le rôle du marché. Le manuel de Raymond Barre (ou, dans le reste du monde, celui – beaucoup plus pédagogique – de Samuelson, *L'économique*) convainquait tous les apprentis économistes du bien-fondé de cette théorie unifiée qu'était devenue l'approche néo-classique. C'était Labiche et son « *Embrassons-nous, Folleville* » qui triomphait chez les économistes. Seuls les marxistes (Henri Denis, par exemple) et quelques rares originaux (François Perroux, par exemple) restaient à l'écart de ce rapprochement.

Inutile de dire que, aujourd'hui, je suis bien moins admiratif, tout simplement parce que cette construction a été le début de la mise au tombeau de Keynes dans le petit monde des économistes. Ce qui s'est fait en trois actes. Le premier pourrait s'appeler « le keynésianisme hydraulique ». Nous sommes dans les années 1950-1960 : la croissance économique est rapide (+ 4 à 5 % par an en moyenne) et s'accompagne d'une inflation à peine moins forte. Quand la croissance tend à s'affaiblir, la dépense publique et la baisse des taux d'intérêt prennent le relais et relancent la machine, conformément au modèle IS/LM. Certes, cela engendre un déficit public, mais ce n'est pas grave : les banques achètent des bons du Trésor tandis que l'inflation allège le poids de l'endettement passé. Vive Keynes : la France vit ses Trente glorieuses. Acte 2 : 1973 et la crise dite pétrolière. La croissance ralentit fortement. Pas grave : un coup de déficit public massif (Chirac, alors Premier ministre) et ça va repartir… Sauf que ce qui repart, c'est l'inflation – qui grimpe jusqu'à 15 % en 1974 -, pas l'activité. La France n'est pas seule à constater que le keynésianisme hydraulique ne marche plus : tout le monde occidental fait le même constat. Acte 3 : Robert Lucas et la crème des économistes américains annoncent que le ballon keynésien est crevé,

1 IS/LM : modèle s'appuyant sur la relation entre le marché des biens et services (IS, Investments – Savings) et le marché monétaire (LM : Liquidity Preference Money Supply).

que c'est la fin de l'économie de la demande, que seule compte désormais l'économie de l'offre, et que ce *has been* de Keynes doit retourner au tombeau dont il n'aurait jamais dû sortir, Reagan et Thatcher conquièrent le pouvoir et Milton Friedman devient l'économiste vedette.

Mais revenons à l'étudiant de 1965, tout content de maîtriser IS/LM, et se croyant féru de Keynes. J'ai vraiment lu et découvert Keynes en DES, grâce à Jean-Claude Eicher, le prof que j'avais choisi pour mon mémoire de recherche. Il était économiste de l'éducation et m'a conseillé de lire Keynes. J'ai alors lu la *Théorie générale* avec intérêt, découvrant le chapitre 12, celui qui traite de la spéculation (et où figure la métaphore fameuse du concours de beauté) et de l'impossibilité de prévoir le long terme (« le calcul exact des bénéfices à venir [d'une entreprise] y joue un rôle à peine plus grand que dans une expédition au Pôle Sud » !)

À partir de ce moment, le keynésianisme, pour moi, ne se limitait plus à IS/LM. La *Théorie générale* allait beaucoup plus loin que ce qu'en disait Barre, et j'y découvrais que le marché n'est pas autorégulateur. Il l'est au niveau micro (et encore, cela a été contesté après Keynes), et pas au niveau macro : c'est le *no-bridge*. C'est à partir de cette découverte que je me suis mis à réfléchir sur ce que j'avais appris auparavant, qui n'était pas faux mais partiel, une façon de voir les choses par le petit bout de la lorgnette, sans vue d'ensemble.

Quand je suis devenu assistant, j'étais chargé des travaux dirigés en math-stat, et les cours de doctorat que nous recevions étaient largement d'orientation marginaliste (on dirait néo-classique, aujourd'hui). C'était la dominante, et les enseignants keynésiens étaient assez minoritaires. Les facs qui mettaient l'accent sur la macro étaient toutes keynésiennes, voire keynéso-marxistes. Le prof type de Grenoble se situait dans ce courant, comme, par exemple, Gérard Destanne de Bernis. À Dijon, en revanche, régnaient la formalisation à la Ponsard et la sectorisation…

Christophe : Parmi les écoles de pensée apparues dans le dernier quart du XXe *siècle, il y a les thèses de l'école de la régulation, qui apparaît au milieu des années 1970 (thèse de Michel Aglietta en 1974, publiée en 1976). L'apparition de cette théorie qui emprunte au marxisme et au keynésianisme, tout en étant attentive à l'histoire, a du sens par rapport à la création d'*Alternatives Économiques. *Au comité de rédaction du magazine*

*Nouvelle Donne, qui a eu son importance dans la création d'*Alternatives Économiques, *il y avait d'ailleurs plusieurs régulationnistes.*

C'est vrai, mais le projet *Nouvelle Donne* est mort-né. Les régulationnistes ont donc existé autrement, par leurs travaux propres. N'étant pas chercheur, je n'ai pas eu l'occasion de travailler avec eux, et très vite l'école s'est scindée en deux : la parisienne avec Michel Aglietta et Robert Boyer, et la grenobloise avec Gérard de Bernis (très proche de Perroux... et très abstrait).

*Christophe : Pourtant il me semblait qu'*Alternatives Économiques *avait très tôt ouvert ses colonnes à l'école de la régulation.*

Denis : À ses membres, oui, notamment Bernard Billaudot, qui fait partie de l'équipe initiale du journal. Mais ses papiers portaient sur l'actualité, pas sur les analyses plus théoriques de cette école de pensée. Le premier article présentant celle-ci a été publié en mai 1986 (n° 37). « Il s'agit – écrivaient les auteurs de l'article (Alain Galibert et Jean Pisani-Ferry) – de proposer de nouveaux fondements à l'analyse macroéconomique dans une démarche qui s'appuie sur les acquis de la sociologie et de l'histoire ».

Quels nouveaux fondements ? Les régulationnistes avancent que le capitalisme se transforme au fil du temps et des difficultés auxquelles il est confronté. Celui de la Belle Époque n'a pas grand-chose à voir avec celui des années 1960. Les « modes de régulation » ont changé : par exemple, les règles de formation des salaires (le « rapport salarial » dans le langage régulationniste) du fait du salaire minimum, de la protection sociale, des conventions collectives, etc., toutes choses qui n'existaient pas avant 1914. Bien d'autres éléments du mode de régulation du capitalisme ont changé : le type de concurrence, la façon dont se fixent les prix, le financement de l'économie, le rôle de la monnaie, la place de la finance, le libre-échange et la mondialisation qui en est le fruit... Les régulationnistes s'inspirent en partie de Marx, en partie de Keynes, mais ils accordent plus d'importance aux institutions que ne le font les keynésiens « pur jus » et, lorsque le système rencontre des difficultés, ils tablent davantage sur de nouveaux compromis sociaux pour en sortir que sur le fait de regonfler la demande par le déficit public. C'est littéralement une alternative économique qui ne pouvait que nous plaire.

Christophe : il y avait là une atmosphère, des appétences, qui formaient un terreau favorable à Alternatives Économiques.

Denis : Certes, mais *Alternatives Économiques* est un projet à la fois pédagogique et politique. Si les analyses économiques qui y figuraient dans les années 1980 étaient indéniablement influencées par l'approche régulationniste, il fallait veiller à ne pas tomber dans le jargon économique. Et user d'une écriture aussi lisible que possible : exemples, comparaisons, encadrés, déroulé facile à suivre, etc. Une partie de l'inspiration pouvait donc venir de l'école de la régulation, mais nous étions surtout attachés à une forme de journalisme rendant l'économie accessible à tous, pas austère ou rebutante. Sur ce point, Philippe Frémeaux et Jean Pisani-Ferry étaient des modèles, tant leurs articles sont impeccables sur le fond et travaillés sur la forme. Il nous fallait convaincre nos lecteurs que l'économie pouvait être compréhensible et que cela pouvait leur servir. Notez un détail significatif : Jean-Pierre Chanteau, qui a été le premier secrétaire de rédaction d'*Alternatives Économiques*, est devenu enseignant-chercheur en économie à Grenoble, et il anime aujourd'hui *La Revue* (numérique) *de la régulation*. C'est un signe que notre journal a des liens privilégiés avec ce courant de pensée.

- *Alternatives Économiques*, l'École de la régulation et les régulationnistes

L'approche « régulationniste » tire son nom de la thèse de Michel Aglietta, publiée en 1976 sous le titre *Régulation et crise du capitalisme*. À partir du cas américain, il y présentait une analyse originale dans laquelle tout un ensemble de chercheurs ou d'enseignants-chercheurs en économie se sont retrouvés : Bernard Billaudot, Robert Boyer, Jacques Mazier, Jacques Mistral, Alain Lipietz, Benjamin Coriat, André Gauron, Pierre Dockès, etc. Cette approche part du fait que le capitalisme engendre lui-même ses propres crises (elles ne sont pas « exogènes », liées à des éléments extérieurs), mais, loin de s'effondrer sous le poids de ses contradictions comme le prévoyait Marx, tend à évoluer au fil du temps, notamment sous la pression des crises qui le secouent périodiquement. Le capitalisme d'aujourd'hui est bien différent de celui du XIXe siècle, et celui de France diffère de celui des États-Unis parce que des institutions diverses (banque centrale, règles de concurrence, protection sociale, normes…) ont été mises en place au terme de compromis négociés et jugés acceptables par les acteurs sociaux. Contrairement aux analyses libérales traditionnelles, qui voient dans le marché à la fois le guide et le régulateur omniscient de l'économie, le fonctionnement du capitalisme n'est pas imaginable sans le secours et l'appui de ces institutions, même si elles sont imparfaites. Lorsqu'elles sont absentes, défaillantes ou caduques, il en résulte des crises plus ou moins graves, qui conduisent à de nouveaux compromis.

Ainsi, selon les régulationnistes, la « grande crise », celle ouverte en 1929, est issue de dysfonctionnements majeurs dans la dynamique productive du capitalisme. D'un côté, les innovations techniques et modes d'organisation des firmes (notamment le « taylorisme » dans les entreprises industrielles, avec le travail répétitif à la chaîne et les convoyeurs fixant la cadence de production) ont engendré d'importants gains de productivité et une production de masse. De l'autre côté, les salaires n'ayant pas augmenté en conséquence, la dynamique de la demande n'a pas suivi le rythme de celle de l'offre, et cette disjonction a provoqué un effondrement d'abord financier, puis industriel, et enfin de l'économie dans son ensemble.

Puisant à la fois chez Marx – la baisse du taux de profit et l'inégalité croissante entre salaires et profits – et chez Keynes – le rôle essentiel de l'État –, cette analyse soulignait que, si la crise des années 1930 s'est conjoncturellement terminée avec l'économie de guerre, le capitalisme n'a pu reprendre sa vigueur qu'en adoptant de nouvelles institutions. Principalement, la protection sociale et le « fordisme », c'est-à-dire la règle selon laquelle les gains des salariés (y compris les cotisations sociales finançant leur protection sociale) doivent évoluer au rythme des gains de productivité, comme l'avait pratiqué Henry Ford dans les années 1915-1925. D'autres institutions avaient suivi : les conventions collectives, les règles multilatérales du commerce international, le système de change entre monnaies, etc., qui avaient favorisé une croissance sans précédent dans les pays capitalistes de 1945 à 1970. Mais, à leur tour, ces institutions se révélaient insuffisantes et inadaptées face à la mondialisation de l'économie et à l'épuisement des gains de productivité issus du fordisme (la production de masse) et des innovations technologiques des « Trente glorieuses ». D'où la « crise » des années 1970, marquées par l'inflation, la fin du système des changes fixes et les échecs des politiques économiques keynésiennes (relance par le déficit budgétaire de l'État).

Cette analyse permettait de sortir du marxisme idéologique selon lequel le capitalisme était inéluctablement condamné : ainsi, en France, le Parti communiste soutenait la thèse qu'il ne survivait qu'au prix de formes monopolistes soutenues, voire impulsées par l'État. Mais elle permettait aussi de prendre des distances vis-à-vis du keynésianisme hydraulique pour lequel tout n'était qu'une question de politique économique : un « réglage fin » (*fine tuning*) des taux d'intérêt, des impôts et de la dépense publique permettait de maintenir la croissance à bon rythme et avec un minimum d'inflation. Au contraire, l'approche de la régulation analysait les problèmes croissants que rencontrait le capitalisme comme étant liés à des raisons structurelles qui requéraient des changements institutionnels profonds pour dépasser les difficultés et, surtout, éviter une nouvelle « grande crise ». En outre, cette approche mobilisait l'ensemble des sciences sociales – histoire, démographie, sociologie – au contraire de l'approche néo-classique pour laquelle tout était explicable par le mécanisme des prix, la concurrence et la rationalité des individus et des firmes.

Si, durant la première moitié de l'histoire d'*Alternatives Économiques*, les articles étaient majoritairement (et, durant les quatre premières années, uniquement) écrits par des bénévoles, le plus souvent économistes de profession, très peu abordaient la théorie, sauf pour renvoyer à une publication spécialisée. Ainsi, dans le premier numéro d'*Alternatives Économiques*, un article sur la politique économique de Raymond Barre citait, dans une note de bas de page, un article de Michel Aglietta, André Orléan et Gilles Oudiz. Ce n'est que dans le n° 22 (mai-juillet 1984) que figure une interview de Michel Aglietta et d'Anton Brender, qui venaient de publier un livre sur *Les métamorphoses de la société salariale*. L'interview était co-signée Denis Clerc et Jean Pisani-Ferry. Ce dernier (qui a publié une bonne vingtaine d'articles entre 1981 et 1986, tantôt sous son nom, tantôt sous le pseudonyme de « Jean Sapin ») ne cachait pas ses réticences à l'égard de l'approche régulationniste, à laquelle il reprochait de ne pouvoir être « modélisée », c'est-à-dire traduite au moins partiellement en équations susceptibles d'être alimentées par des données statistiques afin d'effectuer des prévisions chiffrées (comme c'était le cas, par exemple, pour la préparation des Plans élaborés alors par le Commissariat Général du Plan). Il ne rejetait pas cette approche, mais la jugeait à la fois insuffisante et trop structurelle pour passer l'épreuve de la modélisation. Toutefois, il a co-écrit dans le n° 27 (avril-mai 1985) avec Jacques Mistral (un régulationniste) un article intitulé « Penser l'avenir » à propos du rôle du Plan, article qui critiquait assez sérieusement le Gouvernement de gauche navigant dans l'urgence au lieu de se servir des travaux menés au Commissariat du Plan.

Parmi les autres économistes chercheurs ou enseignants-chercheurs qui contribuaient au journal, seul Bernard Billaudot se réclamait de l'approche de la régulation. Dominique Plihon (qui a signé sous le pseudonyme Hector Lopin jusqu'à ce qu'il réussisse brillamment le difficile concours de l'agrégation de sciences économiques des Facultés) en était proche, mais ses articles – sur la conjoncture essentiellement – n'y ont jamais fait référence. Enfin, le plus connu des économistes de la rédaction, Michel Beaud, se situait dans le prolongement de la réflexion de François Perroux, pas dans l'approche régulationniste.

Néanmoins, sans que l'on puisse parler d'osmose, le rapprochement avec ce courant de pensée (et celui des « conventionnalistes », courant proche mais qui s'appuie aussi sur la micro-économie) s'est confirmé au fil du temps : Michel Aglietta, Robert Boyer, mais aussi Alain Lipietz, Pierre-Alain Muet apparaissent régulièrement dans les colonnes du journal à partir de 1990, notamment dans les hors-séries dont certains présentent les théories économiques. Mais bien d'autres noms d'économistes connus parsèment désormais le journal, soit qu'ils signent des articles, soit qu'ils se prêtent à l'interview : Daniel Cohen, Jézabel Couppey-Soubeyran, James Galbraith, Bernard Gazier, Roger Guesnerie, Éric Heyer, Florence Jany-Catrice, Dominique Méda… *Alter Eco* n'est pas le journal d'une école, mais de ceux qui récusent l'autorégulation du marché et estiment que l'économie est une science sociale parmi d'autres.

Christophe : Par ailleurs, l'une des particularités de cette « École » est le nombre d'ingénieurs que l'on y trouve, dont de nombreux polytechniciens. Ces ingénieurs-économistes ne sont-ils pas une spécialité française ?

L'Insee a toujours été aux mains des ingénieurs-économistes. En effet, le recrutement des administrateurs de l'Insee (titre donné aux cadres ayant des responsabilités dans la production des analyses ou des statistiques) s'effectue par le biais de l'ENSAE (école nationale de statistique et d'administration économique), qui est une grande école d'ingénieurs, accessible par concours aux étudiants de l'école normale supérieure ou de l'université ayant un master 1 d'économie, et aux Polytechniciens la choisissant comme école d'application. Cette formation a donné de bons résultats, puisque nombre d'anciens élèves de l'ENSAE sont des économistes de haute volée et parfois très éloignés du moule *mainstream*, comme en témoignent Edmond Malinvaud, Michel Aglietta, Michel Husson ou Gael Giraud.

Mais, de façon significative, au moment où se crée *Alternatives Économiques*, des économistes, pour conserver leur liberté de pensée et d'expression, et surtout, je crois, pour approfondir leurs approches théoriques, quittent la haute fonction publique (Direction de la prévision, Plan, Insee...) pour rejoindre l'Université ou les nouvelles structures qui se créent.

Christophe : Ceux qui partent rejoignent donc l'enseignement universitaire ou un organisme de type OFCE (Observatoire français des conjonctures économiques), CREDOC (Centre de recherche pour l'étude et l'observation des conditions de vie), CEPREMAP (Centre pour la recherche et ses applications) ou autre.

Denis : Oui : c'est le cas notamment de plusieurs polytechniciens : Michel Aglietta, Bernard Billaudot et Jacques Mistral deviennent universitaires, Robert Boyer et Alain Lipietz choisissent le CNRS (Cepremap[1]). Pour les trois premiers, il s'agit d'un pari, car, jusque dans les années 1970, l'économie française universitaire ne brillait pas par sa réputation dans l'analyse économique. Les grands noms de l'économie, les Gruson, Massé, Malinvaud (et même Sauvy, d'une génération plus âgée) etc., étaient au Plan, à l'Insee ou dans des instituts publics où leur formation scientifique les amenait à innover. Au contraire, les universitaires étaient en général issus des Facultés de droit : leur formation juridique ne les disposait pas à se familiariser avec la statistique ou la formalisation mathématique. Cela n'a pas empêché que certains deviennent des économistes réputés – je pense à Robert Mossé, Jean Marchal, Henri Guitton... et Raymond Barre – mais le seul universitaire français dont on pensait alors qu'il pourrait être couronné par le prix de sciences économiques en mémoire d'Alfred Nobel était François Perroux, qui est mort avant[2]. C'était un économiste atypique, au passé sulfureux (pétainiste), qui se situait dans la lignée de Schumpeter plus que dans celle de Keynes, mais qui critiquait vertement la capacité du marché à établir un équilibre macroéconomique durable et une société apaisée. Il a placé la question du pouvoir et des rapports de force au centre de ses réflexions et analyses. Il s'évadait le plus possible du monde académique pour créer ses propres instituts, dont il était le maître. La complexité de sa

1 CEPREMAP : Centre d'Études Prospectives d'Économie Mathématique Appliquées à la Planification, renommé le 1er janvier 2005 Centre pour la recherche économique et ses applications.

2 Le premier Français récompensé par le Prix Nobel d'économie a été Gérard Debreu, en 1983.

pensée, et aussi son caractère ombrageux, ont empêché qu'il fasse école, et on ne parle plus guère de lui aujourd'hui, ce qui est regrettable à mon sens.

Christophe : Quid de la création de l'OFCE ? C'est un repaire de keynésiens.

Denis : Raymond Barre en est à l'origine. Quand il est devenu ministre, son premier directeur de cabinet a été Jean-Marcel Jeanneney, qui avait été plusieurs fois ministre sous De Gaulle, puis sous Pompidou. C'était un gaulliste fortement teinté de social. Agrégé de sciences économiques (l'agrégation des Facultés), il était plutôt keynésien, mais, un peu comme Barre, c'était un pragmatique plus qu'un idéologue. Les deux se connaissaient bien puisque lorsque Jean-Marcel Jeanneney était ministre de l'Industrie (de 1959 à 1962), il avait choisi Raymond Barre comme directeur de son cabinet. La création de l'OFCE a pour origine des conflits entre l'Insee et plusieurs des ministres qui se sont succédé à l'économie, voire avec le Premier ministre lui-même. L'Insee avait engagé fin 1973 un travail approfondi sur les forces et faiblesses structurelles de l'économie française : la *Fresque historique du système productif.* Ce travail, mené principalement par Christian Sautter débouchait sur un double constat que confirma en 1981 une mise à jour de la *Fresque*[1] : les différents plans quadriennaux ont permis aux branches de l'économie française de se moderniser et de rattraper les retards accumulés du fait de la crise des années 1930 et des destructions de la guerre. Mais – deuxième constat – l'économie française n'était pas suffisamment armée pour affronter la mondialisation. D'où de nombreuses critiques gouvernementales à l'égard de l'Insee, reprochant leur partialité aux auteurs de cette *Fresque.* Toutefois, le Directeur général de l'Institut (à l'époque Edmond Malinvaud) étant seul maître des travaux et des publications, le Ministre ne peut que constater et rouspéter, pas sanctionner ou interdire. La guérilla s'est accentuée à partir du moment où Raymond Barre, devenu Premier ministre, cumula – de 1976 à 1978 – cette fonction avec celle de ministre de l'Économie. Une première escarmouche éclata à la suite de la publication par l'Insee de prévisions macroéconomiques pour la France entre 1976 et 1983, demandées par le Commissariat Général au Plan. Ces prévisions avaient été établies à l'aide d'un modèle « dynamique et multisectoriel » (en abrégé DMS)[2]. Il prévoyait un ralentissement de la croissance écono-

1 *La crise du système productif,* Insee, 1981. Voir Jean-Claude Dutailly « La Crise du système productif », *Économie et Statistique* n° 138, novembre 1981.

2 Le modèle DMS cherchait à décrire l'économie de manière précise. Il était donc lourd, avec ses

mique et une accélération de l'inflation et du chômage. Ce que le Premier ministre contesta formellement, en les accusant de pessimisme. En réalité, ces prévisions étaient encore trop optimistes, aussi bien pour la période « chiraquienne et barriste » (1976-1980) que pour celle « mitterrandienne » (1981-1983), comme on le constata ultérieurement.

Deuxième escarmouche, en 1980 : l'Insee, dans un article de sa revue (*Économie et statistique* de mars 1980), estime que le pouvoir d'achat des salaires a diminué. Ce que confirmeront les Comptes de la nation quelques mois plus tard. Mais le Ministre de l'économie de l'époque (René Monory) soutient le contraire : « Le salaire moyen a été maintenu en pouvoir d'achat en 1979. » Bref, les relations entre Insee et Gouvernement se tendent lorsque l'Institut annonce ou prévoit de mauvaises nouvelles, surtout à l'approche d'élections importantes. Cette polémique semble aujourd'hui dérisoire (le contexte pré-électoral explique bien des choses), mais grâce à elle, il existe désormais trois Observatoires conjoncturels financés par l'État et distincts de l'Insee. Le premier est généraliste et rattaché à Sciences Po (l'OFCE), le deuxième, l'IRES (Institut de recherches économiques et sociales) est plutôt spécialisé dans le social et accueille à son Conseil d'administration des représentants des organisations syndicales, mais aussi des personnalités qualifiées et des représentants de l'État). Quant au troisième, Rexecode, il se situe dans la mouvance patronale. L'Insee a ainsi perdu son monopole en matière d'analyse conjoncturelle.

L'orientation keynésienne de l'OFCE ne fait pas de doute : elle a d'ailleurs été renforcée par le successeur de J.-M. Jeanneney, Jean-Paul Fitoussi, qui a également accentué l'analyse économique plus théorique en son sein, analyse que diffusent la *Revue de l'OFCE* et les documents de travail. La grande force de cet Observatoire est donc de ne pas se contenter de données conjoncturelles, mais aussi de confronter ces données aux analyses théoriques (et réciproquement). Si bien que l'orientation keynésienne de l'Observatoire n'est pas seulement idéologique, mais s'appuie sur les faits observés. L'OFCE fait de l'excellent travail. Ma seule réserve est que, donnant,

onze branches décrites par 1900 équations dont 250 dites « de comportement », des équations économétriques quelque peu problématiques : dans les années 1980, elles étaient estimées sur la période 1960-1980, ce qui comprenait une partie des Trente Glorieuses, alors que la productivité s'était affaissée dans certains secteurs. 400 variables exogènes complétaient le modèle, pour les données qu'on ne savait pas estimer et celles pour lesquelles l'estimation était inutile puisqu'on disposait d'informations précises : la politique budgétaire, fiscale et monétaire, l'environnement international et des secteurs comme l'agriculture ou les grandes entreprises nationales.

me semble-t-il, une place importante à l'objectif de croissance économique, l'Observatoire a longtemps minimisé les interrogations que l'on peut avoir sur les bienfaits de cette croissance. C'est moins le cas aujourd'hui, puisque certains de ses collaborateurs (notamment Eloi Laurent et Jacques Le Cacheux) sont en pointe dans la réflexion sur ce que pourrait être une économie verte et durable.

- Du débat en économie

Denis : J'ai été amené à parler de la polémique autour du pamphlet de Cahuc et Zylberberg sur le « négationnisme économique ». Pour Cahuc, le débat sur les questions économiques se résume à un face-à-face entre savants et ignorants. Ce n'est jamais un débat de société, jamais un débat sur la façon dont on traite les gens, notamment ceux qui sont en bas de l'échelle. Pour lui, l'économie est un ensemble de relations que l'on peut disséquer à coups d'équations ou par l'économétrie. La composante sociétale est en général absente du débat tel qu'il le conçoit. La caractéristique d'*Alternatives Économiques,* c'est au contraire d'avoir une approche sociétale, explicative, mais aussi critique : tout ne se réduit pas à l'économie. Telle ou telle politique économique ou décision se juge à ses effets sur la société dans son ensemble, et pas seulement par les conséquences sur le PIB et l'activité économique. Bien entendu, les points de vue peuvent alors différer. Mais le désaccord implique d'approfondir le débat, pas de traiter l'autre d'imbécile ou d'ignorant.

Marc : Les théories économiques constituent un paradigme, une façon de voir le monde, une grille de lecture. Donc, les papiers des journalistes ne se distinguent pas forcément par les théories qu'ils mettent (ou non) en avant, mais par les paradigmes, qui fournissent une vision commune, un soubassement commun à tous. Quels sont-ils à Alternatives Économiques *?*

Denis : Ce qui rassemble tout le monde à *Alternatives Économiques,* ce sont quatre grandes convictions qui nous sont communes. La première est que le marché n'est pas omniscient : c'est un bon mécanisme pour fixer les prix et assurer un équilibre entre offre et demande, un mauvais pour assurer la stabilité macro-économique. La deuxième est que la réduction des inégalités est un facteur essentiel de la cohésion sociale et de la vitalité démocratique. La troisième est que le vivre-ensemble doit désormais se penser à l'échelle européenne voire mondiale. Enfin, l'écologie doit primer sur l'économie, car cette dernière détruit désormais plus qu'elle ne produit. Ce sont les quatre dimensions de notre paradigme commun : économique, sociale, européenne et environnementale. Nous défendons le volontarisme contre le marché. Non parce que le marché serait l'enfer, comme le prétendaient les Soviétiques, mais parce qu'il n'est porteur d'aucun projet collectif, seulement de dynamiques individuelles d'entreprises et de personnes. C'est un cheval sauvage qu'il nous faut dompter pour qu'il nous conduise là où nous souhaitons aller. D'où l'importance du politique, et donc de la démocratie, pour que les gens construisent ensemble ce projet commun. D'où aussi l'importance de la solidarité, pour que chacun puisse contribuer à ce projet commun et s'y impliquer. *Alternatives Économiques* est communément présenté comme un journal de gauche (Philippe Frémeaux aime à préciser : « de gauche, pas de la gauche », pour indiquer que ce journal n'est pas l'organe d'une fraction politique). Ce n'est pas faux, mais réducteur, puisque cela ne mobilise qu'une seule des 4 dimensions de nos convictions communes. Nous ne roulons pour personne, mais nous souhaitons éclairer tous les chemins qui nous sont proposés, de sorte « que les hommes, quels qu'ils soient, puissent décider par eux-mêmes de ce qui les concerne, au lieu de n'être que les jouets impuissants d'un destin aveugle » (édito du n° 1, novembre 1980).

Par contraste, je ferai un rapide commentaire sur une auteure culte de Margaret Thatcher et sans doute de Ronald Reagan : Ayn Rand. Elle n'était pas économiste, mais elle a contribué à impulser dans les vingt dernières années du XXe siècle aux États-Unis une idéologie ultra-libérale qui a imprégné nombre d'intellectuels et d'économistes[1]. Dans *Les libertariens aux États-Unis*, Sébastien Caré, se basant sur la *Library of Congress* et le *Book of the Month Club,* estime que le livre de Rand *Atlas Shrugged* –, est le « deuxième livre le plus influent pour les Américains aujourd'hui, juste après la Bible ». Pourtant, elle est quasi-inconnue en France, où ce *best-seller* n'a été traduit qu'en 2011, 54 ans après sa sortie aux États-Unis, sous le titre *La Grève.* Caré insiste sur son côté gourou. Créatrice d'une philosophie

1 On sous-estime Ayn Rand en France. Son idéologie a joué un rôle dans la grande crise de 2008. Alan Greenspan, président de la Banque fédérale des États-Unis pendant deux décennies, l'un des hommes les plus influents sur l'économie mondiale, était un inconditionnel d'Ayn Rand, et « aveuglé par l'idéologie AynRandienne » (*dixit* Michael Watkins dans un article de la *Harvard Business Review* du 27 décembre 2007) il a obstinément refusé d'intervenir pendant des années dans la désastreuse affaire des *subprimes.*

qualifiée (par elle) d'objectiviste (c'est-à-dire ne reposant que sur la raison), elle était légèrement fêlée et surtout sectaire : qui ne reprenait pas littéralement son message était traitre ou imbécile. Christian Chavagneux, dans un article qu'il a consacré à *La Grève* (dans *Alternatives Économiques* n° 370, juillet 2017) signale aussi qu'elle a joué un rôle important dans la chasse aux sorcières de MacCarthy.

J'ai lu son essai, *La vertu d'égoïsme* (issu d'articles publiés entre 1961 et 1964 et traduit aux Belles Lettres en 2008). Déjà le titre est provocateur, même s'il ne faut pas l'interpréter comme un refus de toute empathie : *l'égoïsme rationnel*, comme elle l'appelle, consiste à n'aider quelqu'un que si l'on en tire avantage ou bonheur. Le faire par devoir éthique, ce serait se sacrifier, c'est-à-dire faire passer l'intérêt de l'autre avant son propre intérêt, alors que c'est « notre propre bonheur |qui] est le but moral de notre vie » (p. 85). Il ne s'agit pas d'indifférence, mais d'un calcul utilitariste et, surtout, opportuniste. Dans un exemple significatif, elle explique que sauver quelqu'un de la noyade n'est envisageable que si cela ne présente aucun risque ou que l'on aime ce quelqu'un plus fort que tout. Elle souligne à plusieurs reprises que « la "société" n'existe pas comme entité et n'est qu'un certain nombre d'hommes individuels » (p. 106). J'ai tendance à penser que c'est chez elle (et non chez Hayek, où je n'ai jamais lu expression similaire) que Maggy Thatcher a sans doute puisé sa célèbre affirmation. Seul l'intérêt (ou l'utilité) de l'acteur compte. Pour Rand, le marché n'exerce aucun « effet externe » (le fumeur ne gêne jamais aucun de ses voisins), si bien qu'il suffit que chacun cherche à maximiser son utilité personnelle, sans jamais tenir compte des conséquences sur les autres, pour que la société fonctionne au mieux : la main invisible est toujours à l'œuvre, et la notion même d'intérêt collectif n'a pas de sens pour elle, il n'est que la somme des intérêts individuels. Il faudra attendre les années 1980 et les néo-keynésiens (Stiglitz, Akerlof, Spence, Shiller...) pour mettre à bas cette construction idéologique d'un marché, source de concorde et de justice universelles, attribuant à chacun exactement son dû. Indépendamment de toute idéologie, Rand n'avait vraiment rien pour me plaire. Idéologiquement, je me reconnais bien plus dans une démarche à la Anspach (*À charge de revanche*), Godbout (*Le don, la dette et l'identité*) ou Caillé (*Extensions du domaine du don*), pour lesquels le lien social ne se réduit pas au calcul individuel (même s'il en comporte une part), et requiert aussi de la solidarité et du partage. En prenant un exemple actuel, j'imagine que Rand regarderait les migrants mourir de soif (en Algérie) ou de noyade au mieux avec indifférence (qu'ils se débrouillent), au pire avec délectation (autant de moins). Elle a soutenu Barry Goldwater, le candidat conservateur à la présidentielle de 1964, et aurait sans doute voté Trump.

Christophe : Alternatives Économiques *refuse donc que la rationalité économique s'impose dans tous les domaines de la vie, la marchandisation généralisée.*

Denis : Effectivement. La rationalité économique dont tu parles consiste à mettre en avant, comme facteur déterminant pour agir, le calcul et l'intérêt individuel : chacun cherche à maximiser son bien-être. Cela vaut plus particulièrement pour la micro-économie néo-classique. Toutefois, tout *marchandiser*, c'est-à-dire contraindre chacun à payer pour obtenir ce dont il a besoin ou envie – ce que préconisent des économistes ultra-libéraux comme David Friedman aux États-Unis[1], ou, en France, Pascal Salin –, c'est s'exposer à un double risque. Celui des inégalités, d'abord : marchandiser la santé reviendrait à écarter tous ceux qui ne peuvent payer, donc à accentuer la morbidité (exposition aux maladies) et la mortalité des moins bien lotis. Celui de l'inefficacité, ensuite : marchandiser la formation initiale reviendrait à laisser en jachère bien des talents de jeunes ou d'enfants dont les parents ne peuvent pas payer[2]. Certes, « il n'y a pas de repas gratuit » et ce que l'un coûte, s'il ne le paye pas, d'autres devront le payer. Ce qui se traduit par des impôts ou des cotisations obligatoires finançant des services publics d'accès gratuit ou nettement inférieur à leur coût effectif. Cette mutualisation revient en quelque sorte à étendre à la collectivité tout entière ce qui se passe au quotidien dans la plupart des familles, où le revenu de certains des membres permet à tous de manger, d'étudier, de voyager, etc. Une meilleure sécurisation de chacun est alors le fruit de cette solidarité, ce qui est une bonne chose. La marchandisation, malheureusement, s'étend dans bien d'autres domaines : sécurité des personnes (racket, protection personnelle dans un pays miné par la violence), la maternité (mère porteuse), l'adoption, les organes ou le sang, l'attente dans les queues pour acheter une place convoitée à la finale de la Coupe du monde, etc. Cela revient à dire que

1 David D. Friedman (fils de Milton Friedman, Prix Nobel d'économie) est un économiste libertarien. Son livre le plus célèbre : *Vers une société sans État*, paru aux États-Unis en 1973, et en France en 1992, Les Belles Lettres.

2 Cf. le titre du livre de Gilbert Cesbron emprunté à Saint-Exupéry, *C'est Mozart qu'on assassine* (1956).

l'argent peut tout acheter ; qu'il est le souverain bien, la clé qui ouvre toutes les portes. En réalité, c'est la pauvreté ou « la soif de l'or » qui conduisent des personnes à vendre leurs organes ou leur sang, des femmes à louer leur utérus, des jeunes à faire des queues interminables pour le compte d'autrui, etc. : au lieu de régler le problème, elles tendent à banaliser et à rendre normales de nouvelles formes d'exploitation. Les accepter, c'est mettre un ver dans le fruit.

Mais qu'en est-il des trois autres dimensions – politique, sociale et environnementale – dans lesquelles le collectif, le « commun », est déterminant ? Comme dans un bateau qui prend l'eau, l'intérêt individuel s'efface alors devant le devoir collectif : on se sauve ou on se noie tous ensemble. C'est en cela que la marchandisation généralisée est un piège : on oublie que l'on fait partie d'un ensemble et l'on s'en remet aux décisions individuelles « rationnelles ». Or celles-ci peuvent déboucher sur une catastrophe, comme dans le syndrome de la salle de spectacle : la salle est plongée dans le noir, mais quelqu'un crie « au feu ». Tout le monde se précipite vers l'étroite porte de sortie, jouant des bras et des jambes pour passer l'obstacle des autres personnes, ce qui ralentit ou bloque la sortie de beaucoup. Dans le jargon économique, les externalités négatives engendrées alors par le comportement rationnel de chacun provoquent la catastrophe. Ne pas vouloir agir ensemble de façon coopérative, c'est se condamner à multiplier les externalités négatives issues du comportement opportuniste de chacun. Dans le domaine politique, la rationalité aboutirait à ce que personne n'aille plus voter (ma voix ne changera rien, à quoi bon aller au bureau de vote alors qu'il fait beau ?). Dans le domaine social, elle aboutirait à vivre riche et inquiet dans une ville rendue dangereuse par la violence des laissés pour compte qui cherchent à survivre. Dans le domaine environnemental, enfin, cela aboutirait à léguer à nos enfants une planète hors d'usage où ils auront du mal à vivre, comme nous la décrivait le cinéaste Fleischer dans son film *Soleil vert* (1972). Elinor Ostrom (1933-2012) a été « nobélisée » en 2009 pour avoir montré que, pour gérer des « communs » sans les épuiser (zones de pêche, pâturages, distribution d'eau…), le mode coopératif, par accord entre les personnes concernées, pouvait être au moins aussi efficace que tout autre mode. Une preuve de plus qu'économie et environnement peuvent faire bon ménage dans une société dont les membres se sentent solidaires.

Dans de nombreux journaux, chaque rédacteur a sa propre grille de lecture. Il écrit ses papiers et s'efforce de les faire passer, en les « arrangeant » un peu s'il le faut pour être en phase avec la ligne du journal, c'est-à-dire le respect d'un certain nombre de principes (pas de pensée unique ni binaire sur un sujet; ni le tout-marché ni le tout-État; écrire clairement pour tous; présenter ses preuves et ses sources), principes que la direction de la rédaction veille à faire respecter. À *Alternatives Économiques*, tous les rédacteurs n'ont pas une vision absolument commune du monde et de la politique, mais tous savent que nos différentes visions ne sont pas antinomiques, mais complémentaires. Un peu comme dans une chorale, où tout le monde n'a pas la même voix mais où l'ensemble n'a de sens que s'il est harmonique. Dans les premières années du journal, bien que les racines culturelles et idéologiques des animateurs du journal aient été différentes, nous partagions les mêmes valeurs : le refus de l'impérialisme de l'économie, et l'importance de la prise en compte de l'éthique et du « vivre ensemble ». C'est ainsi que s'est forgée « la ligne » du journal, faisant place à d'autres disciplines que la seule économie, ou à des approches plus socio-économiques ou historiques. D'où notre intérêt partagé pour les Gorz, Viveret, Méda ou Jany-Catrice, etc., qui se situaient dans cette même problématique. À cette orientation commune, Philippe a ajouté un engagement européen, lié à une vision politique et géostratégique qui n'empêchaient pas de critiquer vertement les errements des politiques économiques conduites en Europe (pour des raisons tenant le plus souvent à l'égoïsme à courte vue des États-membres).

5 - Un journal répondant à un vrai besoin

• *Alternatives Économiques*, réponse à un besoin plus qu'à une demande

*Christophe : Le développement d'*Alternatives Économiques *ne semble pas correspondre à une offre qui aurait créé ses propres débouchés, mais plutôt à une demande de citoyens qui voulaient comprendre l'économie, et qui sentaient que celle-ci était en train de prendre une place prépondérante dans les enjeux politiques.* Alternatives Économiques *cherchait-il à répondre à cette demande ?*

Denis : De fait, la naissance *d'Alternatives Économiques* ne tient pas à une étude de marché ou à une démarche *marketing* répondant à une demande. En tout cas, je ne me suis jamais posé la question dans ces termes. L'édito du numéro 1 était sans ambiguïté à cet égard : « Nous essaierons d'être la voix du vilain petit canard, celle qui se refuse à diffuser l'idéologie dominante et qui s'efforce de juger si d'autres choix ne sont pas envisageables. » Mais très vite, la majorité des abonnés se sont révélés être des citoyens (et, par le biais des enseignants, en partie de jeunes citoyens) qui cherchaient à comprendre, plutôt que des militants cherchant à agir. Je ne veux pas dire par là que nous avons mis une sourdine à notre désir de changement, mais cela nous a contraints à approfondir et justifier davantage les critiques que nous pouvions émettre : par exemple, les insuffisances de la protection sociale ou les mécanismes générateurs de paradis fiscaux. Notre registre n'a jamais été l'idéologie, mais l'analyse des faits. La société telle qu'elle est, avec ses vices et ses vertus, son côté sombre et ses aspects positifs, pas la société idéale dont on rêve. De ces faits, les lecteurs feront l'usage qu'ils souhaitent, ce n'est pas à nous de leur suggérer (et encore moins dicter) une conduite.

Marc : en fait c'était plus un besoin qu'une demande clairement formulée.

Denis : Certes, ce n'est pas vraiment pour répondre à une demande qu'*Alternatives Économiques* a été créé. Cependant, mes années de formation continue, jusqu'en 1977-78, m'avaient amené à découvrir un besoin qu'aucune des publications existantes ne satisfaisait. *Alternatives Économiques* a été lancé comme une bouteille à la mer, pas à la suite d'un *business plan* prévisionnel. Ce qui m'a poussé, c'est le hasard… et l'échec de la tentative de lancement de *Nouvelle Donne,* en réponse aux affirmations du Premier ministre de l'époque (1979), selon lequel une seule politique économique était possible.

Christophe : mais qu'est-ce qui existait alors sur le marché ?

Denis : il y avait *Les Échos*, quotidien de référence depuis la fin des années 1920, *Le Nouvel Économiste,* hebdomadaire issu de deux autres journaux qui avaient fusionné en 1975 (*Entreprise* et *Les Informations industrielles et commerciales*), et *L'Expansion,* un mensuel créé en 1967. Ces trois titres avaient en commun de s'adresser principalement aux cadres.

Christophe : Principalement aux cadres du privé ?

Denis : pas forcément. Jean Boissonnat (le directeur de *L'Expansion*) était un type intelligent. Il avait bien compris qu'il y avait un besoin d'éclaircissement, d'explication[1]. Les enseignants en sciences économiques et sociales, par exemple, lisaient beaucoup *L'Expansion*, parce que c'était une source d'informations pour nourrir leurs cours ou sélectionner des documents sur lesquels ils faisaient travailler leurs élèves. *Les Échos* étaient trop spécialisés pour eux. Mais, en formation continue, je m'étais rendu compte que *L'Expansion* ne s'adressait guère aux syndicalistes, militants, travailleurs sociaux et encore moins aux citoyens de base dont beaucoup cherchaient à comprendre une société de plus en plus complexe au sein de laquelle l'économie jouait un rôle important et souhaitaient que cette société soit socialement plus juste.

Je pensais qu'*Alternatives Économiques* allait répondre à ce besoin. En fait, ce sont les profs qui sont venus[2]. Nous avons été quelque peu débordés par notre succès. Le bouche-à-oreille fonctionnait à merveille, puisque, faute de moyens, cette progression s'est faite sans aucune campagne publici-

1 Jean Boissonnat était proche d'Eugène Descamps, un ancien secrétaire général de la JOC devenu militant de *Reconstruction*, la minorité de la CFTC (Confédération française des travailleurs chrétiens) qui voulait que le syndicat soit indépendant des partis politiques et de l'Église catholique. Secrétaire général du syndicat de 1961 à 1971, Descamps procèdera à sa « déconfessionnalisation », qui se conclura en novembre 1964 par la création de la CFDT.

2 J'ai interrogé, il y a quelques années, des permanents de la CFDT sur ce point. Ils avaient de la sympathie pour *Alternatives Économiques*, mais leur activité quotidienne de militants leur imposait de lire les journaux et lettres d'informations spécialisés dans l'actualité sociale et les questions syndicales, ainsi qu'un nombre élevé de notes et de rapports traitant des sujets techniques propres à leur branche. Ce qui ne laissait guère de place à la lecture d'un magazine traitant de sujets sérieux, demandant de l'attention et du temps. (*Marc*)

taire. Puis certains des enseignants abonnés à titre personnel ont incité leurs élèves à s'abonner, car ils estimaient que ce journal pouvait être un support pédagogique intéressant… et pas cher. Cela n'a pas empêché que, les deux premières années, l'association *Alternatives Économiques* soit déficitaire. Si nos lecteurs n'avaient pas été des abonnés, nous n'aurions pas tenu trois mois. Heureusement, les abonnés payent d'avance les six (aujourd'hui onze) numéros à venir, ce qui a permis de combler le trou de trésorerie des deux premières années (mais pas de supprimer le déficit). Avec six mille abonnés au terme de la troisième année, nous sommes sortis du rouge : le point mort était entre 5 et 6 000 exemplaires, parce que, je le rappelle, aucun rédacteur n'était payé : ils étaient tous bénévoles.

Ce public-là nous a amenés à mettre un bémol sur nos convictions politiques, à expliquer plus qu'à critiquer. Bref à faire un vrai journal.

• Une réponse mieux adaptée que *Nouvelle Donne* au besoin d'information critique

*Christophe : Dans cette période particulière, il y a des bouleversements théoriques (la remise en question de la théorie dominante par le marxisme, une meilleure compréhension de la théorie keynésienne), la création de la filière économique et sociale (à titre expérimental à partir de 1966), et la crise pétrolière de 1974 qui provoque dans la société une appétence pour comprendre comment fonctionne l'économie. Face à ces différents éléments, l'offre journalistique existante, avec son orientation en direction des cadres, ne répond que partiellement aux nouvelles attentes. Tous ces facteurs forment un écosystème favorable à une offre comme celle d'*Alternatives Économiques.

Denis : La fin des années 1970, c'est aussi la prise de conscience que les « Trente Glorieuses » sont définitivement derrière nous, que les politiques de relance keynésienne ont échoué, et que, conséquence de tout cela, le taux de chômage progresse. D'où des inquiétudes qui sapaient le moral de bon nombre de gens qui essayaient de comprendre ce qui arrivait à notre société, et ce qu'il faudrait faire pour sortir de cette mauvaise passe. De ce point de vue, la « fenêtre de tir » pour lancer ce nouveau venu était parfaite, d'autant, comme tu le soulignes, que l'essor de la section « économique et social » au lycée suscitait une forte demande de la part des enseignants. Lancer *Alternatives Économiques* aujourd'hui serait une aventure bien plus risquée. Mais, au-delà d'un contexte favorable à l'époque, n'oublions pas, en définitive, que ce sont les acheteurs qui décident si le produit vaut ou non la peine. Plusieurs milliers d'entre eux ont été convaincus par *Alternatives Économiques,* mais très peu par *Nouvelle Donne* dont le n° 0 n'a pas eu de suite. Une bonne « fenêtre de tir » ne suffit donc pas à assurer le succès. L'échec de *Nouvelle Donne* a servi de leçon : pas d'ambition excessive, des frais de gestion les plus serrés possible, notamment par le bénévolat, une équipe rédactionnelle motivée, des textes à la forme travaillée et accessible, une diversité suffisante de sujets, un rythme de parution pas trop lourd, compatible avec le bénévolat... Et surtout s'appuyer sur le sérieux et l'accessibilité des articles, au lieu de chercher à attirer le chaland par une belle présentation et de la publicité.

La rançon de ce démarrage modeste a été qu'il a fallu une dizaine d'années pour que le titre s'installe vraiment dans la presse économique grâce notamment au travail acharné et au professionnalisme du rédacteur en chef, Philippe Frémeaux, du secrétaire de rédaction, Jean-Pierre Chanteau, et du responsable du développement, Christophe Fourel, et bien sûr de l'ensemble des salariés. Je le redis parce que c'est important : dans une coopérative, les salariés se sentent chez eux, même dans de longues périodes de vaches maigres, dès lors que c'est le prix à payer pour la réussite collective.

Marc : Est-ce que le titre « Alternatives Économiques » était une forme d'opposition au « TINA » de Margaret Thatcher (Premier ministre britannique de mai 1979 à novembre 1990) : « There is no alternative. »

Denis : D'après *Libération*, Mrs Thatcher aurait prononcé cette phrase dès le début de son mandat[1]. Mais elle l'a souvent répétée, et ce n'est devenu un « mantra » qu'après la création d'*Alternatives Économiques.* Même si beaucoup de nos lecteurs ont pu le penser, le titre n'était donc pas une forme de pied de nez à Maggy, mais plutôt l'affirmation d'une conviction : la société peut devenir moins injuste.

*Marc : Parmi les concurrents très directs d'*Alternatives Économiques*, il y a eu* Science et Vie économie. *Pourquoi ont-ils échoué ?*

1 La première occurrence de l'expression, dans les archives publiées de Mrs Thatcher, remonte au 21 mai 1980, dans son *Speech at the Conservative Women's Conference* au Festival Hall de Londres, sous la forme : « *I believe people accept there's no real alternative.* »

Denis : *Science et Vie économie* a été créé en 1984. Le rédacteur en chef était Gilles Coville, que j'avais rencontré précédemment, je ne sais plus à quelle occasion. Il s'était étonné qu'*Alternatives Économiques* ait du succès. Je lui avais expliqué que les gens s'intéressant à l'économie étaient nombreux, mais qu'ils renonçaient parce qu'ils n'avaient pas de culture économique, et que les autres magazines économiques étaient trop difficiles pour eux ; ils voulaient comprendre, mais pas devenir des spécialistes en économie. *Alternatives Économiques*, avec 32 pages à l'époque et 7 numéros par an, était à leur portée. Et j'ai dit que le marché allait continuer à progresser. Coville a vendu l'idée à la direction de *Science et Vie*. Jean-Marie Albertini a accepté d'y contribuer avec une chronique régulière. Il dirigeait un labo du CNRS qui travaillait sur la pédagogie de l'économie. Son soutien était donc un argument de poids. C'est ainsi qu'est né *Science et Vie économie*, une publication mensuelle qui offrait d'emblée une centaine de pages, avec beaucoup de publicité. La diffusion est montée jusqu'à 130 000 exemplaires. Mais ils ont arrêté la publication quand leur diffusion est retombée en dessous de 90 000 exemplaires, en 1992, et que la publicité a commencé à faire défaut. Jean-Marie Albertini avait beaucoup mis l'accent sur le caractère pédagogique du journal, et ils avaient visé, dans toutes leurs campagnes, les enseignants et les lycéens. Mais les annonceurs sont peu attirés par un support qui s'adresse à des lycéens désargentés et à des profs mal payés. *L'Expansion* a racheté leur fichier, sans que cela fasse progresser ses ventes. En revanche, l'arrêt de la publication a été profitable pour *Alternatives Économiques* : la diffusion payante par parution est passée de 49 000 exemplaires en 1992 à 57 000 en 1993, une progression sensible qui s'est poursuivie les années suivantes, puisque les 100 000 exemplaires vendus ont été dépassés en 1998.

L'échec de *Science et Vie éco* n'était pas dû à un manque de lecteurs, mais à une insuffisance de ressources publicitaires par rapport à leur modèle économique. *Alternatives Économiques* n'avait pas besoin de beaucoup de publicité : les recettes publicitaires du mensuel durant toute l'année 1991 (juste avant que *Science et Vie éco* s'arrête), ont représenté 200 000 F (45 000 € d'aujourd'hui) sur 4,4 millions de F de produits (1 million € d'aujourd'hui), soit 5 % du total. Je ne connais pas les chiffres de *Science et Vie éco*, mais je suis prêt à parier qu'ils étaient 10 fois plus importants que les nôtres. Et pourtant, nous pouvions vivre et même dégager un (petit) bénéfice : 134 000 F (30 000 € d'aujourd'hui). Parce que nous vivions modestement : 48 pages, une dizaine de salariés pas très bien payés, des rédacteurs largement bénévoles, mais nous étions seuls maîtres à bord, sans banque, actionnaires ou managers auxquels rendre compte. Normalement, n'importe quel gestionnaire aurait dû conclure de l'analyse du marché qu'il n'y avait pas place pour deux titres concurrents, et que le plus gros crocodile du marigot allait l'emporter, *Alter Eco* devant disparaître au profit de *Science et Vie éco.* C'est l'inverse qui s'est produit : je n'irai pas jusqu'à dire *small is beautiful* (petit, c'est chouette), car nous avons tous mouillé la chemise et accepté des conditions de travail difficiles. Mais je pense que si nous n'avions pas été une coopérative, la disparition aurait été inévitable. En outre, nos relations avec les profs n'étaient pas des relations marketing, mais de compréhension mutuelle. J'étais un ancien prof de Sciences économiques et sociales (SES), Philippe également, et Pierrot Volovitch (qui a longtemps tenu une rubrique ironique, « Arrêtez-moi si je dis des bêtises ») l'était toujours. C'était un monde que nous connaissions bien. Nous avions en commun avec l'APSES[1] la conviction que l'économique et le social doivent aller de pair et que le marché, s'il est important, n'est qu'un élément de l'économie, pas son centre névralgique. Les profs faisaient de la publicité pour *Alternatives Économiques* sans qu'on le leur ait demandé. Et quand je lis sur *Wikipédia* que les profs étaient intéressés à la diffusion d'*Alternatives Économiques* parce qu'on leur offrait un abonnement gratuit, etc. (avec des tas de sous-entendus dans le « etc. »)… Comme si on pouvait transformer des enseignants en propagandistes en leur offrant un abonnement !

- Quand un magazine répond parfaitement – sans l'avoir cherché – aux besoins de l'enseignement des Sciences économiques et sociales

*Christophe : La croissance d'*Alternatives Économiques *se fait donc majoritairement par les scolaires*

Denis : De fait, on visait les militants et ce sont les profs qui sont venus, ont lu, conseillé ou parfois même prescrit, ce qui nous est reproché par plusieurs. Notamment par ceux qui pensent que l'économie est une science : en critiquer les « lois » ou « prescriptions » édictées par les savants ne peut être le fait que d'obscurantistes, démagogues ou inconscients, qu'il faut dénoncer comme tels. Par d'autres aussi, qui pensent que le marché est le souverain juge, le profit la source de tout progrès et l'État le parasite suceur de sang

1 Association des professeurs de sciences économiques et sociales.

dont il faut se méfier. Les premiers – les savants – voient dans *Alternatives Économiques* le joueur de flûte de Hamelin qui détourne les enfants de la bonne voie, les seconds – les libéraux – le voient comme la cinquième colonne du marxisme, s'avançant cachée en vue de saboter les délicats rouages de la prospérité. Les uns et les autres se rejoignent pour dénoncer le rôle néfaste de ce journal qui, avec la complicité d'enseignants de gauche, bourre le cerveau de nos jeunes. Voilà pourquoi les Français sont nuls en économie, prétendent les premiers : à force d'ingurgiter mensonges et déformations, les élèves, tels Mithridate, vont devenir insensibles à la raison. Quant aux seconds, c'est à *Alternatives Économiques* (et aux syndicats) qu'ils imputent la mauvaise image que nos concitoyens ont des entreprises et leur recours incessant à l'État plutôt qu'au marché.

C'est nous prêter une audience et une capacité d'influence sans précédent, quasi mystérieuse ! Quoi, un mensuel sans grands moyens, propriété essentiellement de ses cinquante salariés, vendant actuellement, selon les numéros, entre 80 000 et 90 000 exemplaires serait responsable de tels méfaits ? Les profs qui conseillent notre journal à leurs élèves seraient stipendiés ou achetés parce que nous offrons à quelques milliers d'entre eux un abonnement à moindre prix (rabais moyen : 15 €) ? Chaque mois, trente mille acheteurs dans les magasins de journaux seraient en fait guidés, à l'insu de leur plein gré, par quelque puissance mystérieuse dont l'objectif serait de saboter le capitalisme, ou pire, la science économique ? Encore un peu, et nous pourrions être responsables de la crise des *subprimes*, dont nous prétendons – évidemment à tort et pour faire de l'innocente finance un coupable – qu'elle est guidée par la cupidité et stimulée par la faiblesse des règles censées l'encadrer. Et pourquoi pas de la crise de 1929, pendant qu'on y est ? Le capitalisme tel qu'il fonctionne ne nous plaît pas, c'est vrai. Mais nous n'en faisons pas un monstre : nous nous contentons de le montrer tel qu'il est, avec ses (gros) défauts ou dysfonctionnements, mais aussi ses avantages et ses réussites. *Alternatives Économiques* est AUSSI une entreprise, mais ses journalistes (et sans doute le reste de son personnel) ont EN PLUS une éthique et des convictions qui les amènent à préférer travailler dans cette entreprise qui a du sens plutôt que dans une autre où l'on serait bien mieux payé. L'argent n'est qu'un moyen, pas un but, il ne suffit pas à produire du vivre ensemble et de la cohésion sociale. Cette façon de voir est, je crois, la raison profonde de l'hostilité des libéraux à notre égard.

*Christophe : Pourrions-nous revenir sur le bénévolat des rédacteurs d'*Alternatives Économiques *? La rédaction a été, pendant sept ans, entièrement composée de bénévoles. Elle commence à se professionnaliser en 1987, avec l'embauche de Philippe Frémeaux à temps partiel. Tu as mis l'accent sur le côté pédagogique d'*Alternatives Économiques*, en insistant sur la nécessité que les rédacteurs disposent d'une bonne maîtrise des questions économiques tout en veillant à la clarté de leurs articles. Tu as critiqué l'approche universitaire, trop éloignée de la réalité que vivent les gens. Et pourtant, des universitaires ont rejoint l'équipe, et pas des moindres, comme ce fut le cas de Michel Beaud[1] ?*

Denis : Michel Beaud est venu à l'un des premiers comités de rédaction invité par je ne sais plus lequel d'entre nous. Il était prof à l'Université Paris 8, située alors à Vincennes (elle s'installera ensuite à St Denis). Sa notoriété était déjà importante, et j'en étais impressionné : il était critique à l'égard d'un système économique générateur d'inégalités sociales dramatiques dans des pays où comptait seule l'exploitation des ressources naturelles. Sa problématique était mondialiste. En outre, sa démarche intellectuelle l'amenait à ne pas vouloir séparer l'économique du social et de l'historique. Sur ces deux points – réduire les inégalités mondiales et une approche ne s'appuyant pas seulement sur l'économie –, il rejoignait (et enrichissait) le projet d'*Alternatives Économiques.* Il a d'ailleurs publié dans la collection qui portait le nom du journal aux éditions Syros un livre sur *La politique économique de la gauche*, en deux tomes : le premier (1983) était sous-titré *Le mirage de la croissance*[2], ce qui en dit long sur l'acuité de son analyse. Aujourd'hui, cela ne choque pas, mais à l'époque, la plupart des commentateurs pleuraient sur la faiblesse de la croissance et y voyaient la preuve que la gauche au pouvoir était incapable. Michel Beaud avait compris que le capitalisme est – comme il l'écrit depuis les années 1990 – un « système national/mondial hiérarchisé » dont l'illimitation produit à la fois inégalités et course à l'abîme, les premières pour des raisons économiques, la seconde pour des raisons environnementales. Très européen, il a été, à ma connaissance, l'un des rares professeurs d'économie à tirer la sonnette d'alarme sur les questions environnementales bien avant 2000. Mais, peut-être, tout à son souhait de convaincre les lecteurs de la nécessité d'une analyse prenant de la hauteur, il

1 Michel Beaud, Professeur d'Université, a enseigné à Paris 7 et Paris 8. Il a publié de nombreux ouvrages sur le capitalisme, la mondialisation, le socialisme, etc.

2 Le second tome (1985) était sous-titré *Le grand écart.*

avait du mal, un peu comme François Perroux, à s'exprimer dans la langue de tous les jours. Il avait son vocabulaire, sa façon de présenter les idées qui lui tenaient à cœur, mêlant analyses théoriques et descriptions factuelles.

*Christophe : Le premier numéro d'*Alternatives Économiques *sort en octobre 1980. En mai 1981 la gauche arrive au pouvoir. Est-ce que tu considères que c'est un facteur favorable ?*

Denis : Nous avons perdu des rédacteurs qui ont rejoint les cabinets ministériels, mais ils ne nous ont pas abandonnés : ils nous donnaient des informations, même s'ils n'avaient plus le temps d'écrire. Pour nous, c'était un accès facilité à des analyses, des informations, par exemple sur les nationalisations. En outre, nous avions recours à leurs carnets d'adresses, précieux pour notre travail (interview, personnes ressources...). Nous sommes ainsi sortis du cercle limité des camarades du PSU. La qualité du journal s'est améliorée, la diversité des rédacteurs aussi, et à peu près au même moment, une forte demande s'est fait jour, provenant d'un public curieux de savoir ce que pouvait bien être une politique économique de gauche.

- Débats et ruptures autour de la ligne éditoriale

Marc : J'ai évoqué les sociétés de rédacteurs chères à Jean Schwœbel, donc la liberté des journalistes. Au sein d'une rédaction, peut-on accepter que chaque rédacteur s'appuie sur ses propres références idéologiques et son propre système de représentations, ou la direction est-elle fondée à exiger la cohérence avec une « ligne éditoriale » pouvant aller jusqu'au respect d'une grille de lecture partagée ? Avais-tu l'autorité permettant d'imposer à un rédacteur de « rectifier son point de vue » As-tu eu l'occasion de le faire ? Si oui, comment as-tu procédé ? Je me souviens du cas de Jacques Généreux, alors militant du Front de gauche... mais il n'était pas sociétaire de la SCOP.

Denis : Je n'ai été rédacteur en chef que de 1980 à 1987, année où Philippe Frémeaux l'est devenu, à la suite d'un *gentlemen agreement* entre lui et moi. Auparavant, j'avais assumé cette fonction en même temps que celle de directeur, bénévolement de 1980 à 1983. Puis en étant salarié à 1/5e de temps à partir de 1983, date à partir de laquelle j'ai demandé (et obtenu) de quitter l'enseignement pour être détaché à l'Agence française de la maîtrise de l'énergie (AFME) à ¾ de temps, de manière à pouvoir m'occuper d'AE. Mon salaire net de directeur-rédacteur en chef était alors de 2000 F, soit environ 600 € mensuels d'aujourd'hui, puis il a évolué : 4200 F pour un quart-temps (officiellement, en réalité j'y consacrais bien plus de temps) à partir de 1988 (1 000 € d'aujourd'hui). Il fut convenu (en septembre 1987) que les deux fonctions – direction et rédaction en chef – seraient désormais séparées et que Philippe assumerait la seconde. Il demeurait salarié à mi-temps du BIPE, et AE lui assurait un salaire du même niveau que le mien. Inutile de souligner que l'un et l'autre travaillions alors pour AE nettement plus que le quart ou le mi-temps de nos fiches de paye. Ces salaires modestes, ajoutés à ceux que nous versaient nos institutions (moi à l'AFME puis à l'ENSBANA[1] à partir de septembre 1986, Philippe au BIPE) nous permettaient de vivre correctement, mais, surtout, nous assuraient une sorte de pouvoir symbolique vis-à-vis de rédacteurs (je n'ose dire « journalistes », car aucun ne l'était) entièrement bénévoles. Pour ces derniers, en cas de désaccord avec le rédac chef sur un texte ou une orientation, l'alternative était simple : se retirer du « comité de rédaction » où se discutaient les papiers envisagés et leur attribution à tel ou tel, ou se ranger à la voix de la majorité qui émanait du comité en question. La décision sur la « ligne » à adopter était donc collégiale, même si les deux personnes qui étaient le plus impliquées (Philippe et moi) disposaient d'une influence plus forte que la moyenne : sans nous, le journal ne paraissait pas…

Je me souviens donc de quatre désaccords sérieux, deux sous ma houlette, deux autres sous celle de Philippe. Les quatre se sont traduits par le départ des personnes concernées. Le premier a été en 1983-1984 et concernait Michel Beaud. Le désaccord portait moins sur le fond que sur la forme. Il récusait l'idée de réécriture éventuelle des textes qu'il fournissait. Jean-Pierre Chanteau, à Dijon, faisait son travail de secrétaire de rédaction[2] et coupait les textes trop longs ou changeait ici ou là une phrase qu'il estimait complexe. Mais sans forcément prévenir l'auteur, ce qui était une faute (excusable, compte tenu de l'ensemble des tâches dont il était chargé) et avait mis très en colère Michel. Aussi, pour un texte que Michel avait écrit sur le bilan de la politique économique de la gauche et qui devait paraître dans le n° 20, Jean-Pierre avait pris la précaution de lui demander son accord pour quelques modifications envisagées. Réponse très courroucée : « J'accepte les critiques ou

1 ENSBANA : École nationale supérieure de biologie appliquée à la nutrition et à l'alimentation (Université de Dijon).

2 Le secrétaire de rédaction veille au titre de l'article, au chapô (résumé introductif), aux inters (sous-titres des parties de l'article, à la qualité de l'expression écrite (orthographe, français, compréhension), au respect des consignes de longueur et vérifie que le texte ne compte pas d'inexactitudes ou d'erreurs.

les demandes de raccourcissement chiffrées. Mais personne encore n'a jamais écrit à ma place ce que je signe. Donc, ou bien A.E. publie ce que j'ai écrit et signé, ou bien il ne publie rien. » Son texte fut donc publié sans changement.

Jean-Pierre me secondait fortement, notamment dans les tâches techniques (mise en page, composition, illustrations) et il a joué un rôle important dans l'informatisation de l'entreprise, dès 1984. Je tenais beaucoup à ce qu'il reste en fonction.

À côté de ce différend entre le secrétaire de rédaction et un rédacteur, il y avait aussi des désaccords sur le fond. En 1984, lors d'une réunion sur le projet de mensualisation, Michel Beaud avait proposé (ce sont ses termes) « de participer à une équipe d'animation [sous-entendu « à la place d'un rédacteur en chef unique »], ce qui avait provoqué une discussion assez tendue, notamment de ma part, car je considérais que, si la ligne du journal devait être définie collectivement, ce n'était pas le cas de la rédaction en chef. Dans la lettre qu'il m'avait envoyée à ce propos, il se défendait « d'une quelconque visée de pouvoir ou de prestige sur A.E. » et, un peu plus loin, il écrivait, s'adressant à moi, « je trouve remarquable ton effort intense d'information précise ; ce qui m'intéresse, moi, c'est plutôt de dégager des vues d'ensemble, des évolutions lourdes… » Il pensait « revue », je pensais « journal ». Enfin, il aurait voulu que la rédaction et l'administration du journal soient rassemblées à Paris. Hugues Sibille en était également partisan. J'ai tenu bon, en arguant que le prix du mètre carré et le niveau des salaires étaient nettement plus élevés dans la capitale qu'à Dijon, et qu'il aurait fallu embaucher un Parisien pour faire ce dont je me chargeais à Dijon, puisque je n'aurais pas suivi : mon épouse et mes enfants s'opposaient unanimement à ce que nous nous installions en région parisienne. La situation financière d'*Alternatives Économiques* était précaire, et nous étions attentifs à chaque dépense. Déménager à Paris aurait signé l'arrêt de mort du journal. Pour toutes ces raisons, nos chemins se sont séparés. Je le regrette.

Le second désaccord est arrivé peu de temps après (1987), lorsque *Alternatives Économiques* a repris l'ancienne revue *L'économie en questions*, en butte à de grosses difficultés financières. Il fut décidé que cette revue disparaîtrait, mais que lui seraient substitués deux hors-séries annuels d'*Alternatives Économiques*, avec *L'économie en questions* en sous-titre, sur des thèmes choisis d'un commun accord entre les deux comités de rédaction, mais réalisés ensuite sous la responsabilité des anciens de *L'économie en questions* (dont le directeur était Jean-Jo Boillot, qui écrivait sous le pseudo de Jean Jaulin). L'équipe de *l'EEQ* comportait pas mal d'universitaires ou de chercheurs (Stéphane Beaud, Margaret Maruani, Isabel da Costa...), brillants, mais plus accoutumés à rédiger un rapport de recherche qu'un journal. Assez vite, Jean-Jo prit du champ, remplacé par Alain Mestre. Mais celui-ci eut beaucoup de mal à organiser une équipe rédactionnelle, à trouver des auteurs, à leur faire respecter délais et consignes, etc. En 1988, Philippe Frémeaux et moi en avons tiré les conclusions en confiant la responsabilité des hors-séries (qui perdirent leur sous-titre) à l'équipe d'*Alternatives Économiques.* Seul Christian Chavagneux, qui travaillait alors au Plan, accepta de rejoindre (bénévolement) l'équipe d'*Alternatives Économiques* et de s'agglomérer au comité de rédaction du mensuel. Il y est toujours (il est même devenu le Président de la coopérative).

Les deux autres ruptures avec des rédacteurs ont davantage porté sur le fond. Il s'est agi d'abord de la rupture avec Jacques Rigaudiat. Celui-ci faisait partie des plus anciens membres du Comité de rédaction (son premier article a été publié dans le n° 5). Son parcours professionnel a été brillant : conseiller social de Michel Rocard entre 1989 et 1991, puis de Lionel Jospin (1997-2002), puis magistrat à la Cour des Comptes. Il a joué un rôle important pour les 35 heures, tout comme Yves Barou, qui se trouvait alors au cabinet de Martine Aubry, ministre chargée de ce dossier, ce qui les amena l'un et l'autre à négocier leur mise en œuvre avec Jean Pisani-Ferry, alors au cabinet de Dominique Strauss-Kahn, à Bercy et assez réservé sur les 35 heures, moins sur le fond que sur la forme (la loi et la contrainte au lieu de la négociation). Sans que l'on puisse dire que cette mesure phare de la gauche ait été inspirée ou guidée par *Alternatives Économiques* – aucune des trois personnes clés citées ne figurait plus au Comité de rédaction depuis longtemps -, ce fut en quelque sorte une affaire de famille... Lesquelles, on le sait, ne sont pas toujours des plus paisibles !

En 1995, alors que, au sein de l'équipe de rédaction un débat important est mené à propos du projet de création de l'euro et des « critères de Maastricht » imposés aux pays souhaitant faire partie de la zone euro, Jacques annonce son hostilité à cette mesure. Au contraire, l'essentiel de la rédaction suit la position de Philippe Frémeaux, partisan de la future monnaie unique, sans pour autant sous-estimer dans nos colonnes les risques liés à sa mise en œuvre. Se mêle à ce désaccord un conflit plus prosaïque : Jacques avait promis de participer à un dossier sur les politiques d'emploi. La veille du bouclage, le papier n'est pas là. Le soir non plus, malgré plusieurs coups de téléphone. Finalement, afin d'éviter que le mensuel ne paraisse avec une ou deux pages blanches, je me dévoue. J'y passerai la nuit, Daniel Salles (secrétaire général de la rédaction) peste, mais le lendemain la mise en page est faite et le disque contenant la version numérique du numéro arrive à temps chez l'imprimeur. Sans être officielle, la rupture est consommée. Une dizaine d'années après (2007), nouvelle anicroche. Jacques publie un brûlot sur la politique sociale menée par la droite : *Le nouvel ordre prolétaire*. L'emploi se précarise, le chômage ne décroît pas et la pauvreté augmente. Il a raison sur le fond, mais insiste sur la dégradation du sort des retraités, alors que celui-ci tend à s'améliorer (au seuil de 50 % du niveau de vie médian, qui prévaut alors, le taux de pauvreté des retraités est passé de 4,1 % à 3,2 % entre 2000 et 2005, dernière année alors connue ; en 2016, ce taux de pauvreté est de 2,9 %). Bref, il exagère et tire à boulets rouges sur une réforme des retraites qu'il estime facteur d'aggravation du problème., Comme je n'aime pas les généralisations abusives, la recension que j'en fais n'est pas tendre, et elle n'est pas exempte de quelques reproches infondés. Ce qui accentue le fossé. Depuis, nous ne nous sommes pas revus…

Je serai plus bref sur la dernière rupture « idéologique » au sein de la rédaction, car elle concerne essentiellement Philippe Frémeaux et Dominique Sicot, la première journaliste professionnelle embauchée à la rédaction, dont j'ai déjà dit qu'elle avait des relations difficiles avec le rédacteur en chef. Il décide de la licencier en 1998. Elle avait du talent, écrivait bien et clair, mais, entre les deux, les frictions étaient fréquentes. Une petite rédaction parcourue de mésententes, c'était un risque pour le journal. Cela se termina donc par un licenciement. Catherine André, la journaliste qui avait alors le malheur d'occuper un bureau situé entre celui de Philippe et celui de Dominique, m'a confié 20 ans plus tard que l'ampleur des incessantes « engueulades » qu'elle entendait l'avait poussée à démissionner. Elle intégra alors *Courrier International*, et travaille de nouveau depuis quelques années à temps partiel pour *Alternatives Économiques*, en même temps qu'elle anime la coopérative de presse européenne sur Internet *Voxeurop*, qui a la caractéristique d'être multilingue.

Le cas de Jacques Généreux que tu évoques est un peu similaire à celui de Jacques Rigaudiat (complicité des Jacques ?). J'ai eu beaucoup d'admiration pour son travail sur *Les vraies lois de l'économie*, dont le brouillon est passé sous forme de feuilleton dans le mensuel avant d'être édité en livre. Mais ses prises de position et responsabilités politiques au sein du *Parti de gauche* m'ont choqué : avec Philippe, nous avions convenu de longue date de nous réclamer de gauche, mais surtout pas d'une organisation. « De gauche, mais pas de la gauche », comme, je le rappelle, aime à dire Philippe.

Cela marque une différence qui s'est concrétisée au fil du temps : au début de l'aventure, le PSU était très présent, et je comptais sur lui pour trouver des abonnés. Mais je me suis vite convaincu qu'être lié à un Parti vous amène à soutenir ses positions, alors que la rédaction se révélait très hétérogène sur ce plan – centristes, verts, sociaux-démocrates affirmés, gauche plus radicale cohabitent sans problème en son sein. Et le lecteur, qui ne s'inscrit pas forcément dans l'un de ces courants, craint toujours de « se faire avoir ». Notre crédibilité tenait à notre indépendance, autant politique qu'économique. Par exemple ne pas dépendre de la publicité, contrairement à la stratégie de *Science et Vie économie.* Côté politique, il en était de même. Ayant lu *La Dissociété* avec un énervement croissant vis-à-vis du projet politique « mélanchonien » qu'il développait, j'ai eu le sentiment d'être roulé dans la farine : j'admirais l'économiste hétérodoxe et je tombais sur un livre politique d'extrême gauche. J'ai eu l'imprudence de le recenser en insistant sur cette déception et sans évoquer la notion sociologique novatrice de *dissociété* qu'il introduisait. Il m'en a voulu, sans doute à juste titre. Mais je constate aussi que Philippe, bien plus malin que moi dans ses réactions, n'a pas non plus souhaité poursuivre un lien rédactionnel avec J. Généreux. Peut-être, finalement, ai-je rendu service au journal en étant à l'origine d'un éloignement, voire d'une rupture avec une figure devenue trop politique, même si cela nous privait d'un apport bienvenu sur les questions économiques.

*Marc : Comment as-tu mis en œuvre les intentions exprimées en août 1980, quand tu as travaillé avec une équipe de bénévoles, d'abord venus par militantisme et/ou par amitié, puis de journalistes professionnels partageant certes les valeurs du journal, mais soucieux de faire respecter l'indépendance revendiquée par leur profession ? L'un de ces journalistes nous a récemment fait remarquer, dans un Conseil d'administration de l'association des lecteurs auquel nous l'avions invité, que la rédaction d'*Alternatives Économiques *n'était plus la même qu'autrefois, et qu'à présent tous ses membres étaient des journalistes professionnels qui travaillaient selon les règles de leur profession.*

Denis : Quand j'ai quitté *Alternatives Économiques* (fin 1999), il y avait six rédacteurs professionnels salariés (Philippe Frémeaux, Guillaume Duval – devenu rédacteur en chef adjoint –, Louis Maurin, Christian Chavagneux,

Carole Yerochewski et Daniel Aronssohn). Plus du tiers du journal était alors rédigé par des économistes bénévoles et, plus exceptionnellement, des pigistes spécialisés dans un domaine, deux catégories que j'appelais les « extérieurs ». Je complétais l'ensemble et Philippe menait ce petit monde non pas à la baguette, mais attentivement, relisant tous les papiers, suggérant des coupes, des encadrés, des précisions et veillant à l'indépendance du journal comme lait sur le feu (cf. l'anecdote rapportée plus haut sur la proposition de fusion avec *Le nouvel économiste*). En comptant les hors-séries (4 par an), nous sortions en une année environ 1 000 pages rédactionnelles.

Autant dire que ce que j'appelle les « extérieurs » (dont j'étais, puisque je ne participais pas aux réunions de rédaction, si ce n'est de temps à autre par des propositions envoyées par courriels) étaient déterminants dans le fonctionnement d'*Alternatives Économiques*. La question de la ligne éditoriale ne se posait pas pour eux : leur collaboration était la preuve qu'ils soutenaient la ligne du journal. Quant aux journalistes salariés permanents, eux aussi n'étaient pas venus là par hasard. Évidemment, de temps à autre, ils auraient sans doute aimé affirmer leurs propres opinions. Mais Philippe veillait… y compris vis-à-vis de moi. Il y avait sans doute quelques mésententes (par exemple entre Christian et Guillaume) : les personnalités fortes ont du mal à se couler dans un moule qu'elles trouvent trop contraignant. Mais, une fois encore, ces mésententes n'empêchaient pas de partager suffisamment de choses en commun pour ne pas s'écharper. Loin de Paris, je ne voyais sans doute pas les petits heurts du quotidien, mais je comptais sur Philippe pour les calmer. Et j'avais personnellement bien plus de mal avec le personnel de Quetigny pour apaiser les disputes ou les jalousies que toute collectivité humaine, même de petite taille, engendre en son sein. Finalement, j'ai le sentiment que c'était Guillaume qui posait le plus de problèmes, car il avait – et a toujours – à la fois une capacité de travail étonnante et des idées bien arrêtées sur ce qu'il fallait écrire. Ancien « Gad'zart », mais ayant refusé « l'usinage » (le bizutage en première année d'études au sein de l'école des Arts et Métiers), ce qui supposait un vrai courage, il avait l'esprit de géométrie tandis que Philippe cultivait l'esprit de finesse. Mais ces divergences n'empêchaient pas de partager des analyses et des convictions communes. Bref, la rédaction ne marchait pas au pas, mais elle était suffisamment soudée pour aller dans le même sens.

J'aimerais ajouter une note concernant les journalistes « non-rédacteurs ». Ils ont joué un rôle très important pour professionnaliser le journal. La maquette, l'iconographie, la couverture, la relecture, la vérification des informations, etc., toutes ces tâches sont invisibles de l'extérieur, mais déterminantes pour faire un journal à la fois agréable et sérieux. Daniel Salles (désormais en retraite et remplacé par Charlotte Chartan) a joué un rôle essentiel dans ce domaine. Issu du scoutisme (protestant), il menait avec rigueur la barque à bon port et dans les délais prévus. C'est grâce à Christophe Fourel, qui le connaissait bien, qu'il est arrivé à *Alternatives Économiques* (en 1990), où il a remplacé comme secrétaire de rédaction Jean-Pierre Chanteau parti (comme notre graphiste Béatrice Gauge) vers d'autres horizons.

Il me faut également dire que je dois à Christophe une fière chandelle, et pas seulement parce qu'il a introduit Daniel Salles dans la maison. Lecteur du journal, il a frappé à notre porte en 1986 : objecteur de conscience, il cherchait une association dans laquelle passer les 24 mois de « service national » qu'il devait effectuer. Pas de chance, *Alternatives Économiques* venait de passer en Scop et ne pouvait donc prétendre à bénéficier des services d'un objecteur. En outre, il n'avait pas suivi une formation économique, mais de technicien agricole dans le domaine de l'élevage. Enfin, l'association qui éditait le journal avant sa transformation en Scop avait bénéficié d'un objecteur qui, chargé de la documentation, n'avait pas brillé par son implication et je ne souhaitais pas renouveler cette expérience. Sans doute du fait que je connaissais et appréciais le frère aîné de Christophe (Jean-François, qui venait de trouver la mort dans un accident au Nicaragua), j'ai donné mon accord pour qu'il intègre comme objecteur l'association des lecteurs qui subsistait (et dont il est devenu ensuite le Président et l'animateur)[1]. Il fut donc chargé des relations extérieures et du développement. Et il fit merveille. Par exemple, en établissant des liens très cordiaux avec les éditions Hatier (livres scolaires) et en organisant avec elles un concours à destination des classes de la section B (devenue ES). Ou en se rapprochant du Credoc (Centre de recherches pour l'étude et l'observation des conditions de vie), important organisme public. À la fin de son service d'objecteur, Christophe fut donc embauché dans la Scop comme responsable du développement jusqu'en 1990. Cette année-là, il organisa (avec le concours de la Scop et de l'Association des lecteurs que présidait alors Daniel Lenoir) la fête des 10 ans du journal, sous le titre « *Alternatives Économiques* aura vingt ans en l'an 2000[2] ». Une fête que Jacques Delors nous fit l'honneur de présider. Quant

1 L'Association, d'abord maintenue parce que sa suppression n'avait rien d'urgent, s'est révélée fort utile dans ce genre de situations créées par le goût effréné des législateurs et des fonctionnaires pour la complexité.

2 Allusion au film d'Alain Tanner : *Jonas, qui aura vingt-cinq ans en l'an 2 000*, sorti sur les écrans

au Comité de parrainage de ces dix ans, il était particulièrement impressionnant, comprenant (notamment) Michel Aglietta, François Bloch-Lainé, René Dumont, Jean-Baptiste de Foucauld, André Gorz, Pascal Lamy, Alain Lipietz, Edgard Pisani, Pierre Rosanvallon, Dominique Taddei, Patrick Viveret. Christophe quitta le journal, reprit des études d'économie tout en étant devenu secrétaire général du Credoc, mais il demeurait un proche (il succédera à Daniel Lenoir en 1997 comme président de l'Association des lecteurs) et surtout un ami. Le journal lui doit beaucoup, et moi aussi.

Laure Vigouroux a été embauchée pour le remplacer au développement (et à la publicité), mais elle n'avait ni le sens du contact, ni celui de la persuasion, et les conflits avec moi se sont multipliés, le dernier, en 1994, à propos de mon salaire : d'abord bénévole, puis modestement rétribué, je venais de quitter l'ENSBANA pour travailler à plein temps (c'est-à-dire 70 heures par semaine) au journal avec le salaire de prof majoré de 20 %. Laure, alors déléguée du personnel (sous l'étiquette CGT) a estimé que la forte progression de salaire (mon net mensuel passant de 17 600 F en 1994 à 19 400 en 1995, soit de 3 700 € à 4 000 € actuels) était une injustice cette année-là où les salaires du reste du personnel avaient été plus ou moins bloqués. La discussion prenant l'allure d'une « lutte de classes », j'ai souhaité qu'elle quitte l'entreprise. Ce qu'elle a fait en 1995, dans le cadre d'une convention de conversion, avec l'accord de l'Inspection du travail et de l'intéressée. Pierre Liret, qui l'a remplacée était du genre « jeune loup aux dents longues », enthousiaste à l'idée de travailler dans une coopérative. Assez vite, il a occupé une place importante dans l'équipe, mais il a fallu souvent le recadrer, car ses initiatives étaient parfois dénuées de tout sens politique (par exemple, il aurait vu d'un bon œil la fusion d'*Alter Eco* et du *Nouvel Économiste*), ce qui avait le don d'énerver Philippe. Lorsque j'ai annoncé mon prochain départ (1999) de la coopérative, il y avait deux candidats à ma succession : Pierre Liret et Philippe Frémeaux. J'étais à Quetigny, Philippe à Paris menait très bien l'affaire. Pierre, lui, n'était pas un militant. C'était un homme de marketing, ambitieux, qui s'était pris de passion pour l'économie sociale. Il était proche de la confédération générale des SCOP, participait à tous les congrès… Je me reposais sur lui pour la dynamique commerciale. Il avait une idée par jour, et avait développé efficacement les recettes de publicité. Mais il ne s'entendait pas avec Philippe, lequel lui reprochait de ne pas comprendre ce qu'était le projet de l'entreprise. Ce projet ne se limitait

français et suisses en 1976.

pas à faire grandir la Scop et en assurer un bon fonctionnement interne grâce à la participation de chacun. Il visait aussi (et surtout) à défendre une ligne rédactionnelle particulière : permettre aux citoyens à la fois de mieux comprendre les débats et enjeux économiques, et de peser sur les décisions publiques et les réformes sociales afin de réduire les inégalités. S'il devait y avoir un slogan résumant ce projet, ç'aurait pu être « concilier l'économique, le social et l'environnemental », cette dernière dimension ayant été présente dès le début, mais s'étant accentuée au fil du temps. Un projet politique contre un projet commercial : il n'y avait pas photo. Déçu par cette décision, en 1999, Pierre a quitté la Scop et rejoint la Confédération des Scop où son entregent a fait merveille.

Je regrette amèrement d'avoir laissé s'installer cette concurrence au lieu d'avoir adoubé Philippe assez tôt, de manière à lever toute ambiguïté et de lui permettre de maîtriser les arcanes, outils et pièges de la gestion, car c'était un domaine dans lequel il n'était pas à l'aise. Non seulement il ne m'en a jamais voulu, mais il s'est montré par la suite à la hauteur en matière de gestion autant que de rédaction. Grâce à lui (et à toute l'équipe), le mensuel a continué de progresser, doublant *L'Expansion.* Et la crise des *subprimes* a légitimé notre ligne rédactionnelle aux yeux du reste de la presse, mais aussi dans le petit monde de l'analyse économique : à la télé ou à la radio, on invitait désormais volontiers Philippe Frémeaux, Guillaume Duval, Sandra Moatti ou Christian Chavagneux, parce qu'ils tiraient depuis longtemps le signal d'alarme et que les faits leur donnaient raison. Christian, en outre, spécialiste de la finance, avait été précurseur de la critique de l'insuffisance de la régulation financière et du rôle destructeur des paradis fiscaux et de la « finance de l'ombre ». Non seulement *Alter Eco* est ainsi sorti de la relative marginalisation dont il était victime, mais les critiques sur son supposé « endoctrinement » des lycéens et étudiants se sont faites plus discrètes. Mais la crise passée, elles se sont réactivées, toujours dans les mêmes milieux. Décidément, *Alternatives Économiques* est vécu par certains, dans les milieux patronaux, libéraux ou conservateurs, comme un gêneur.

Marc : Dans le même ordre d'idées, on compte toujours au sein de la rédaction quelques responsables politiques très actifs, parfois élus. Il y a eu Pascal Canfin, Manuel Domergue, il y a David Belliard... voire Guillaume Duval. Un tel engagement, extérieur au journal, pose-t-il des problèmes ?

J'ai indiqué plus haut l'importance pour le journal de ne pas être inféodé ou même lié à une organisation politique. *Alternatives Économiques* est un journal d'information, d'analyses et d'explications. Celles-ci ne sont pas dictées aux journalistes par la rédaction en chef mais par l'examen aussi attentif que possible des faits, ce qui peut aboutir à des divergences entre les rédacteurs. Le journal n'est pas monocorde, mais indépendant, dans tous les sens du terme. Est-ce que cela signifie pour autant que les membres de la coopérative ne puissent avoir d'engagement politique personnel ? Évidemment non, car ce serait une forme d'amputation, un peu comme si l'on déconseillait à ces membres d'aller à la messe, à la mosquée, à la synagogue ou d'être membre d'une loge maçonnique. Cependant, il faut faire preuve de prudence, surtout lorsqu'on est fortement identifié à l'extérieur comme l'un des piliers du journal. S'il s'agit d'un engagement politique à finalité territoriale, comme dans le cas de David, ce n'est pas grave, car être journaliste n'implique pas de mettre en berne un engagement citoyen dans sa commune ou sa région. Guillaume a toujours été assez discret dans ses engagements politiques et a su ne pas occuper des fonctions trop exposées : il préfère, je crois, rester celui qui murmure à l'oreille des décideurs. Mais Pascal et Manu ont été bien plus exposés et identifiés l'un comme responsable des Verts, l'autre comme animateur de « Jeudi Noir » et de « Sauvons les riches », deux types de mouvements contestataires, mais qui manient la dérision pour dénoncer des formes d'exclusion ou d'inégalités inacceptables. Manu n'a jamais mélangé ces engagements personnels et son travail professionnel : loin de nuire au journal, ces engagements ont été appréciés par ceux qui les connaissaient, puisqu'ils montrent que le titre du journal n'est pas usurpé et que les journalistes qui le font vivre ont des convictions sociales qu'ils mettent en pratique. Il en est de même avec Pascal. Mais quand son élection comme député européen Vert risquait d'engendrer des confusions sur l'orientation du journal, Pascal a quitté le journal Il en reste proche, mais n'en fait pas état dans son travail politique ou au service de causes citoyennes. Nous sommes plutôt fiers qu'il ait été ministre et soit aujourd'hui président de la Commission environnement au Parlement européen. Là encore, son engagement personnel, loin de nuire au journal, conforte l'idée que ce journal n'est pas là pour vanter les idées à la mode, mais pour défendre une autre façon de concrétiser le « vivre ensemble ».

• La presse, quelle influence ? Le sentier étroit entre pédagogie, information, engagement et propagande

*Marc : Un auteur dont je n'ai pas retenu le nom a écrit que « la presse ne fait peut-être pas changer les gens d'avis, mais les avis en question deviennent mieux fondés ». Après plusieurs décennies de journalisme à la fois pédagogique et engagé, il est impossible de ne pas te poser la question : quel impact ont pu avoir tes articles publiés dans des journaux d'opinion (*Notre Combat, Témoignage chrétien*) ? Ont-ils influencé des décideurs, des militants, ont-ils simplement (ce qui est déjà bien) contribué à la « culture populaire » ? De même,* Alternatives Économiques *a-t-il parfois eu une influence palpable sur la politique, le syndicalisme, l'action des militants à qui tu voulais fournir « une information économique et sociale synthétique, [...] commentée [...] et critique » (ta lettre du 24 août 1980) ?*

Denis *:* Qui peut croire qu'une seule personne, ou même un ensemble très minoritaire, ne disposant que d'un pouvoir insignifiant dans une société complexe, puisse la faire bouger de façon significative? Ce constat pourrait paraître désabusé. Mais je ne le crois pas, car il fait partie du paradoxe de la démocratie. Chaque électeur dispose d'une voix, mais celle-ci n'est qu'un morceau de papier sans importance : si je m'abstiens d'aller voter, cela ne change en rien le résultat Pourtant, bien qu'ils sachent que cela ne changera rien, de 50 à 80 % des inscrits votent et c'est ce mouvement collectif de millions de personnes sans poids qui fait basculer le pouvoir politique dans un sens ou dans un autre. Le paradoxe, c'est qu'une voix ne pèse rien, mais que l'addition de voix – ou d'opinions – pèse d'un poids très lourd. Est-ce que tout l'effort que nous ont demandé (à moi ou aux autres rédacteurs) les milliers d'articles publiés dans *Alter Eco* ont permis de changer d'un iota la société ? Je suis convaincu que non. Mais il m'est arrivé souvent de croiser des gens qui m'ont dit « grâce à *Alter Eco*, j'ai eu mon bac » ou « j'ai compris des choses qui m'échappaient ». Ces micro-changements n'ont pas fait bouger d'un poil la société, mais ils ont été importants pour les personnes concernées. Et ces personnes, à leur tour, ont peut-être voté différemment, ou changé d'opinion, et ainsi les débats qui sont à la base du fonctionnement démocratique peuvent aboutir à des choix plus réfléchis. Je crois profondément que l'information est un élément clé de la démocratie, et qu'il importe que les débats dont elle se compose reposent sur des informations aussi sérieuses que possible. La presse ne fait peut-être pas changer les gens d'avis, mais les avis en question deviennent mieux fondés. Cela vaut pour la presse dans son ensemble, et même les petits titres – ceux que Marc nomme dans sa question – jouent un rôle important. Croit-on que la prise de conscience environnementale (réchauffement, déchets, pesticides…) qui s'ébauche aurait été la même sans le relais des media en général, et plus particulièrement de la presse ?

Cette réflexion générale vaut pour AE. Là encore, un exemple : les critiques d'AE à l'égard des politiques d'austérité en Grèce n'ont rien changé pour les Grecs. La BCE, le FMI et la Commission européenne ont imposé leur plan et même la gauche radicale portée au pouvoir en Grèce n'a rien pu faire : il fallait passer sous les fourches caudines de cette « Troïka » pour avoir les crédits qui éviteraient l'effondrement du pays. Mais ces mêmes critiques (que nous n'étions évidemment pas les seuls à avancer) ont cheminé dans certaines têtes et les opinions publiques ont progressivement avalisé l'idée que ce n'est pas en punissant tout un peuple – même si ses gouvernants antérieurs portaient une lourde responsabilité, même si la fraude fiscale y est un sport national – que l'on construit l'avenir. Je crois vraiment qu'*Alternatives Économiques*, en publiant systématiquement des données chiffrées, a permis de réduire les idées fausses que ses lecteurs pouvaient avoir. Le travail d'analyse et d'évaluation que j'ai effectué sur les 35 heures, par exemple, a aidé des syndicalistes que je connais (à la CFDT) à moduler les critiques qui ont plu de toutes parts sur cette mesure. Elle n'était pas sans défaut et davantage de négociations aurait pu en améliorer les effets sur l'emploi, mais elle était devenue une sorte de *punching-ball* sur lequel le patronat (et Pierre Cahuc) passait ses nerfs. À notre petite échelle, nous avons quelque peu aidé à limiter cette hystérie. Et puis surtout, en 2008, c'est grâce à la lecture de notre journal que bon nombre de citoyens ont compris ce qui se passait et pris conscience de la nocivité d'une finance non régulée et guidée par la seule cupidité. Dernier exemple : Christian Chavagneux, spécialiste des paradis fiscaux, avait beau s'époumoner pour les dénoncer, il n'était guère entendu et encore moins cru. Maintenant, on l'écoute.

Marc : L'un des risques qui guette tout média « engagé », avec une ligne éditoriale affirmée et orientée, est de tomber dans la propagande, dont Alfred Sauvy écrivait que « l'objectif n'est plus d'instruire et d'informer mais d'amener un nombre d'individus aussi élevé » que possible à obéir à quelques consignes parmi lesquelles le bulletin de vote n'est pas nécessairement la principale. Le propagandiste s'efforce de déformer le plus possible la vérité « sans s'exposer jamais au reproche de contre-vérité. Il lui suffit pour cela de sélectionner les faits comme le prisme sélectionne les couleurs[1] ».

J'illustrerai les propos de Sauvy par l'exemple de la présentation des chiffres ou des statistiques : on donne à un tableau de chiffres un titre qui en biaise la lecture ou l'on fabrique un indicateur discutable pour conforter sa thèse. Ne pas se laisser aller à ces dérives partisanes demande une lucidité, une rigueur morale et une discipline relativement rares...

Quand on écrit sur des sujets politiques, sociaux, voire économiques, peut-on éviter le risque de ce qu'Alfred Sauvy appelait « la propagande » ?

Denis : Sauvy a beaucoup fait en matière d'éthique statistique et nous devons lui être reconnaissant d'avoir épinglé quantité d'idées fausses en s'appuyant sur des données chiffrées de qualité. L'Insee est né de la Statistique Générale de la France, dont il a été l'un des derniers directeurs. La création de l'INED (Institut national d'études démographiques) a permis à la France de devenir pionnière en matière de données et d'analyses démographiques. Mais cela ne l'a pas empêché d'être lui-même parfois aveuglé par ses convictions (je pense à son parti pris nataliste). Personne n'est à l'abri de la tendance qui consiste à sélectionner les chiffres qui vont dans notre sens et d'ignorer les autres. Guillaume Duval et moi avons une passion commune : le goût des chiffres, parce qu'ils révèlent ou confortent une situation ou une évolution. Mais il nous arrive de ne pas être d'accord sur leur interprétation, ce qui montre bien qu'il faut manier les chiffres avec précaution et faire très attention à la façon dont ils sont collectés et au champ qu'ils recouvrent. Comme le dit Philippe Frémeaux « le chiffre objective une situation alors qu'il ne prend qu'une dimension de celle-ci ».

Un journal d'opinion défend des opinions, par définition. Mais elles doivent s'appuyer sur des faits, même si les rédacteurs ont parfois tendance à glisser sous le tapis les analyses qui ne vont pas dans leur sens et à valoriser au contraire celles qui les confortent. Tous les journaux font cela, même *Les Échos* ou *Le Monde.* Personne n'aime être convaincu de soutenir des positions

1 Sauvy Alfred, *L'information, clef de la démocratie*, in : *Revue française de science politique*, 1re année, n° 1-2, 1951. p. 26-39.

erronées. Mais défendre ses opinions n'implique pas de tordre la réalité ou de masquer les dessous que l'on ne souhaite pas montrer. C'est ce que je reproche à l'ultragauche : pour elle, la pauvreté augmente toujours, le pouvoir d'achat baisse toujours, les emplois disparaissent toujours, les patrons sont tous des voyous, la protection sociale diminue tout le temps…, et la seule solution, c'est de changer « le système » de fond en comble. *Alter Eco* n'a pas cette ambition. Certes, nous annoncions la couleur dès le premier numéro : nous montrerons aussi le côté cour de notre société. Mais, heureusement, la société dispose aussi d'un côté jardin. Être un journal d'opinion ne signifie pas montrer seulement le côté qui nous arrange, mais souligner qu'il n'y a pas que des gagnants dans la société. Si nous souhaitons que notre société fonctionne mieux, il faut se poser la question : que pouvons-nous faire pour que les perdants reprennent pied ? C'est la question économique centrale à mes yeux, celle de la réduction des inégalités, à l'échelle locale, nationale ou mondiale, celle qui fait que l'économique sans le social revient à ne marcher que sur une jambe. Il s'agit là d'une tâche de Sisyphe – appelons-la « solidarité » ou, mieux encore « fraternité » puisque le Conseil Constitutionnel souhaite réhabiliter ce terme dans l'action collective républicaine - qu'il nous faut sans cesse reprendre, même si les petits pas en avant sont (trop souvent) annulés par d'autres pas en arrière. Je crois profondément que, même au sein du capitalisme, il est possible d'améliorer les choses sur ce plan. Ne pas rêver d'un grand soir, mais plutôt tenter d'avancer peu à peu, voilà qui force à regarder la réalité de près, et donc nous éloigne de promesses qui ne seront jamais tenues ou de descriptions apocalyptiques noircissant le tableau, dans le but de grossir les rangs des « convaincus ». C'est ainsi, me semble-t-il, qu'un journal d'opinion peut éviter « la propagande ».

6 - La SCOP et ses paradoxes : gérer et innover en respectant les principes et en gardant le sens

- La vie d'un dirigeant de SCOP

Marc : Dans le Hors-Série poche n° 45 bis de novembre 2010, publié à l'occasion du trentième anniversaire du journal, Philippe Frémeaux a donné, sous le titre « Une expérience démocratique », un témoignage de ce qu'étaient la vie et les préoccupations du PDG d'une SCOP telle que Alternatives Économiques.

Toi qui l'as précédé dans cette fonction, comment as-tu vécu la petite vingtaine d'années que tu as passée à la tête de cette entreprise, et les 15 ans qui ont suivi, pendant lesquels tu es resté administrateur ? Quels sont les événements qui t'ont personnellement le plus marqué ?

Denis : En forçant à peine le trait, je dirais volontiers que, durant les vingt premières années de l'aventure, il ne m'est jamais arrivé de m'endormir la nuit sereinement. Diriger une entreprise, c'est passer son temps à éviter les récifs ou à anticiper leur réalité afin de pouvoir les éviter. Surtout lorsqu'il s'agit d'une coopérative de production, car elle est fragile financièrement (ce sont les salariés qui la financent, pas le « grand capital »), même si les salariés y sont en général bien plus motivés et bien moins opportunistes que dans une entreprise classique. Chaque fois que nous lancions une « nouvelle formule » pour améliorer la lisibilité, la qualité et la diffusion du journal – et cela nous est arrivé souvent : augmentation de la pagination, mise en kiosque, introduction de la couleur… –, il y avait toujours le risque que les recettes supplémentaires ne suivent pas les dépenses supplémentaires. C'était d'une certaine manière un pari. Jusqu'en 2011, il a toujours été gagné. Aussi lorsque le bouclage des comptes a fait apparaître pour 2013 un déficit d'exploitation de 380 000 €, le ciel nous est tombé sur la tête. L'année suivante, *bis repetita* : alors que le budget prévisionnel prévoyait de ramener le déficit d'exploitation à 220 000 €, il grimpe à 470 000. Heureusement, la gestion précautionneuse des années précédentes – tant la mienne que celle de Philippe – avait permis de constituer des réserves, et des aides, subventions ou dons des lecteurs atténuaient ces chiffres catastrophiques.

Mais, même en tenant compte de ces ressources exceptionnelles et de la forte augmentation des prélèvements sur salaires au titre du capital (passés de 2 % à 10 %)[1], je voyais la coopérative s'approcher du gouffre à grands pas. Cette inquiétude me taraude depuis, car le problème est structurel (voir encadré). Camille Dorival (la « pédégère » qui a succédé à Thierry Pech en 2013 et qui a quitté la SCOP début 2020) puis Jérémy Dousson, devenu Directeur général, ont heureusement (et avec le soutien des salariés et du Conseil d'Administration de la Scop) décidé de changer de braquet, et de lancer une nouvelle formule – une de plus, mais visant une lisibilité plus facile en cette période où la presse papier perd des lecteurs en grand nombre –, à réduire les coûts et à accentuer l'orientation numérique, même si celle-ci est loin d'équilibrer charges et produits. Nous verrons bien si ces mesures permettent de franchir sans dommage les écueils et de retrouver des lecteurs plus fidèles.

Coûts fixes et coûts variables

Pour faire un journal, il faut des journalistes (rédacteurs, graphistes, secrétaires de rédaction), d'autres salariés (pour la comptabilité, le *marketing*, la publicité, etc.), du papier, un imprimeur, et un distributeur. Quand les ventes augmentent, le tirage doit suivre, mais seuls les trois derniers postes de dépenses (papier, impression et distribution) progressent automatiquement : ce sont les coûts variables. Les autres postes relèvent des « coûts fixes » : ils ne sont pas immuables, mais s'ils varient, c'est en raison de décisions qui demandent du temps et relèvent de l'entreprise (investissements, embauches ou licenciements, etc.). Imaginons un mensuel vendant 100 000 exemplaires par parution, à 5 € pièce, qui équilibre tout juste ses comptes (ce qu'on appelle le point mort : autant de dépenses que de recettes, ou plutôt, autant de coûts que de produits, selon les termes comptables). Survient une crise financière : les gens, inquiets, se ruent sur les informations et les ventes bondissent de 20 %. Soit 100 000 € de produits supplémentaires. Mais, du côté des coûts, il a fallu imprimer et distribuer 20 000 exemplaires de plus : la rotative qui imprime 1 000 exemplaires par minute tournera 20 minutes de plus, l'encre, le papier, la distribution et la marge des vendeurs progresseront de 20 %, comme les

1 Les statuts de la SCOP prévoient une obligation, pour les associés, de souscription au capital par prélèvement sur leurs salaires. Longtemps fixé à 2 % du salaire brut, ce prélèvement a dû être porté au maximum prévu : 10%.

ventes. Supposons que le coût variable par exemplaire soit de 1 €. Le surcoût des 20 000 exemplaires supplémentaires s'élève donc à 20 000 €, alors que les recettes ont grimpé de 100 000 €. Notre mensuel, jusqu'alors à l'équilibre, devient bénéficiaire de 80 000 € par parution : produire et vendre davantage engendre des « économies d'échelle » d'autant plus rémunératrices que la part des coûts variables est faible.

Mais aux bonnes nouvelles, succèdent les mauvaises : la crise s'aggrave, le pouvoir d'achat diminue, les gens économisent sur les achats de journaux. Les ventes s'effondrent à 80 000 exemplaires au lieu de 120 000. Le compteur fonctionne désormais à l'envers : du fait de l'importance des coûts fixes, la diminution des ventes ne peut être compensée par celle des coûts, et le déficit atteint 80 000 € par parution.

Il y a eu d'autres évènements, heureux ceux-là, qui m'ont marqué. La fête des dix ans, avec Jacques Delors la fête des vingt ans du journal et où toi, Christophe, tu avais, devant Lionel Jospin qui était notre invité, comparé l'aventure d'*Alternatives Économiques* à celle d'Apple, mais cette fois dans le garage de la maison qu'occupait ma famille dans la banlieue dijonnaise (une comparaison que Jean Pisani-Ferry a reprise lors de la fête des 30 ans, qui était aussi celle de mon départ de la coopérative). Cependant, ce qui m'a le plus marqué, ce sont les rencontres des « dinosaures d'*Alter Eco* ». Ce petit groupe d'amis qui ont accompagné et soutenu l'aventure dès le début, alors même qu'elle semblait vouée à l'échec. Il vaut la peine de les nommer, ces « dinosaures » dont les noms reviennent souvent dans les pages précédentes : Philippe Frémeaux, bien sûr, mais aussi Jean Pisani-Ferry, Daniel Lenoir, Hugues Sibille, Yves Barou, Christophe Fourel et, une fois ou deux, Gérard Vindt (qui anime la rubrique « histoire » du journal). Marc Mousli (ancien responsable d'entreprise, passionné de prospective et, à ce titre, attaché à la chaire prospective du CNAM, spécialiste du management et de bien d'autres choses), fidèle et bénéfique administrateur de la coopérative, tout comme Thierry Pech, directeur de Terra Nova et ancien directeur de la coopérative (de 2009 à 2013) mériteraient d'y participer, mais je constate que les réunions amicales où l'on papote, boit et rit beaucoup, ont tendance à s'espacer : usure du temps, évolution des activités des uns et des autres ? J'écarte en tout cas les fêlures idéologiques car, si les opinions et convictions des uns et des autres ont pu évoluer et diverger, l'amitié tissée par l'aventure demeure. Une aventure qui, dans mon cas, a marqué une césure dans ma vie. Il y a eu un « avant » et un « après » : il ne s'est pas agi seulement d'un changement de métier, de ville, d'amis et de connaissances, mais d'un nouveau monde. D'une certaine manière, *Alter Eco* a été mon Amérique. Sauf que les richesses que j'ai puisées dans cette Amérique-là n'ont pas été financières, mais passionnelles et amicales, richesses tellement plus durables et bénéfiques.

- Les aléas de la diversification

Christophe : La création, en 1999, de la revue L'Économie politique*, destinée à publier des articles de fond, montre qu'*Alternatives Économiques *voulait rester en contact avec les universitaires et les économistes professionnels.*

Denis : Elle marquait aussi le souci, notamment de Philippe, d'avoir une publication d'un niveau plus élevé que le magazine et qui puisse intéresser d'autres publics que les citoyens s'intéressant à l'actualité économique et sociale : des chercheurs, des bibliothèques, des centres de documentation, des enseignants… Cette revue sous la houlette de Christian Chavagneux, puis de Sandra Moatti, a tout de suite rencontré son public : depuis vingt ans, elle oscille entre 3000 et 4000 abonnés, ce qui en fait la revue d'économie la plus lue en France. Chaque numéro est centré sur un thème particulier, et les spécialistes de ce thème sont sollicités pour proposer des articles. J'y ai publié une vingtaine d'articles, sur les conceptions du marché, la socialisation de la terre, la pauvreté, le revenu universel, le partage salaires/profit, etc. Il ne s'agit pas de théorie, mais plutôt d'approfondissement d'un débat, soit dans la France ou l'Europe d'aujourd'hui, soit dans la pensée économique.

Marc : À part la revue L'Économie politique*, qui se porte bien, dans sa catégorie (ce qui ne veut pas dire qu'elle gagne de l'argent), les tentatives de la SCOP pour se diversifier se sont souvent soldées par un échec :* Alternatives internationales, AlterEcoPlus, la LIAE…*, sans parler des revues dont le contenu n'était pas maîtrisé par la SCOP :* Travail, Histoire et sociétés*, etc.*

*Pourquoi semble-t-il impossible à une SCOP créée pour produire un magazine aussi particulier qu'*Alternatives Économiques *de réaliser durablement et avec profit autre chose que ce magazine ?*

Denis : Pourquoi avons-nous échoué sur plusieurs titres que nous avons lancés ou repris ? Il y a une explication générale et des explications particulières à chacun de ces titres.

D'abord l'explication générale : *Alternatives Économiques* aurait dû échouer. C'était un « fanzine » mal fagoté, sans fonds propres. Mais il a rencontré un lectorat que je connaissais bien : celui des enseignants de sciences économiques et sociales (SES). Tout simplement j'ai fait dans ce journal ce que je savais faire comme formateur d'adultes : analyser l'économie sans jargon, avec des exemples, des chiffres, des anecdotes, un langage familier. J'ai fait par écrit ce que je faisais auparavant par oral. Philippe, qui s'est agrégé très vite au petit groupe initial, était lui aussi prof de SES, et en plus pigiste au supplément hebdomadaire du *Monde*. On s'est donc entendu comme larrons en foire (mais il était plus réservé sur les chiffres, plus politiste et sociologue qu'économiste). Nous avons trouvé un lectorat qui n'était pas celui initialement visé, non pas des militants mais des citoyens cherchant à comprendre, aux bataillons impressionnants, qui nous a permis de grandir, de grossir et de devenir un vrai magazine en 1985, grâce à la mise en kiosque et à une iconographie bien plus professionnelle. Aucun des autres titres n'a bénéficié de cette conjoncture bien particulière. Persuadés que je détenais le secret de la réussite dans la presse, plusieurs porteurs de projets sont venus me demander ce secret. Je me souviens plus particulièrement d'un journaliste, Michel Cool, qui, avec l'aide de Bernard Stephan, qui vient de quitter la direction des éditions de l'Atelier, avait pour projet le lancement d'un titre – *Sens Magazine* – axé, comme son titre l'indiquait, sur la recherche par chacun de ce qui donne sens à sa vie (spiritualité, valeurs, engagement, passion…). J'ai longuement travaillé sur son projet et lui ai remis un gros document proposant un démarrage modeste (pour tester le produit), basé sur les abonnements (pour disposer d'un fonds de roulement) et s'appuyant sur les sympathies d'autres organes de presse (il était journaliste à *La Vie*). Il a fait tout le contraire : gros lancement, avec affichage dans le métro, ventes en kiosques, papier couché, pagination importante. Je lui suggérais un *business-plan* de type *Alter Eco*, il a choisi celui de *L'Express*. En moins d'un an, il a épuisé l'aide importante que lui avait apportée la Caisse des Dépôts (je ne me souviens plus du montant, mais il s'agissait de plusieurs millions de F. de l'époque) et *Sens Magazine* a disparu sans tambours ni trompettes.

Quant à *Alternatives Internationales,* c'est une histoire complexe. Un peu avant 2000, *Télérama* envisageait de cesser la parution du mensuel *Croissance, le monde en développement*, qu'il éditait. C'était un mensuel tiers-mondiste créé en 1961 sous le nom de *Croissance des jeunes nations* par le fondateur du groupe, Georges Hourdin[1]. Ce titre était devenu très déficitaire au fil du temps. Gilles de Courtivron, le patron de *Télérama*, s'en désolait et nous avait contactés pour voir si nous pourrions le reprendre et le dynamiser suffisamment pour le renflouer. Philippe et moi (qui étais sur le départ, puisque j'allais quitter la présidence de la coopérative en septembre 1999) nous l'avons rencontré plusieurs fois ainsi que ses proches collaborateurs pour en discuter. Finalement, un *deal* s'esquissa : création d'une filiale commune à AE et à *Télérama*, dont chacun des partenaires détiendrait la moitié du capital. Cette filiale éditerait un nouveau mensuel, *Alternatives internationales,* auquel seraient apportés les abonnés de *Croissance.* La rédaction, le *marketing* et la gestion seraient assurés par *Alternatives Économiques* et les pertes ou bénéfices annuels seraient partagés à parts égales. Le nouveau titre indiquait que ce mensuel s'intéresserait à la géopolitique et pas seulement aux « jeunes nations ». Mais peu après cet accord, le groupe *Télérama* est racheté par *Le Monde* alors dirigé par Jean-Marie Colombani. Sous la houlette de Sandrine Tolotti (avec le concours d'Antoine de Ravignan), puis sous celle de Yann Mens, *Alternatives Internationales* n'a pas démérité et a permis de tripler la diffusion du titre d'origine (18 000 exemplaires au lieu de 6000), mais ce n'était pas suffisant pour sortir du rouge. Le partage des déficits (un peu moins de 100 000 € annuels) permettait à la filiale de ne pas trop peser sur les comptes d'*Alternatives Économiques*, et c'était donc supportable. Jusqu'au jour (2003) où Jean-Marie Colombani informa Philippe (qui m'avait succédé) que, désormais éditeur de trois titres internationaux (*Le Monde diplomatique, Courrier International* que le *Groupe Le Monde* venait de racheter et donc, en copropriété, *Alternatives Internationales*), il y en avait un de trop : celui que nous coéditions. Grand seigneur, il offrait de nous céder les parts que son groupe détenait pour un euro symbolique. Décryptée, cette proposition revenait à dire : ouste, débrouillez-vous tout seuls pour les déficits. Ce qui fut fait, mais il nous fallut nous rendre à

1 Celui-là même que les initiateurs de *Nouvelle Donne* avaient contacté en 1979 pour qu'il finance le lancement de ce titre. L'opération avait échoué. Georges Hourdin est décédé en 1999.

l'évidence et réduire la voilure : *Alternatives internationales* est devenu trimestriel avant de cesser sa parution en 2015.

La Lettre de l'insertion par l'activité économique (LIAE), dont j'ai déjà parlé, a été créée en 1995 à destination du public des travailleurs sociaux s'occupant d'insertion par l'activité économique (IAE), alors en plein essor. Elle se voulait une lettre professionnelle, liée aux trois grandes têtes de réseau de ce secteur (FNARS pour les Chantiers d'insertion, COORACE pour les associations intermédiaires et Fédération des entreprises d'insertion pour ce type d'entreprises). Carole Yerochewski, qui l'a lancée connaissait comme personne les travailleurs sociaux, et plus particulièrement ceux qui œuvraient dans l'insertion par l'activité économique : personnes, réseaux, idéologies et racines. Elle a mené à bien la parution mensuelle de *La lettre de l'insertion par l'activité économique*, qui n'a malheureusement jamais réussi à équilibrer ses comptes (le plafond a été de 1 500 abonnés). Comme cette thématique m'intéressait, j'ai pas mal travaillé avec elle, jouant en quelque sort le rôle de secrétaire de rédaction de cette *Lettre*. Ses coups de fil pouvaient durer deux heures : elle ne raccrochait que lorsqu'elle avait emporté le morceau. Je n'ai jamais connu quelqu'un de plus dur à convaincre qu'il fallait reprendre ceci ou cela pour l'améliorer. Indépendante, elle n'en faisait qu'à sa tête. Le plus souvent, c'était réussi ou acceptable, mais de temps à autre, l'engueulade retentissait… sans succès. Carole est partie au Canada où elle a soutenu une thèse et rejoint le monde universitaire. Avec le concours de Camille Dorival, j'ai vainement tenté de maintenir *La Lettre* après elle. C'était une personnalité, mais nos opinions divergeaient très rarement sur le fond.

Quant à *Alter Eco* +, il s'agissait d'un site prolongeant le mensuel et où les abonnés pouvaient trouver des analyses complémentaires ou suivre l'actualité économique à travers des articles agrémentés de données statistiques ou de tribunes. C'était donc un complément au mensuel. Mais nos lecteurs ont été réticents à s'abonner, soit parce que, sur le numérique, la gratuité est dominante, soit parce qu'ils jugeaient que lire le mensuel leur suffisait. Le nouveau site d'*Alternatives Économiques* échappe à ce piège, puisqu'il est accessible aux abonnés « papier » comme à ceux qui choisissent le numérique, et qu'il permet l'accès aux archives de toutes les publications de la coopérative ainsi qu'aux blogs hébergés par le site.

Nous gérons d'autres publications (*Santé et Travail* géré par François Desriaux, précédemment *Travail* ou *Histoire et sociétés*), les conventions passées avec les éditeurs sont claires : *Alter Eco* n'assume pas les frais de démarchage, de publication et d'envoi, et encore moins la couverture des déficits, qui sont à la charge des éditeurs. Lorsque leur publication est arrêtée, ce sont donc les éditeurs qui prennent la décision.

En fait, autour du mensuel (« le navire amiral »), il existe une constellation de « suppléments », « dossiers », *Oblik* ou « hors-série », qui mettent à profit le savoir-faire de la Scop, les connaissances de ses journalistes, l'expertise de chercheurs ou d'institutions qui se sentent proches de notre démarche. Ainsi, le hors-série annuel *L'état de l'économie* est réalisé en partenariat avec l'OFCE (Observatoire français des conjonctures économiques). Nous nous enrichissons de leurs analyses, expertises ou expériences de terrain, ils s'enrichissent de notre savoir-faire éditorial. Ne labourons pas trop loin du champ que nous connaissons bien : mieux vaut labourer profond que trop large.

- *Alternatives Économiques* et les entreprises : « C'est compliqué ! »

*Marc : La réputation d'*Alternatives Économiques *est, en positif, de ne jamais dissocier l'économie de son contexte, notamment social. On peut ajouter que le magazine et la revue (*L'Économie politique*), proposent régulièrement des articles d'histoire économique et sociale. En négatif, il est souvent reproché à* Alter Eco *d'être « anti-entreprise*[1] *». Sans aller jusqu'à parler d'hostilité, il est clair que l'entrepreneuriat, l'innovation organisationnelle et la technologie, trois aspects fondamentaux de l'économie actuelle, ne sont pas trop mis en valeur dans le journal. Est-ce un choix conscient ou la conséquence d'une équipe rédactionnelle réduite et plus intéressée par la macro, le social et le politique ?*

Je ne peux pas parler au nom de l'actuelle rédaction : cela fait 20 ans que j'ai quitté le journal ! Il me semble cependant que l'ouverture vers l'entreprise et l'entrepreneuriat est plus importante qu'elle ne l'était du temps où j'étais aux commandes. À l'époque, c'est vrai, le journal était bien plus branché « macro » que « micro ». Cela tenait aux rédacteurs, au lectorat mais aussi aux moyens. Le monde de l'entreprise tout comme celui du marché est en effet très diversifié, et, pour le décrypter ou l'analyser, il faut aller sur le terrain : les grandes surfaces ou les centrales d'achat n'ont rien à voir avec

1 Reproche qui ne vient pas seulement des adversaires du journal : je l'ai plusieurs fois entendu de la bouche d'entrepreneurs abonnés à *Alternatives Économiques* ou ayant de la sympathie pour le magazine.

l'automobile, l'énergie ou le bâtiment. De ce point de vue, il est bien plus facile d'analyser la politique économique ou le budget de l'État. S'y ajoutait ce qu'il faut bien appeler notre prisme politique : débattre du déficit public amène inévitablement à prendre parti entre Keynes et les néoclassiques. Alors que s'intéresser à une entreprise ou à une branche, c'est beaucoup moins noble, car l'intérêt pécuniaire des uns et des autres joue un rôle important. Par exemple, dans le n° 1 d'*Alter Eco*, il y avait un article sur les frères Willot, des hommes d'affaires dont plus personne ne se souvient aujourd'hui. Ils venaient de racheter le groupe textile Boussac. L'article aurait pu porter sur ce groupe (qui comportait quelques joyaux, comme *Christian Dior*), ou sur les difficultés de la branche textile en France, qui commençait alors à subir les effets de la mondialisation naissante et de la concurrence des pays « à bas coûts ». Pas du tout : l'article racontait comment les frères Willot manœuvraient pour racheter les firmes en difficulté. Sous-entendu : il faut être magouilleur et rouler les autres (les chefs d'entreprise en difficulté, le fisc, les salariés et même les actionnaires) pour grandir et faire fortune. Mais la suite, *Alter Eco* ne l'a pas racontée, alors qu'elle aurait pu être instructive : le groupe Agache-Willot dépose le bilan en 1981 (et leurs propriétaires sont condamnés), il est racheté par Bernard Arnault en 1984 avec le soutien de l'État. Arnault est devenu depuis l'homme le plus riche du monde en 2020, en jouant la carte du luxe grâce à *Christian Dior*. Je plaide coupable, comme auteur de cet article. Bref, le monde de l'entreprise et du marché était suspecté à nos yeux (aux miens en tout cas) d'être source de profits aux dépens du reste de la société : c'était sans doute une conséquence de l'imprégnation marxiste assez forte à l'époque. Et, de fait, c'est parfois au détriment de la société que les gagnants le sont. Heureusement pas toujours. La société est complexe, car composée d'un tissu productif d'entreprises très diverses, où les gens honnêtes côtoient les margoulins, les créateurs d'emplois voisinent avec ceux qui en suppriment sans état d'âme. J'admets volontiers que, dans les années 1980-90, nous accordions plus de place aux prédateurs qu'aux innovateurs et que, globalement, nous avions des préventions (parfois justifiées) à l'égard du monde de l'entreprise. Cependant, il s'agissait plus de méfiance que d'hostilité : il me semble encore aujourd'hui que, dans ce monde, la soif de gagner beaucoup d'argent l'emporte un peu trop souvent sur le respect dû aux travailleurs, aux consommateurs ou à l'environnement. L'entreprise humaniste existe, mais plus souvent grâce aux contre-pouvoirs qui équilibrent les relations sociales que du fait de la volonté patronale. Sur ce point, heureusement, les entreprises de l'économie sociale et solidaire sont souvent en pointe. Mais pour encore trop d'entre elles, l'important est le *marketing*, pas forcément le souci du bien commun. J'aurais aimé, par exemple, que le Crédit Mutuel, le Crédit Agricole ou les Banques populaires – trois réseaux bancaires qui relèvent statutairement de l'économie sociale (je n'ose dire « et solidaire ») – soient plus agiles et déterminés dans la lutte contre l'exclusion bancaire (c'est la Banque Postale qui l'a menée), l'investissement socialement responsable ou la finance solidaire (je salue dans ce domaine le Crédit coopératif qui a été pionnier, mais il a été longtemps le seul). Sans doute me reste-t-il des bribes de l'analyse marxiste, mais je trouve indécent que telle ou telle banque qui se dit « coopérative » se glorifie de sa rentabilité. Certes, le profit est indispensable pour assurer la réussite d'un projet, mais dans le monde de l'économie qui s'affirme « sociale et solidaire », le profit n'est qu'un moyen pas une fin. Ou alors on trompe son monde et on fait miroiter une vulgaire démarche *marketing* en la présentant comme s'il s'agissait d'un projet de société.

- La littérature et les arts, pour mieux comprendre l'économie ?

*Marc : Dans le même ordre d'idées, as-tu parfois envisagé d'élargir les thèmes traités et de faire plus de place à la littérature ou aux arts visuels ? Certains auteurs de fiction, certains cinéastes, ont une façon de voir le monde différente de celle des économistes, sociologues ou historiens dont les œuvres alimentent la rubrique Lectures d'*Alternatives Économiques. *Je me souviens du livre que Bernard Maris avait consacré à Michel Houellebecq ou de ceux de Dominique Manotti sur l'affaire Madoff et sur le rachat des activités énergie d'Alstom par General Electric, entre autres (Christian Chavagneux a rendu compte de deux de ces trois ouvrages).*

Denis : Là, tu touches un point sensible. J'adore lire, mais je n'aime pas le théâtre. Et mes lectures sont essentiellement des essais de sciences sociales (économie, sociologie, un peu d'histoire et de démographie) : entre janvier et juillet de cette année, j'ai lu 2 romans, et dix fois plus d'essais. Bref, je suis un peu monomaniaque. En partie parce qu'il faut bien nourrir la rubrique lectures d'*Alter Eco*. Mais j'ai tendance à penser que, cette rubrique ne pouvant occuper plus des 4 à 6 pages qu'elle occupe dans chaque numéro (ce qui est déjà considérable au regard des autres journaux, même spécialisés), il vaut mieux ne pas se lancer dans la recension d'ouvrages trop éloignés de notre domaine. Cette rubrique (qui, paraît-il, est très lue), sert à orienter les éventuels achats de livres de nos lecteurs. Mon rêve – impossible – aurait été de rendre compte de *tous* les ouvrages d'économie-sociologie qui paraissent. Cela vient sans doute du fait que, auteur moi-même, j'ai désespérément scruté les notes de lecture des titres qui publiaient des recensions de livres d'économie pour y trouver mention des livres que je venais de publier. Je me souviens avoir écrit à Alfred Sauvy (qui tenait alors la rubrique « livres » une fois par mois dans *Le Monde*) parce qu'il n'avait consacré aucune de ses recensions aux livres que j'avais publiés. Pour un auteur, il n'y a rien de pire que d'écrire dans le désert… Mais, en même temps, il n'y a rien de plus désespérant pour un « critique » que de devoir lire des ouvrages (envoyés par les éditeurs ou les auteurs eux-mêmes) sans intérêt ou, pire, truffés d'erreurs, d'approximations ou de généralisations sans intérêt. C'est une punition, mais qui a du sens puisque le critique apporte une information au lecteur qui aurait peut-être été tenté d'acheter le livre en question. Ceci dit, ne nous faisons pas d'illusion : ce ne sont pas les critiques publiées qui font vendre ou ne pas vendre un livre : c'est bien davantage le bouche-à-oreille. Je peux me tromper, mais je pense que la recension d'un livre que je trouve excellent va engendrer au mieux quelques dizaines d'achats du livre en question.

Plus largement, j'ai toujours été réticent à l'idée d'ouvrir notre champ d'intérêt. La rubrique « histoire » a été imposée par Philippe, passant outre à mes réticences. Mais il avait raison, et je lis cette rubrique toujours avec intérêt. Faire la même chose avec la littérature ? Naïri Nahapétian, l'une de nos journalistes, en rêve (elle écrit des romans), mais je ne suis pas chaud. Il m'arrive de temps à autre, en feuilletant le nouveau numéro d'*Alternatives Économiques* que je viens de recevoir, de soupirer parce que le sommaire contient (à mes yeux) trop d'articles peu ou pas économiques. Mais je ne suis pas le rédacteur en chef et, comme tout le monde, je ne suis pas omniscient. Peut-être ouvrir le champ de nos curiosités serait-il bénéfique. Je n'en suis pas convaincu, mais je peux me tromper…

Quatrième partie
Denis Clerc sur tous les fronts

I - Un économiste attentif aux développements de sa discipline

Christophe : Grand lecteur, économiste par goût et par formation, tu as toujours cherché à connaître le mieux possible les travaux des plus grands chercheurs et auteurs de ta discipline. Parmi eux, il y a tous ceux qui ont reçu le prix Nobel, et ceux qui l'auraient mérité – ou le mériteraient, pour ceux qui vivent encore. Pourrions-nous parler de tes économistes de référence, à commencer par les nobelisés que tu considères comme les plus remarquables ?

Denis : Certains haussent les épaules à propos de ce faux « prix Nobel » décerné et financé par la Banque de Suède « en mémoire d'Alfred Nobel », même s'il est remis en même temps que les « vrais » prix Nobel. Ils dénoncent l'amalgame – ils ont raison –, et estiment que la sélection aboutit à couronner essentiellement des économistes *mainstream*, ce qui est vrai. Mais est-ce pour autant une raison de n'y prêter aucun intérêt ? Je ne le crois pas, pour une raison très simple : j'ai lu, je crois, tous les livres parus ou traduits en français des nobélisés d'économie[1], et j'y ai trouvé à chaque fois matière à réflexion, même lorsque les auteurs sont aux antipodes de mes convictions intellectuelles, comme Hayek ou Friedman. Désaccord ou critique ne doivent pas être synonymes de mépris ou de condamnation. Ce prix porte indûment le titre de « Nobel », mais le prestige de cette dénomination interdit de couronner des gens dont la communauté des économistes ne reconnaîtrait pas l'apport intellectuel. Dans les « prix Nobel », certains ont été couronnés parce qu'ils ont réussi une avancée intellectuelle majeure et d'autres parce qu'ils se sont intéressés à de nouveaux champs de recherche. C'est le cas, notamment, de Gary Becker[2] qui a appliqué les raisonnements

1 Je confesse cependant une exception : je n'ai rien lu de Maurice Allais, sauf quelques articles et interviews de lui.

2 Gary S. Becker a étendu le domaine de l'analyse micro-économique à un large spectre de comportements humains : foyer, crime et punition, discrimination au travail, etc.

et analyses prévalant en économie – les choix rationnels permettant de maximiser l'intérêt individuel – à des champs relevant jusqu'alors de la sociologie, comme le mariage, la famille ou les comportements criminels. Cette forme d'impérialisme – l'économie comme « science-reine » pouvant expliquer tous les comportements – me paraît très critiquable, et je lui préfère de beaucoup la démarche opposée, qui consiste à faire pénétrer dans l'économie des analyses relevant d'autres sciences sociales afin de mieux expliquer le réel, comme l'a fait Daniel Kahneman[1] avec la psychologie sociale. En outre, je reprends à mon compte ce qu'écrit Pierre Dockès : « Ceux qui estiment qu'il est possible d'avancer sur telle ligne hétérodoxe en ne prenant pas en compte les avancées mainstream se fourvoient. (…) Rien n'est pire que l'autisme et le sectarisme intellectuel[2]. » On peut évidemment contester les analyses des lauréats ou être profondément en désaccord avec eux, mais leur stature intellectuelle n'est pas contestable. Cela dit, les jurés penchent fortement du côté *mainstream*. Il est rare qu'ils récompensent un hétérodoxe. Par exemple, Joan Robinson ou Nicholas Kaldor n'ont jamais eu le prix. Et quand ils en couronnent un, ils s'arrangent pour que le prix soit partagé avec un économiste plus libéral : ce fut le cas en 1974, avec Gunnar Myrdal, un économiste suédois de tendance sociale-démocrate, qui fut couronné en même temps que Hayek. Ou en 2009, lorsque Oliver Williamson fut couronné pour équilibrer le choix de désigner Elinor Ostrom – la première femme qui a reçu ce prix pour avoir montré la capacité des acteurs à gérer des biens communs mieux que ne le ferait le marché. Le cas le plus flagrant fut, en 2013, l'attribution du prix à la fois à Eugène Fama et à Robert Shiller : le premier est le théoricien de l'efficience des marchés financiers, le second en est le critique le plus acéré. Et, encore plus récemment (2018), les jurés ont couronné conjointement William Nordhaus et Paul Romer. Le premier est incontestablement orthodoxe : pour lui, le changement climatique est en marche, mais c'est au marché d'y faire face. Le second, théoricien de la « croissance endogène », est semi-orthodoxe : s'il pense que l'État joue un rôle essentiel, c'est parce qu'il investit dans la formation et la recherche, deux domaines qui sont devenus le levier essentiel de la croissance économique. Aucun des deux ne remet la croissance en cause, même s'ils ne partagent pas les mêmes vues sur le rôle de l'État.

---

1 Daniel Kahneman a obtenu le prix pour ses travaux sur le jugement et la décision. Cf. *Thinking, fast and slow*, 2011, en français : *Système 1, système 2, les deux vitesses de la pensée*, coll. Champs, Flammarion, 2012 et 2016.

2 *Le capitalisme et ses rythmes*, tome II, p. 316, Classiques Garnier, 2019, p. 316.

Le « Nobel d'économie » a été créé en 1969. Mais avant cette date, d'autres économistes sont morts qui auraient largement mérité d'être couronnés. D'abord, Keynes, qui est, pour moi, le plus grand, et pas seulement du vingtième siècle. Il a révolutionné notre façon de comprendre l'économie, qu'il voyait comme un domaine certes important, mais pas au point d'y sacrifier les autres domaines : l'art, la culture, les relations sociales, la politique… Ce n'était pas seulement un économiste, c'était aussi – et surtout, à mes yeux – ce que l'on appelait un « honnête homme » à l'époque de la Renaissance : humaniste, curieux de tout et cultivé. Il suffit de lire ses *Perspectives économiques pour nos petits-enfants*[1], un texte de 1928, pour s'en convaincre. J'ai aussi beaucoup d'admiration pour Karl Polanyi, un historien et économiste hongrois, dont l'œuvre majeure – *La grande transformation* – écrite et publiée (en 1944) aux États-Unis où il enseignait, n'a été traduite en français qu'en 1983, presque vingt ans après sa mort (1964). À mes yeux, c'est un autre géant parce qu'il a montré que, jusqu'au milieu du XIXe siècle, le marché jouait certes un rôle dans la vie sociale, mais un rôle subordonné au politique et au social : il était « encastré », c'est-à-dire en association, ou sous la contrainte d'autres logiques non mercantiles. Avec l'essor du capitalisme, il s'est peu à peu « désencastré », pour devenir omnipotent, au point que, dans les sociétés contemporaines, il régule ou soumet à sa logique « la santé, l'éducation, le sport, l'art, la culture, la politique, la religion ou même les relations intimes[2] ». Ce qui, à ses yeux, est générateur non seulement de crises (analyse de Keynes), mais aussi de formes de déshumanisation et d'appauvrissement dans les relations sociales, qui ne relèvent plus de « l'être », mais seulement de « l'avoir ». Il nous faut donc non pas remplacer le marché, mais le remettre à sa place, le « ré-encastrer », de sorte que, selon ses termes, « les principales formes d'intégration dans l'économie des hommes [soient] la redistribution, la réciprocité et l'échange[3] ». De ce point de vue, les deux Karl (Marx et Polanyi) s'opposent : le premier veut éradiquer le capitalisme, le deuxième le remettre à sa place, qui est seconde. Dans ce combat (d'idées) entre les deux Karl, je penchais plutôt du côté du premier à la naissance d'*Alternatives Économiques*, je suis désormais complètement du côté du deuxième. Il me semble que notre tâche est de réencastrer

1 Reproduit dans le recueil de textes intitulé *La pauvreté dans l'abondance*, Gallimard, 2002.

2 Liste (non limitative) donnée par Marc Fleurbaey dans son *Manifeste pour le progrès social* (La Découverte, 2019), p. 186.

3 La subsistance de l'homme, la place de l'économie dans l'histoire et la société, traduit par Bernard Chavance, Flammarion, 2011, p. 78.

le marché au sein d'institutions travaillant pour la solidarité sociale. Et je constate avec satisfaction que c'est aussi le point de vue de nombreux économistes « hétérodoxes », comme – pour ne citer que deux noms – Thomas Piketty (à vrai dire, d'origine *mainstream*, mais de plus en plus hétérodoxe par ses thèses) et Michel Dévoluy[1] : le conflit n'est plus entre marché ou économie dirigée, mais entre ceux qui voient le marché comme régulateur omnipotent et ceux qui veulent en limiter le rôle.

Dans ce Panthéon personnel, je mettrais aussi John Stuart Mill, un économiste britannique du XIXe siècle dont les *Principes d'économie politique* (1848) ont connu un succès extraordinaire. C'était un économiste « classique », mais au libéralisme très tempéré, contrairement à son contemporain français, Jean-Baptiste Say. Il pensait que le marché, s'il doit régir les échanges, répartit de façon injuste les revenus : il était favorable au syndicalisme, dénonçait les inégalités, y compris celles de genre. C'était au fond un social-démocrate avant la lettre. Il a enterré l'école classique (ouverte un siècle plus tôt par Adam Smith), en reconnaissant que la « théorie du fonds des salaires[2] » qu'il avait défendue était erronée.

Mon quatrième « grand économiste » mort avant la création du Nobel est Charles Gide, l'oncle d'André Gide, qu'il avait élevé après la mort précoce des parents de ce dernier. Dans le monde plutôt médiocre des économistes français de l'époque, Charles Gide tranche. D'abord avec la publication (en 1884) de ses *Principes d'économie politique* (le même titre que le livre phare de Stuart Mill !), un manuel qui connaîtra 26 éditions successives en langue française (la dernière est de 1931, l'année précédant sa mort) et 19 éditions en langues étrangères. C'est un manuel, mais qui n'a rien à voir avec les publications très idéologiques des « économistes » de l'époque et pas davantage avec la plupart des manuels d'aujourd'hui truffés d'équations pour se prévaloir scientifiques. Il émerge aussi comme l'un des rares à connaître dans le détail la pensée économique, bien plus diversifiée et féconde que ne le croyaient les économistes libéraux d'alors : il publie en 1909, avec la collaboration de Charles Rist, une *Histoire des doctrines économiques depuis les Physiocrates jusqu'à nos jours*, un livre de plus de 700 pages qui connaîtra six éditions et demeure, encore aujourd'hui, un livre de référence. D'ailleurs,

1 Voir, de Michel Dévoluy, *L'économie une science « impossible »*, 2019, Vérone éditions, p. 232 et suivantes, et de Thomas Piketty, *Idéologie et capital*, 2019, Seuil, p. 548 à 551.

2 Analyse selon laquelle le salaire des travailleurs d'une entreprise dépend d'un fonds fixe constitué à l'avance : toute hausse des salaires aboutit donc mécaniquement à une réduction du nombre de travailleurs.

Schumpeter, autre fin connaisseur de la pensée économique, lui rend hommage dans son *Histoire de l'analyse économique* (1954). Mais surtout, Gide se fait l'apôtre de la coopération de consommation, dont il devient la tête pensante. Il possède l'art de la persuasion, à l'oral comme à l'écrit, et lire ses œuvres est toujours un plaisir. Sans être socialiste, son côté social dérange dans la profession, ce qui lui vaut des ennemis acharnés, comme Paul Leroy-Beaulieu, un libéral fanatique qui avait décidé d'éliminer le nom de Charles Gide des recensions ou articles que publiait le *Journal des économistes*, le grand journal libéral de l'époque, qu'il dirigeait. Infiniment plus ouvert, Charles Gide décida de créer une *Revue d'économie politique* (qui existe toujours), en précisant qu'elle sera ouverte à tous les économistes, dont elle publiera les textes sans exclusive, à condition qu'ils soient de qualité[1].

Ai-je des regrets de n'avoir pas vu certains économistes récompensés par le Nobel depuis qu'il existe ? Oui, bien sûr, et plus particulièrement, trois d'entre eux que j'aurais aimé voir couronnés. Car deux sont morts : Albert Hirschman et John Kenneth Galbraith. Hirschman était un homme d'exception, que je me flatte d'avoir connu personnellement. Voici un résumé de sa vie : né en Allemagne, il quitte son pays (et sa famille) pour fuir les persécutions antisémites, devient étudiant en France (HEC), rejoint sa sœur Ursula en Italie où elle a épousé Eugenio Colorni (le créateur du Mouvement fédéraliste européen en 1943 avant d'être assassiné par les fascistes en 1944)[2]. En 1936, Hirschman part en Espagne combattre aux côtés des Républicains puis revient en France. En 1940, il s'installe dans la « zone libre », à Marseille, où il participe activement à une filière d'évasion pour les étrangers susceptibles d'être extradés par Vichy en Allemagne, filière dont Hannah Arendt notamment a pu bénéficier. Titulaire d'une bourse de la Fondation Rockefeller, il part aux États-Unis peu avant que ces derniers entrent en guerre. Cela aurait déjà suffi à remplir un livre d'aventures. Mais l'essentiel restait à venir. En 1943, notre Hirschman demande la nationalité américaine, s'engage dans l'armée, participe à la campagne d'Italie, est affecté en France au contre-espionnage en raison de sa connaissance des langues (allemand, français, italien, espagnol et anglais). À la fin

1 « Celle-ci ne sera l'organe ni d'une personnalité ni d'une école. Elle sera ouverte librement à toutes les doctrines, elle accueillera également toutes les études sur la science sociale, à la seule condition que ces études soient inspirées uniquement par l'esprit scientifique. » *Notre programme*, *Revue d'économie politique*, n° 1, Paris, 1887, p. 2.

2 L'une des filles du couple, Eva, épousera en 1973 l'économiste indien Amartya Sen, prix Nobel (ce qui fait d'Hirschman l'oncle par alliance de Sen).

de la guerre, revenu aux États-Unis, il participe au Plan Marshall, puis à la création de l'Union européenne des Paiements (lointain ancêtre de l'actuelle Organisation de coopération et développement économiques – OCDE). La Banque mondiale cherchait un économiste hispanisant pour conseiller la Colombie : Hirschman y passe quatre ans, publie un livre (*Stratégie du développement économique*[1]) qui fait de lui à la fois un économiste du développement et un économiste hétérodoxe, puisqu'il défend la thèse que le « Nirvana » des économistes néoclassiques – l'équilibre général – est en fait un leurre : c'est par des situations de déséquilibre qu'un pays est amené à se développer, justement parce qu'il est alors contraint de faire feu de tout bois pour sortir de l'ornière. Une thèse qu'il développera ensuite par le biais de ce qu'il appelait « les conséquences inattendues » (par opposition aux « effets pervers » qui ne soulignent que les conséquences négatives d'une situation ou décision, jamais les cheminements positifs)[2]. De fait, toute son œuvre réside dans l'approfondissement de ces « conséquences inattendues », dont il deviendra le spécialiste et qu'il étendra au champ des sciences sociales tout entières avec *Les passions et les intérêts*[3] (1977), *Bonheur privé, action publique* (1982), *Deux siècles de rhétorique réactionnaire* (1991). Hirschman a su montrer que l'économie était un département des sciences sociales, alors que Gary Becker (et ce n'est hélas pas le seul) n'a cessé de vouloir faire de l'ensemble des sciences sociales un département de l'économie. Je retrouve cette tentation – qui est aussi une réduction considérable – sous la plume de nombreux économistes, pour lesquels le raisonnement utilitariste de l'économie – celui de l'intérêt et du calcul – peut (et doit) être étendu à toutes les sciences sociales. Voilà, je crois, ce qui distingue l'hétérodoxie de l'orthodoxie en économie : les orthodoxes ramènent tout à l'intérêt et l'économie est alors, à leurs yeux, la « science » qui permet de comprendre tous les comportements. Tandis que les hétérodoxes, s'ils prennent en compte l'intérêt et le calcul dans les raisonnements économiques, y intègrent d'autres leviers venus des sciences sociales – la démographie, la sociologie, l'histoire, l'anthropologie, l'éthique – qui comptent tout autant.

1 Hirschman A, *Stratégie du développement économique*, coll. « développement et civilisation », coll. Économie et Humanisme, Les éditions ouvrières, 1964.

2 Sans vouloir être prétentieux, je pense être une illustration de cette idée des « conséquences inattendues » : si je n'avais été expulsé de l'Université, je n'aurais jamais créé *Alternatives Économiques.*

3 La première édition de *The Passions and the Interests* a été publiée en 1977 par les presses universitaires de Princeton ; en français, *Les Passions et les intérêts*, PUF, 1980.

Je vais passer plus rapidement sur John Kenneth Galbraith, auteur d'un grand nombre d'essais, souvent axés sur sa vie. C'était un keynésien convaincu, qui maniait avec un art consommé l'humour sarcastique et qui, comme un romancier à succès, savait attacher son lecteur en lui contant une histoire (celle de la crise de 1929, par exemple), en décryptant les dessous et conséquences d'une politique économique (*L'économie en perspective*) ou en expliquant les vies et analyses des grands auteurs qui ont marqué l'économie (*Voyage dans le temps économique*). Par une formule choc et parfois féroce, il savait résumer en peu de mots ce que d'autres mettaient des heures à formuler. J'ai particulièrement apprécié la façon dont il raconte son recrutement en 1948 par une grande Université américaine (Harvard) : « Le vote fut unanime ce jour-là grâce à l'absence de Gottfried Haberler, l'un des nombreux Autrichiens de grande culture qui avaient émigré aux États-Unis dans les années trente avec la ferme résolution d'y défendre sans compromis l'Économie de la concurrence et du laissez-faire dont les échecs avaient provoqué sa disparition en Autriche et en Allemagne. Dans les décennies qui ont suivi la Seconde Guerre mondiale, la politique économique de l'Autriche a été un modèle de pragmatisme éclectique et fructueux ; nul doute qu'elle ait grandement bénéficié du départ de ces distingués universitaires pour les États-Unis… » Dans le même livre (*Une vie dans son siècle*, 1981, traduit en 2006), il rapporte ce que lui aurait dit le président Lyndon Johnson : « Vous ne vous êtes jamais dit, Ken, que faire un discours d'Économie, c'est vraiment comme se pisser sur la jambe ? Ça vous fait tout chaud ; mais vous êtes bien le seul. »

Évidemment, ce n'est pas avec ce genre de citation que l'on peut espérer être « nobélisé ». Mais en fait, Galbraith n'a jamais pensé l'être un jour, car il n'était ni chercheur, ni théoricien. Simplement un économiste livrant ses convictions à partir de ses expériences et de ses lectures. Certes, il a écrit trois livres d'analyse qui ont fait date : *L'ère de l'opulence*, sur la façon dont les services publics sont abandonnés au profit des services privés, *Le nouvel État industriel*, sur la surpuissance des grandes entreprises qui appelle des contre-pouvoirs malheureusement absents, *La science économique et l'intérêt général*, critique du marché tout puissant. Mais, bien que très fortement argumentés, ils étaient autant politiques qu'économiques. En outre, il écrivait remarquablement bien, ce qui n'est pas un atout pour les économistes qui dédaignent souvent sortir de leur tour d'ivoire intellectuelle. Ce talent, en tout cas, n'entrait pas dans les critères de sélection du jury de la Banque de Suède. Peut-être est-ce pour cela que l'économie a cette réputation de « science lugubre ».

Le troisième est encore vivant, et je le place dans ma liste de regrets même s'il peut encore, théoriquement, être récompensé : Michel Aglietta. C'est un économiste brillant, qui souligne l'importance d'une régulation, notamment dans la finance. Il explique par quels mécanismes monétaires ou financiers naissent et se développent les crises dont le capitalisme est coutumier parce qu'il fait trop confiance au marché. Ses livres sont évidemment plus difficiles d'accès que ceux de Galbraith ou de Hirschman, mais pas toujours : je pense en particulier à son petit livre *La crise* (Michalon, 2010) dans lequel il explique de façon lumineuse la crise de 2008. Avec Robert Boyer, il est à l'origine du courant de pensée hétérodoxe « école de la régulation ».

À ceux-là, j'ajouterai des auteurs pour qui j'ai de l'admiration, de la reconnaissance ou simplement de l'intérêt : d'abord, Joan Robinson qui fut proche de Keynes sans jamais perdre sa capacité critique[1]. Galbraith raconte (dans *Une vie dans son siècle*) que, lui rendant une visite au début des années 1950, « après un long éloignement du monde universitaire, je lui demandai de me nommer les bons économistes de la jeune génération présents à l'université. Elle prit un air sévère – ce qui dans son cas n'était pas un vain mot – avant de me répondre : « Mon cher Ken, nous sommes la dernière bonne génération. » De fait, Joan Robinson avait des raisons de ruminer une certaine amertume : femme, elle ne pouvait accéder à une chaire à Cambridge, où elle enseignait. Économiste marxo-keynésienne, elle était snobée à la fois par les keynésiens qui s'étaient, en grande majorité, engouffrés dans la voie de la « synthèse » avec les économistes néoclassiques, et par les marxistes « pur jus » qui la trouvaient trop révisionniste (Staline n'était pas mort, alors). C'était pourtant une grande économiste : publié en 1933, son livre sur la « concurrence imparfaite » est toujours d'actualité.

Je suis un peu plus réservé sur Nicholas Kaldor, un économiste d'origine hongroise, mais naturalisé britannique (et qui est devenu « Lord Kaldor » à la fin de sa vie, en 1974). Comme Joan Robinson, il a été l'un des fondateurs du courant de pensée que l'on nomme aujourd'hui *post-keynésien*, parce que ceux qui s'y rattachent estiment qu'ils sont les seuls à défendre le caractère très radical de la pensée keynésienne. Pourtant, dans la première partie de

1 Amartya Sen, qui fut son étudiant, la décrit comme « extrêmement brillante, mais vigoureusement intolérante ». Meeks G., of On Sen on the Capability Capabilities, in *New Frontiers of the Capability of Capabilities*, Comim F et alii (dir), Cambridge University Press, 2018, p. 15.

sa vie professionnelle (les années 1930), Kaldor, remarqué par Hayek qui était l'un de ses professeurs, s'est inscrit dans la lignée idéologique de celui-ci. Mais, un peu comme Claudel, incroyant touché par la grâce divine en assistant à une célébration à Notre-Dame de Paris, Kaldor tourne casaque en assistant à une séance du séminaire du *Keynes'Circus*[1] à Cambridge, et devient keynésien, avec la radicalité du converti, notamment en rompant avec Hayek, dont il avait traduit certains des livres. Il a eu une influence importante sur les politiques économiques des gouvernements travaillistes dans les années 1960, et a été aux premiers avant-postes pour dénoncer le monétarisme dans les années 1970. Il a popularisé sous une forme condensée une analyse de Michal Kalecki : « Les travailleurs dépensent ce qu'ils gagnent, les capitalistes gagnent ce qu'ils dépensent. » Ce qui signifie en bon français que ce que ces derniers consacrent à investir, ils le récupèrent en profits. Vraie en macroéconomie, cette formule ramassée (reprise par les *post-keynésiens*) ne l'est pas toujours en microéconomie, car l'investissement est aussi une prise de risque. Ce type d'affirmations, assénées sans nuance, a sans doute contribué à ce qu'il ne soit pas retenu par le jury de la Banque de Suède.

Il faut dire aussi que, dans les années 1970, les keynésiens ont souffert sous les attaques de Friedman. Leur camp a subi de nombreuses défections et la majorité des économistes a alors abandonné le keynésianisme pour le monétarisme ou des courants encore plus libéraux, comme la nouvelle économie classique (animée par Robert Lucas, et comprenant une bonne douzaine d'autres chercheurs « nobélisés »). C'est la période où *Alter Eco* est née et a grandi. Il y avait un côté « Fort-Alamo » chez les keynésiens, assiégés de toutes parts. Lucas, férocement, enfonçait le clou dans un article de 1980 : « Dans les séminaires de recherche, la théorisation keynésienne n'était plus prise au sérieux, l'assistance se mettait à bavarder et à rire. » Mais ils n'ont pas disparu pour autant : leur salut est venu de la microéconomie (d'où le qualificatif qui souvent les désigne : néo-keynésiens), en mettant en avant que les marchés, en réalité, ne se comportent pas comme le postulent les libéraux. Quand il y a un déséquilibre entre offre et demande, il peut subsister, au lieu d'être résorbé par le mouvement des prix comme le pensent les libéraux. Ils retrouvent en quelque sorte l'intuition centrale de Joan Robinson, mais

1 Le *Keynes' Circus* était un cercle de cinq jeunes économistes proches de Keynes : Richard Kahn, James Meade, Joan et Austin Robinson et Piero Sraffa. Formé en octobre 1930, à l'initiative de Sraffa, lors de la publication du *Traité sur la monnaie*, le groupe se réunissait autour de Keynes pour débattre de cet ouvrage. Il organisa aussi un séminaire ouvert à quelques étudiants en 1930-31. Michal Kalecki (cité plus loin) travaillera beaucoup avec les membres du *Circus*, notamment Sraffa.

d'une autre manière, avec ce qu'on appelle les « asymétries d'information » ou les « défaillances de marché ». Ces approches montrent que les marchés peuvent être générateurs de chômage (Edmond Malinvaud[1]), d'inégalités salariales (Stiglitz), de dysfonctionnements majeurs (Akerlof), de sélectivité d'embauches (Spence), de bulles spéculatives (Shiller)[2]. Ce qui produit des formes plus ou moins marquées d'inefficacité macroéconomique (chômage, inflation, moindre croissance), légitimant des interventions publiques.

Ces approches novatrices ont redynamisé le courant keynésien un peu comme la cavalerie sauve la caravane encerclée par les Indiens dans les films de John Ford. Robert Hall, un économiste américain, les a qualifiées de « poissons d'eau de mer » (Universités de Californie, au bord du Pacifique : Berkeley, Los Angeles, Stanford), par opposition aux « poissons d'eau douce » (Université de Chicago, sur le lac Michigan). Mais le facteur essentiel du retour des keynésiens sur la scène intellectuelle tient à la crise de 2008, laquelle a révélé les drames auxquels pouvait conduire la croyance en un marché financier autorégulateur. Ainsi, Paul Krugman (« nobélisé » en 2008) s'est retrouvé une ardeur keynésienne qu'on ne lui connaissait guère auparavant, allant jusqu'à reprendre les thèses de Minsky (un *post-keynésien* mort en 1996) sur l'instabilité foncière des marchés financiers. Un retour cependant bien fade et insuffisant aux yeux des *post-keynésiens*, parmi lesquels le fils de Galbraith, James, mais aussi Steve Keen, un des rares économistes qui avait annoncé l'imminence de la crise. Son livre remarquable *L'imposture économique* (traduit en 2014) a eu le don d'irriter profondément Pierre Cahuc, qui le classe parmi les « négationnistes de l'économie ».

Ma liste des économistes qui m'ont nourri et que j'admire n'est pas encore terminée. J'ai déjà dit deux mots d'Elinor Ostrom (« nobélisée » en 2009 et décédée en 2012) dont le livre (*Gouvernance des biens communs*, traduit en 2010) répond à un célèbre article de Garrett Hardin, *La tragédie des communs*, publié en 1968. Dans cet article, l'auteur avançait que si un bien source de richesse (un champ, par exemple) n'avait pas de propriétaire susceptible de l'entretenir, ce bien allait forcément être surexploité par tous ceux qui profiteraient de l'occasion jusqu'à tarir la source de richesse. La seule solution était donc qu'il devienne bien privé, sous la garde d'un pro-

1 Edmond Malinvaud a été directeur général de l'Insee. Mort en 2015, il récuserait sans doute l'étiquette de « keynésien » : pour lui, le choix entre politiques keynésiennes ou néoclassiques dépend de la nature des déséquilibres constatés sur le marché (celui du travail notamment). Cette approche, qu'il a développée avec Jean-Pascal Bénassy, est appelée « théorie du déséquilibre »

2 Tous ces auteurs ont été « nobélisés », les trois premiers en 2001, le dernier en 2013.

priétaire. Elinor Ostrom a montré qu'il existait énormément d'exemples de communs gérés par des « usufruitiers » qui se donnent des règles collectives pour empêcher la « tragédie » de la surexploitation. Certes, cela nécessite des efforts, des sanctions pour les tricheurs, mais c'est possible à certaines conditions que l'auteure analyse finement. Elinor Ostrom a permis aux économistes et aux écologistes de travailler ensemble au lieu de se disputer.

Je ne voudrais pas oublier non plus quatre économistes français contemporains qui m'ont beaucoup apporté : Thomas Piketty, dont le *Capitalisme au XXIe siècle* est un grand livre, développant une analyse très convaincante des raisons et des risques de l'accumulation de l'essentiel des patrimoines entre les mains d'un petit nombre, dont la richesse progresse de façon exponentielle. Ensuite, André Orléan, proche intellectuellement d'Aglietta[1], qui a élaboré une analyse du fonctionnement des marchés financiers (en particulier du rôle des effets mimétiques en situation d'incertitude) qui permet de comprendre la formation des bulles spéculatives (et la nécessité d'une régulation forte). Entre parenthèses, Orléan fait également partie de la liste des « négationnistes économiques » de Cahuc. Dans ma liste toujours, figure Pierre-Noël Giraud, un spécialiste de la mondialisation. Il analyse cette dernière en distinguant, sur un territoire donné, les entreprises et les travailleurs « nomades » et « sédentaires » et en examinant les interrelations existant entre ces ensembles. C'est novateur et éclairant. Enfin, je termine par Jean Pisani-Ferry, un ami qui a été très présent lors des premières années d'*Alternatives Économiques* et dont la spécialité est l'analyse des politiques économiques, au sens large du terme. C'est d'ailleurs dans la collection *Alternatives Économiques* chez Syros qu'il a publié un de ses premiers livres, *L'épreuve américaine,* qui portait sur la politique économique de Reagan aux États-Unis.

Marc : Il écrit beaucoup sur des questions d'actualité. A-t-il publié une œuvre plus large, plus théorique ?

Denis : Oui, en collaboration avec Agnès Bénassy-Quéré, Benoît Cœuré et Pierre Jacquet, il a écrit un remarquable manuel de politique économique[2], au sens universitaire du terme : quels sont les bons leviers pour réduire le chômage et stimuler la croissance sans verser dans l'inflation.

1 Ils ont corédigé *La Violence de la monnaie*, PUF, 1982, et *La Monnaie : entre violence et confiance*, Odile Jacob, 2002, et codirigé *Souveraineté, légitimité de la monnaie,* LGDJ / Montchrestien, 1995 et *La Monnaie souveraine*, Odile Jacob, 1998.

2 Bénassy-Quéré A, Cœuré B, Jacquet P & Pisani-Ferry J, *Politique économique*, De Boeck, 2017 (4e édition).

Il a aussi créé l'institut Bruegel, totalement dédié à la coordination de la politique économique des pays de l'Union européenne. Il est vraiment le spécialiste de ce domaine. Il est plutôt keynésien de la synthèse, mais il n'utilise jamais les termes « keynésien » ou « néo-classique ». Il pense que la politique économique est comparable à la direction de chœur, pas à l'écriture d'une symphonie : le politique écrit la partition (fixe les objectifs), la politique économique harmonise les voix (met en œuvre les moyens pour atteindre ces objectifs sans couac). Il y faut à la fois de la délicatesse et une bonne connaissance des instruments et des voix. Un rapport sur l'emploi lui avait été demandé en 2000. La mission était délicate : il était impossible de ne pas choisir entre les néo-classiques, qui préconisaient la flexibilité, et les keynésiens, tenants d'une hausse des salaires. Ce qu'il a fait était entre les deux, et son rapport soulignait pour la première fois le caractère essentiel de la formation et de l'accompagnement des chômeurs. C'est peut-être cette tentation pour « l'entre-deux » qui l'a incité à coordonner le programme économique d'Emmanuel Macron lors des élections présidentielles de 2017.

Christophe : Tu n'as pas cité Esther Duflo.

Denis : Il y en a beaucoup d'autres que je n'ai pas cités, bien que j'aie une dette à leur égard parce qu'ils m'ont appris bien des choses, comme Daniel Cohen à la curiosité toujours en éveil, Gaël Giraud, qui plaide pour rompre avec le capitalisme financiarisé, ou Laurent Davezies, qui a réussi à marier géographie et économie. Ou Tony Atkinson, le spécialiste incontesté des inégalités qui nous a quittés il y a peu. Ou… Quant à Esther Duflo, qui vient de recevoir le prix de la Banque de Suède, je suis partagé. Voilà une chercheuse qui va sur le terrain, qui repère les maux dont souffrent, dans les pays pauvres, les populations les plus déshéritées qui se débattent dans la misère, analyse les « pièges à pauvreté », et teste l'efficacité de tel ou tel dispositif destiné à leur permettre d'en sortir grâce à une amélioration de leurs conditions de vie. Elle utilise pour cela des méthodes issues du monde médical : la « randomisation » ou sélection aléatoire de groupes tests (bénéficiaires de la mesure) et de groupes témoins (non bénéficiaires). Ses terrains expérimentaux sont nombreux : sous-nutrition, santé publique, lutte contre la corruption, micro-crédit, scolarisation. Les deux petits livres qu'elle a publiés dans la foulée de ses leçons au Collège de France[1], tout comme ceux

1 Sa leçon inaugurale du 8 janvier 2009 : *Expérience, science et lutte contre la pauvreté*, a été publiée par le Collège de France, et son cours est repris dans les deux volumes de *Lutter contre la pauvreté* : (I)

qu'elle a co-écrits avec son conjoint[1], sont très éclairants et soutiennent la thèse, illustrée par de nombreux exemples, que le développement est à portée de main, dès lors que les populations misérables constatent qu'elles peuvent améliorer leur sort dans tel ou tel domaine. Cela permet de rompre avec le fatalisme ou, comme le soulignait Galbraith (qu'elle ne cite jamais) dans *Théorie de la pauvreté de masse* (Gallimard, 1980), de briser le cercle vicieux de ce qu'il appelait « l'accommodement » (je me résigne à supporter ma situation faute de pouvoir la changer). Si j'ajoute qu'Esther Duflo est une collègue (elle est agrégée de sciences sociales, comme moi, mais, contrairement à moi, elle a soutenu – brillamment – une thèse de doctorat et enseigne au MIT) et qu'elle a reçu le prix Albert Hirschman, je devrais être un fan !

Tout en reconnaissant que son approche *bottom up* (par le bas) est opérationnelle (les plus pauvres vivent mieux) et innovante, ma conviction est que les obstacles au développement proviennent surtout de trois fléaux macrosociaux : la mauvaise gouvernance (l'État enrichit ceux qui le captent à leur profit), les guerres civiles (à finalités religieuses ou ethniques), et l'insuffisance de moyens financiers (pour mettre en place des services publics de santé et d'éducation, et construire les infrastructures indispensables). Le Cameroun, par exemple, a failli amorcer il y a une vingtaine d'années un développement à l'asiatique, à partir du textile. Mais comment faire tourner les machines quand l'électricité est coupée aléatoirement quasiment tous les jours faute de capacités de production, que la guerre civile menace entre les anglophones et les francophones ou entre les islamistes et les autres, et quand le pouvoir en place utilise le peu de moyens du pays pour se protéger et s'enrichir ? Sans doute, suis-je trop « traditionnel », mais j'ai tendance à penser que le volet *bottom up*, bien qu'il améliore la vie des pauvres et libère leurs capacités, échoue s'il ne s'inscrit pas en même temps dans un volet *top down* (par le haut). « Renverser la table » au bénéfice des pauvres est important, mais cela ne suffit pas à lever les freins au développement. Ou, dit autrement, l'approche micro est importante, mais elle ne peut se passer de l'approche macro, car elle devient inefficace sans celle-ci. L'économie du développement ne peut pas se réduire à la seule micro-économie[2].

Le développement humain, et (II) *La politique de l'autonomie*, collection *La Vie des idées*, Seuil, 2010.

1 Duflo E. et Abhijit V. Banerjee, : *Repenser la pauvreté*, Seuil, 2012 ainsi que *Économie utile pour des temps difficiles* (Seuil 2020), un livre très critique sur les politiques sociales et fiscales des États-Unis.

2 Ce que reconnaît Esther Duflo, qui évoque brièvement la corruption et la mauvaise gouvernance à la dernière page de *La politique de l'autonomie.*

À l'inverse, la micro-économie ne doit pas non plus être méprisée ou oubliée. J'y ai fait allusion à propos des « néo-keynésiens » (notamment Stiglitz, Akerlof ou Shiller) et de leurs analyses des marchés où les asymétries d'information sont génératrices de dysfonctionnements majeurs pour la société tout entière. De même, toujours à partir de ce qu'on appelle désormais l'économie comportementale, Daniel Kahneman et Richard Thaler[1] montrent que la rationalité supposée de l'*homo œconomicus* est souvent mise en défaut, que l'homme n'est pas le calculateur que nous dépeint la théorie néo-classique. Les cinq économistes que je viens de nommer ont d'ailleurs tous été « nobélisés ». Certes, cela n'implique pas que la théorie économique dominante soit abandonnée : deux économistes américains, Camerer et Loewenstein écrivaient en 2004 – d'une manière assez juste, me semble-t-il – que « la plupart des articles de [l'économie comportementale] modifient une ou deux hypothèses de la théorie standard dans le sens d'un plus grand réalisme »[2]. Autrement dit, il ne s'agit pas d'une révolution, mais d'un infléchissement partiel de l'approche économique dominante. Il n'empêche : c'est un premier pas vers une meilleure prise en compte du réel dans la théorie économique.

Christophe : Tu n'as pas non plus cité Amartya Sen.

Denis : C'est vrai et j'aurais dû le citer, mais il a reçu le prix moins pour ses travaux sur la justice sociale ou le développement que pour ceux sur l'économie du bien-être et le choix social. Ce terme désigne la façon dont il est possible de parvenir à ce que les préférences individuelles aboutissent à des situations collectives améliorant la situation de tous. Il s'agit d'un domaine important pour la démocratie : puisque les préférences individuelles sont très diverses, le « choix social » doit-il conforter ceux qui rouspètent le plus fort, ceux qui sont les plus nombreux, ceux qui sont les plus malheureux, etc. ? Exploré initialement par Condorcet, et approfondi, plus d'un siècle et demi plus tard, par Kenneth Arrow, il s'est conclu par ce qu'on appelle habituellement « le théorème d'impossibilité d'Arrow » : aucun choix social rationnel ne peut sortir de l'agrégation des préférences individuelles. Sen a contesté cette conclusion, et il a été nobélisé pour cela. Cette réflexion sur le choix social l'a amené à forger le terme « capabilité », associant « capacité » et

1 Richard Thaler est un pionnier de l'économie comportementale. Son livre le plus célèbre : Thaler R et Sunstein C., *Nudge*, Vuibert, 2010.

2 Cité par Michaël Lainé, « Esprits animaux et habitus », *Cahiers d'économie politique*, 2014/1, accessible sur le site Cairn.

« possibilité » : reconnaître à quelqu'un le droit de choisir librement son mode de vie (capacité) ne sert à rien s'il n'a pas la possibilité d'y parvenir. Dit autrement, la liberté de chacun implique qu'il dispose des moyens pour la mettre en œuvre. Issu d'un pays pauvre (l'Inde avant l'indépendance et la partition de 1947), Sen met l'accent sur l'accès à la formation, la nourriture, la liberté, la démocratie et ce que Rawls appelle les « biens premiers », ceux sans lesquels les droits humains sont bafoués. Dans nombre de ses livres (notamment dans *Un nouveau modèle économique,* 1999), il avance que la famine est moins la conséquence de mauvaises récoltes que de « la distance cultivée par les gouvernants à l'égard de ceux qu'ils gouvernent », ce qu'il illustre par le cas de la famine chinoise de 1959-1961 qui fit au moins 30 millions de victimes, comparée à celle du Bengale en 1974 qui en fit 1000 fois moins, la presse et les associations ayant fait leur travail d'information et amenant ainsi les autorités à agir. Cette partie de ses analyses est passionnante, tandis que ce qu'il a publié avant d'être « nobélisé » est bien plus technique et ardu. Comme si le Nobel l'avait délivré du carcan de la théorie économique du choix social. Au passage, il me semble que Sen est la seule personne à avoir occupé à la fois deux chaires, économie et philosophie à Harvard. Dans un livre récent (*Manifeste pour le progrès social*), Marc Fleurbaey et ses co-auteurs écrivent, à propos de cette dimension éthique de la pensée de Sen, « il faut aujourd'hui adjoindre d'une façon ou d'une autre les idées de John Rawls et d'Amartya Sen à celles de John Maynard Keynes ». Ils ont raison : marier l'éthique, le social et l'économie (j'ajouterais volontiers l'environnemental) devrait être la tâche essentielle des chercheurs d'aujourd'hui. C'est sans doute dans ces rapprochements et interactions que la recherche économique peut apporter le plus à la société tout entière, plutôt qu'en se battant sur la source de la valeur (le travail ou l'utilité ?), ou, pire, en dénonçant comme soi-disant négationnistes ceux dont on ne partage pas les idées.

Christophe : il y a un économiste dont nous n'avons pas parlé, alors qu'il a eu de l'importance, en tout cas en France : François Perroux.

Denis : J'ai mentionné Perroux rapidement, au passage, en rappelant qu'il a longtemps été considéré comme le seul nobélisable français. C'est dire, en creux, que la pensée économique française était alors assez peu féconde et novatrice. Seul Perroux avait une pensée dont une école aurait pu jaillir. Ses analyses étaient centrées sur les relations de pouvoir : celui de l'État sur la monnaie et le fonctionnement de l'économie, celui des pays riches sur les pays pauvres, des grandes entreprises sur les autres, des États-Unis sur les pays occidentaux (que dirait-il de la situation actuelle, où les États-Unis interdisent au monde entier ou presque d'importer du pétrole iranien et punissent les contrevenants même étrangers ?), etc. Son grand mot était « dominant » ou « domination », ce qui allait à l'encontre de l'approche économique traditionnelle où, du fait du marché, les relations de pouvoir et de domination sont censées être peu présentes, alors qu'elles sont masquées. Perroux lançait ses idées comme des fusées de détresse : tout le monde les remarquait mais personne ne se précipitait. C'était trop compliqué, ou à une échelle mondiale décourageante. Il n'a pas fait école. Après sa mort (en 1987), il a disparu de la scène et personne ne parle plus de lui. Il a pourtant écrit des livres qui m'ont marqué : d'une part son *Que sais-je ?* sur *Le capitalisme* (1947)[1], dont la première phrase est « Capitalisme est un mot de combat », d'autre part *Économie et société* (1960), un titre fourre-tout que le sous-titre éclaire : *Contrainte, échange, don*, preuve qu'il embrassait dans son « économie » bien d'autres réalités que celle du marché et de la production. Enfin, sa Préface au volume I des *Œuvres* de Marx dans la collection de La Pléiade est remarquable, même si c'est écrit dans une langue souvent ampoulée, à la Perroux. Je citais plus haut la première phrase de son *Capitalisme*. Voici un extrait de la dernière phrase de sa Préface : « [Chez Marx] La production de l'homme par l'homme grâce à l'objet (…) ne laisse pas oublier la création de l'homme par l'homme par la parole et dans l'action (…). » C'est beau comme l'antique, non ? mais difficile à comprendre du premier coup. Perroux tout craché.

1 L'éditeur a fait appel successivement à deux autres auteurs pour les éditions de ce livre sous le même titre et le même numéro de collection (315) à partir de 1977 : Alain Cotta puis, plus récemment (2001) Claude Jessua.

2 - Un économiste au service de la maîtrise de l'énergie

Christophe : Pourrions-nous parler un peu de ton parcours personnel au début des années 1980 ? En 1983 tu entres à l'AFME (Agence française de la maîtrise de l'énergie), dont Michel Rolant est le président. Tu abandonnes alors l'enseignement ?

Denis : J'ai effectivement été recruté par l'AFME en janvier 1983 et j'ai abandonné l'enseignement… sans même terminer l'année scolaire… L'habitude est que, lorsqu'un fonctionnaire passe de la Fonction publique à une entreprise ou agence, le nouvel employeur l'augmente, pour compenser à la fois les prélèvements plus importants sur le salaire brut et les conditions de travail en général plus exigeantes. L'AFME m'a donc accordé un salaire brut supérieur de 30 % au traitement que je percevais avant, une hausse que j'ai vite convertie en réduction du temps de travail, en demandant à travailler à quatre cinquièmes de temps. Ce qui me permettait de consacrer une journée par semaine à l'équipe parisienne d'*Alternatives Économiques,* installée dans des locaux qu'une association nous louait, pas très cher.

Christophe : Que faisais-tu à l'AFME ?

Denis : J'avais été recruté par Arthur Riedacker, un spécialiste de l'énergie bois que j'avais connu lorsque je m'occupais de *Germinal.* Il cherchait des économistes intéressés par les questions énergétiques et il savait que j'avais participé à un « projet Alter Bourgogne » sur la capacité de cette région à se passer de l'électricité nucléaire. Dans un premier temps, j'ai été affecté à l'équipe de chercheurs que dirigeait Jean-Charles Hourcade, un économiste de l'énergie, qui poursuivra par la suite ses travaux comme directeur du CIRED (Centre international de recherche sur l'environnement et le développement). Mais, peu familier de la recherche, j'ai rejoint le service économique de l'AFME, sous la houlette d'Yvon Le Vaillant, puis de Michel Labrousse.

En fait, à l'AFME, notre but n'était pas la sauvegarde de la planète, comme c'est le cas de la plupart des organismes de recherche environnementaux actuels. « Maîtriser l'énergie », en clair, signifiait en utiliser moins sans réduire pour autant notre niveau de vie. Mais, derrière cet objectif, il s'agissait de limiter, voire de remplacer, l'énergie nucléaire. Michel Rolant, ex-numéro 2 de la CFDT, présidait l'AFME et il avait recruté des scientifiques de haute volée, avec lesquels il avait travaillé à la CFDT, très réservée alors sur le nucléaire : Benjamin Dessus, Bernard Laponche, Théo Leray, Philippe Chartier, Michel Crémieux. Leur point commun était que l'économie française pouvait faire de la réduction des consommations d'énergie un avantage compétitif en l'utilisant de façon aussi efficace que possible et en recourant à des sources d'énergie renouvelable, plutôt qu'à l'énergie nucléaire, dans laquelle on avait trop investi et dont les coûts « annexes » (déchets radioactifs et démantèlement à venir) allaient devenir prohibitifs. Ils avaient raison, mais 30 ans trop tôt. Les prévisions de consommation d'électricité en 2000 selon EDF en 1985 se sont en fait révélées après coup très fortement surestimées (30 % supérieures aux consommations constatées). L'ADEME poursuit aujourd'hui les mêmes objectifs de maîtrise de l'énergie, avec une finalité plus environnementale.

Christophe : Combien de temps resteras-tu à l'AFME ?

Denis : J'y suis resté jusqu'en septembre 1986. La cohabitation politique entre Jacques Chirac, Premier ministre, et François Mitterrand, a commencé en mars 1986, et la tension a monté entre le gouvernement et l'AFME. Les dirigeants de l'Agence étaient dans le collimateur des ministres de tutelle. J'ai vite compris que cette position ne tiendrait pas longtemps et j'ai préparé mon départ. L'ENSBANA (École nationale supérieure de biologie appliquée à la nutrition et à l'alimentation, appartenant à l'université de Bourgogne) avait besoin d'un professeur d'économie. En juillet je suis allé voir la directrice, qui était prête à me recruter à condition que j'assure la rentrée 1986-87. J'ai donc abandonné le navire AFME dans la tempête, persuadé que l'épisode se terminerait mal, par des licenciements et des démissions. Ce qui s'est effectivement passé quelques mois après : Michel Rolant n'a pas été renouvelé à la Présidence, la plupart des cadres dirigeants ont alors démissionné (juillet 1987), tandis que les dotations de l'État étaient fortement amputées.

Christophe : Tu reprends donc ton activité d'enseignant ?

Denis : Oui, je la reprends à temps plein : en tant que PRAG (professeur agrégé du secondaire affecté à un établissement de l'enseignement supérieur), j'enseignais 12 heures par semaine.

Christophe : C'est à ce moment que tu envisages de faire une thèse sur travaux ?

Denis : J'avais pris contact en 1985 ou 1986 avec Gérard Destanne de Bernis, qui était d'accord. Je pensais naïvement que les travaux en question pouvaient être les nombreux articles que j'avais publiés dans *Témoignage chrétien*, *Alternatives Économiques* et quelques autres journaux et revues. En fait, il fallait faire une thèse « secondaire » rassemblant tous les travaux réalisés, avec un fil directeur. J'ai abandonné l'idée.

3 - ÉCRIRE ET PUBLIER DES LIVRES POUR EXPLIQUER CLAIREMENT L'ÉCONOMIE

- Denis Clerc auteur

Christophe : À côté des articles, tu développes ta production de livres.

Denis : J'ai écrit en 1981-82 *Déchiffrer l'économie*. Le manuscrit a été remis aux éditeurs fin 1982. Il s'en est vendu près de 160 000 exemplaires depuis 1982, et la 19e édition, assez profondément remaniée, vient de paraître.

Marc : Tu écris régulièrement des articles et des notes de lecture pour Alternatives Économiques *et* Témoignage chrétien, *occasionnellement pour diverses revues, de l'*Économie politique *à* Économie et Humanisme *en passant par* Esprit, Non-fiction *et bien d'autres. Qu'est-ce qui te pousse à changer de dimension, à quel moment décides-tu d'écrire un livre ?*

Denis : Je mets à part les recensions de livres : il suffit d'avoir lu le livre avec attention pour que sautent aux yeux les apports, les nouveautés, la qualité de l'exposition, mais aussi les manques, les erreurs, l'insuffisance des analyses. La recension consiste alors à résumer le livre en pointant ses qualités et éventuellement ses défauts. La seule difficulté est de bien en rendre compte, ce qui n'est pas possible si la lecture n'a pas été sérieuse, ou, *a fortiori,* si elle s'est réduite à quelques pages, voire à la quatrième de couverture. Cela m'est parfois arrivé, hélas, et c'est trop courant dans la presse, car lire un livre prend du temps (un minimum de deux jours en ce qui me concerne, et généralement bien davantage). En revanche, rédiger un livre ou un article ne pose pas les mêmes problèmes : on a quelque chose à dire, souvent issu d'autres lectures, toujours de réflexions ou d'analyses personnelles. L'article vous contraint dans la longueur : tant de signes ou de pages, pas plus. On ne peut donc pas s'étaler, ce qui implique d'aller droit au but, et d'entrer dans le vif du sujet. En revanche, le livre permet d'embrasser un sujet plus large, plus complexe, et d'aller plus loin dans l'analyse et la réflexion. Dans les sciences sociales, le bon livre est celui qui apporte quelque chose au lecteur et lui permet de sortir de sa lecture en ayant appris ou compris des choses qu'il ne maîtrisait pas auparavant. Le risque est de trop s'étaler, de ne rien apporter d'original ou de s'égarer dans des hors sujets sans intérêt. On constate aujourd'hui les ravages occasionnés dans les années 1970-1980 par la logorrhée marxisante ou sociologisante, qui a découragé une génération d'étudiants de lire des livres de sciences sociales. Aujourd'hui, c'est plutôt le temps passé sur Internet et les smartphones qui nuit à la lecture. C'est pourquoi je plaide pour des livres aussi accessibles que possible, dont la lecture ne soit pas un fardeau, mais permette de comprendre la société dans laquelle on vit. Des livres sur l'économie ou le social, j'en ai écrit une vingtaine. Mais ils sont d'une qualité très inégale. Avec le recul, seuls quatre me semblent dignes d'être signalés, les autres étant des livres de circonstance sans grand intérêt.

Le premier date de 1974. Il s'agit de *La monnaie* (1974), aux éditions Universitaires que dirigeait Jean-Pierre Delage. Je l'ai écrit à l'incitation de Gilbert Mathieu, alors chef du service économique du *Monde*. Nous avions fait connaissance par le biais d'un ami commun et nous avions des points communs : une même passion pour l'économie, adhérents du PSU et collaborateurs de *Témoignage Chrétien*. Je l'admirais beaucoup pour sa précision et son art pour débusquer les erreurs, contradictions, voire filouteries dissimulées dans les chiffres que présentait le ministre des Finances en exercice lors des conférences de presse sur le budget de l'État ou les prévisions de croissance ou d'inflation. Bien évidemment, je comptais sur son avis quand est sorti le premier numéro d'*Alternatives Économiques*, mais j'ai appris sa mort le 2 décembre 1980.

Gilbert Mathieu avait créé au sein des éditions Universitaires la collection « Citoyens » où il avait publié *Vocabulaire de l'économie* et c'est pour alimenter cette collection (dont il me confiera plus tard la direction, en 1978, pour des raisons de santé) qu'il m'avait sollicité. C'est ainsi que parut *La monnaie* (en 1974). Un thème que j'avais choisi parce que j'étais irrité de voir à quel point les questions monétaires étaient difficiles à comprendre et posaient problème à beaucoup de gens. Par exemple, les utopistes avaient trouvé dans la monnaie le moyen d'éradiquer la pauvreté, supprimer le chômage et construire une société idéale. Jacques Duboin[1] avait marqué de nombreux cercles d'inspiration proudhonienne, qui mythifiaient la monnaie, la considérant soit comme un simple voile, soit au contraire comme la puissance suprême. De tous les livres que j'ai écrits, c'est celui dans lequel il y a le moins de chiffres et il m'a donné bien du mal, parce que j'avais

1 Jacques Duboin (1878-1976) est l'inventeur de l'*économie distributive*.

l'habitude d'articles courts, alors que là, il fallait être pédago sur un sujet complexe.

C'est dans la même collection qu'est paru *Comprendre la crise,* en 1977. Je m'étais appuyé en partie sur les analyses de l'école de la régulation, après la parution des livres de Bernard Rosier (*Croissance et crises capitalistes*, PUF, 1975) et de Michel Aglietta (*Régulation et crises du capitalisme*, Calmann-Lévy, 1976). Mais j'y avais ajouté deux éléments qui me semblaient avoir joué un rôle important pour expliquer les grandes difficultés du capitalisme au moment où la mondialisation commençait à changer la donne : la crise du système monétaire international (l'abandon du système de Bretton Woods et le passage aux changes flottants) et le signal avertisseur de la crise environnementale lancé par le Club de Rome. Ce livre, je l'avais rodé dans les stages de formation continue que j'animais et j'y avais consacré beaucoup d'énergie, m'appuyant sur une importante documentation. Ce fut un bide (à peine 500 exemplaires vendus). Mais j'ai pris ma revanche quelques années plus tard, en reprenant la substance de ce livre dans un petit ouvrage co-écrit avec Alain Lipietz et Joël Satre-Buisson (*La crise*, Syros, 1985). Nous soutenions que, loin de n'être qu'un ralentissement conjoncturel provoqué par la hausse du prix du pétrole brut, les difficultés résultaient d'un modèle de développement prédateur et profondément déséquilibré. Nous nous écartions ainsi des analyses traditionnelles accusant le marché, la finance, la lutte des classes ou les intérêts privés de tous les maux. Les trois auteurs étaient bien en phase sur ce point, d'où la réussite. Les quatre éditions successives se sont vendues à 25 000 exemplaires. Le troisième livre qui me tient à cœur est, bien sûr, *Déchiffrer l'économie*, dont la première édition est parue fin 1982, en coédition Syros et Chronique Sociale.

Christophe : tu écris Déchiffrer l'économie *pour contrer le best-seller* Les rouages de l'économie nationale *de Jean-Marie Albertini ?*

Marc : En fait, tu n'étais pas tendre avec Jean-Marie Albertini : dès les premières pages de ton livre, tu critiques les ouvrages d'initiation où l'on apprenait à détailler les « rouages », à comprendre les « mécanismes » de l'économie » et tu te moques de l'initiation économique qui « se confondait avec l'art du garagiste »[1].

1 Citations de l'introduction à la 12e édition, de 1997.

Denis : Cette histoire de « rouages » m'a toujours choqué. J'en avais discuté avec Jean-Marie Albertini quand nous travaillions ensemble. Mais il tenait à son titre, et il était l'ancien, bien établi, sur le point de reprendre le poste du CNRS laissé vacant par Louis-Joseph Lebret, le fondateur d'*Économie & Humanisme.* Moi, j'étais tout petit... J'ai toujours eu de très bonnes relations avec Jean-Marie Albertini, qui était un homme adorable, avec sa faconde, son accent provençal, sa gentillesse. Grâce à lui j'ai beaucoup appris en 1971, dans l'Atelier de pédagogie économique où il représentait *Économie et Humanisme*, tandis que j'y représentais *Culture et promotion*, l'organisme de formation continue qui m'employait alors.

J'étais très admiratif de ses talents pédagogiques, mais le fond de son livre (publié en 1960 aux éditions Ouvrières/Économie & Humanisme, réédité de nombreuses fois) ne me plaisait pas, parce qu'il était sous-tendu par ce que l'on appelait le keynésianisme hydraulique, enseigné par ceux qui parlaient de Keynes dans ces années-là[1]. C'était un formidable vulgarisateur, mais son livre était plus descriptif qu'analytique, passant à la trappe une bonne partie des questions qui me paraissaient centrales : les raisons du chômage, les inégalités, les rapports sociaux, les relations internationales, etc. Enfin, le livre comportait assez peu de données chiffrées, à l'exception de celles issues de celles de la comptabilité nationale. La facilité de lecture l'emportait sur l'approfondissement, ce qui me paraissait regrettable. Toutefois, grâce aux *Rouages*, quantité de gens ont pu acquérir un minimum de culture économique. *Déchiffrer*, en revanche, insiste moins sur les mécanismes que sur le « comment » et le « pourquoi » des réalités économiques.

Christophe : Y avait-il des concurrents sur ce marché, de grands éditeurs scolaires ou autres ?

Denis : À ma connaissance, jusque dans les années 2000, aucun éditeur scolaire n'avait publié de livre pédagogique pour adultes dans ce domaine. Les éditeurs spécialisés dans le domaine scolaire n'étaient pas incités à en sortir, car ils connaissaient bien leur public et maîtrisaient les changements de programmes. Il a fallu attendre les années 2000 pour que des ouvrages didactiques à destination des adultes apparaissent, comme *L'économie pour*

1 Le keynésianisme « hydraulique » est réduit à une mécanique des quantités globales, que le décideur gère en ouvrant les vannes pour relancer l'économie (il injecte du pouvoir d'achat ou de la dépense publique) et en les fermant quand la pression est trop forte. Il ne reste rien de ce que Keynes considérait comme essentiel : le temps, l'incertitude non probabilisable, les anticipations, la prise en compte des phénomènes monétaires...

les nuls. Un signe évident de l'importance prise par l'économie dans la vie de tous les jours. Encore s'agissait-il de livres prudents, qui cherchent à ne choquer personne et affichent une neutralité dénuée de tout jugement de valeur. Ce n'est évidemment pas le cas de *Déchiffrer l'économie* même si le contenu a aussi évolué en fonction de l'actualité et, sans doute, de mon regard sur la société. Au fil des différentes éditions, j'ai arrondi certains angles, amoindri les éléments « marxisants », insisté davantage sur les questions européennes, réduit la partie chiffrée et augmenté la partie analytique, etc. Certains diront que j'ai mis de l'eau dans mon vin, d'autres que mes affirmations sont plus plausibles. Mais je m'efforce de garder le caractère d'information et d'explication de ce livre sur les évolutions économiques et sociales de notre société, en n'hésitant pas à prendre parti et à dénoncer les tares de nos sociétés lorsqu'elles sont gouvernées par l'argent plus que par le souci de la solidarité. Il continue ainsi de s'en vendre chaque année deux ou trois mille exemplaires.

Enfin, le quatrième livre auquel je tiens a été écrit à quatre mains, avec Miche Dollé, mon ancien « patron » au CERC, le Conseil de l'emploi, des revenus et de la cohésion sociale, dont il était (jusqu'en 2008) le rapporteur général. Nous nous entendions comme larrons en foire : même âge, mêmes centres d'intérêt, même sensibilité sociale, mêmes détestations, même amour du Périgord. Je suis un peu plus à gauche que lui, mais cela ne nous empêche pas de ressentir le même désir de changer la donne au sein d'une société globalement riche qui tolère tant de pauvres. Dans ce duo, il incarnait plutôt la tête (la réflexion et la lente maturation) et moi les jambes (la lecture et l'impatience). Nous avons donc mis cela en commun, et cela a donné *Réduire la pauvreté, un défi à notre portée* (en 2016). Le livre a été couronné par le Prix du meilleur essai social de l'année par l'École nationale supérieure de Sécurité sociale. Nous avons eu la satisfaction de constater que le Plan pauvreté mis en place en 2019 a repris une partie de nos propositions (accès à la crèche pour les bambins, lutte contre l'échec scolaire, accompagnement des familles en difficulté, accès à l'emploi et au logement décents). Cela ne suffira pas, mais un pas en avant a été fait : alors que l'augmentation du RSA permet uniquement de réduire les difficultés du quotidien, l'investissement social ambitionne d'en finir avec l'exclusion et de permettre à chacun de retrouver la dignité. Les deux types d'action ne sont pas exclusives, encore moins antagonistes, mais l'une vise le court terme, l'autre à changer le destin des personnes concernées. C'est un peu comme éviter la noyade :

dans l'immédiat, lancer une bouée de secours est indispensable, mais pour éviter que cela se répète, apprendre à nager est indispensable

- Alternatives Économiques éditeur

Christophe : Nous avons déjà évoqué la publication de Déchiffrer l'économie, *en 1982, aux éditions Syros et Chronique sociale. Pourquoi avoir choisi ces éditeurs ? Et dans la foulée tu deviens directeur de collection chez Syros. Est-ce que c'est la suite directe du succès du livre ?*

Denis : La collection n'était pas à l'ordre du jour lorsque j'ai remis le manuscrit de *Déchiffrer*. C'est la dynamique des ventes qui a incité à créer une collection, dont j'ai pris la direction durant quelques années. J'étais proche de Jacques Magagnosc, parce que *Syros*, c'était le PSU[1], mais je connaissais aussi Charles Maccio, le directeur de *La Chronique sociale*, à Lyon, un autodidacte très soucieux de pédagogie[2]. Partagé entre les deux éditeurs, j'ai suggéré la coédition, mais il y a eu des tensions sur le partage des coûts. Syros a ramassé la mise, mais *La Chronique sociale* a bénéficié d'une partie des recettes des 40 000 premiers exemplaires.

Christophe : tu deviens donc directeur de la collection Alternatives Économiques chez Syros, dans laquelle tu publies La Crise *en 1983. Philippe Frémeaux va y publier* Comprendre l'économie soviétique *en 1985, et Jean Pisani-Ferry* L'Épreuve américaine *en 1988. Il y a eu aussi Pierre Héritier, avec* Nouveaux emplois, nouveaux services – *dont André Gorz a écrit la préface, dans laquelle il exprime son désaccord avec les thèses de Pierre Héritier, ce qui n'est pas commun…*

---

1 Syros était une SARL contrôlée par le PSU et qui diffusait les publications de ce parti. En 1972, elle devient une maison d'édition spécialisée dans le champ social, le travail, la famille, le féminisme, le développement local. La CFDT entre à son capital en 1980. Jacques Magagnosc, responsable PSU dans les Alpes-Maritimes, est nommé directeur. En 1982, TEN (société de conseil dirigée par Claude Neuschwander), la Ligue de l'enseignement, la Macif, les éditions *Gallimard*, entrent au capital. En 1987 Syros fusionne avec Alternatives, une autre petite maison d'édition, et se rapproche de La Découverte en 1993. Une holding, DSA, est créée en 1995 pour prendre le contrôle de l'ensemble. Elle sera dirigée par François Gèze, patron de La Découverte. À la suite d'un audit révélant l'état financier catastrophique de Syros, Jacques Magagnosc quitte la société, et Alternatives quitte le groupe.
En 1998, La Découverte et Syros seront rachetées par le groupe Havas (devenu Vivendi).

2 La Chronique sociale est une maison d'édition et un organisme de formation proches des milieux chrétiens de gauche, installée à Lyon depuis la fin du XIXe siècle. Charles Maccio, autodidacte, militant de la JOC puis de la CFDT, l'a dirigée de 1974 à 1987.

Denis : La collection a publié de bons titres, par exemple *La nouvelle économie sociale*, un livre à plusieurs voix que tu as dirigé. Comme je n'avais pas le temps de m'occuper correctement de cette collection, Dominique Sicot en a repris la direction, elle y a publié notamment un délicieux *Dictionnaire des idées reçues en économie*[1] qui a connu un certain succès. Mais aucun des livres publiés par les auteurs qu'elle a pu mobiliser pour alimenter cette collection n'a vraiment percé. À son départ de l'entreprise, Jean-Pierre Chanteau s'est proposé pour diriger la collection. L'un des derniers titres publiés a été *L'entreprise efficace* de Guillaume Duval, un livre remarquable. Peu après, au début des années 2000, Syros ayant été absorbé par La Découverte, la collection a disparu (2004), et les titres emblématiques qui continuaient de bien se vendre ont été rattachés à d'autres collections de La Découverte. Pourtant, une collection *Alternatives Économiques* a ressuscité en 2010, aux éditions les Petits matins, mais elle accueille plutôt des livres écrits par les collaborateurs du journal. Par exemple, *La nouvelle alternative ?* de Philippe Frémeaux (2015), un livre à la fois original et stimulant qui porte sur l'économie sociale. Il en est à sa quatrième édition, et il mérite, je crois, d'en connaître plusieurs autres, car il est toujours d'actualité.

Marc : As-tu eu des liens avec d'autres éditeurs ?

Denis : En 1997, le directeur des éditions de l'Atelier, Bernard Stephan, m'a commandé un *Dictionnaire des questions économiques et sociales*, à partir d'un travail que j'avais réalisé pour le CD-Rom des articles d'*Alternatives Économiques* qu'avait produit le Centre régional de documentation pédagogique de Montpellier sous la direction de Jean-Pierre Comert, professeur de SES.

Dans la même lignée, suite à la mort soudaine de Jean-Paul Piriou (2004), La Découverte m'a demandé en 2006 de toiletter le *Lexique de sciences économiques et sociales* que celui-ci avait publié dans la collection de poche Repères qu'il dirigeait. J'ai eu aussi des contacts avec Claude-Danièle Échaudemaison[2], qui dirigeait une collection chez Nathan, mais je n'ai jamais rien publié dans cette maison. En revanche, Véronique Bedin, qui travaillait chez Hachette Éducation m'avait contactée pour sortir des petits

1 Sicot Dominique (dir.), *Dictionnaire des idées reçues en économie* Coll. Alternatives Économiques, Syros, 1992.

2 Agrégée de sciences économiques et sociales, professeur à l'IUFM de Créteil, Claude Échaudemaison a écrit ou dirigé de nombreux manuels scolaires, publiés principalement dans la collection portant son nom chez Nathan.

fascicules d'une trentaine de pages très pédagogiques consacrés à un thème précis (*L'entreprise*...) dans la collection *Prépa Bac* qu'ils lançaient. Si je me souviens bien, trois sont sortis, mais la formule a été vite arrêtée faute de ventes suffisantes.

Marc : Alternatives Économiques *n'a-t-il pas publié des extraits à destination des lycéens, des sortes de « best-of » du journal ?*

Denis : Dans la décennie 1990, les lycéens (y compris les classes préparatoires aux concours de l'enseignement supérieur et des écoles de commerce) représentaient un quart de nos ventes, et même davantage certaines années. Ce qui nous a amenés à publier chaque année (à partir de 1996, si je me souviens bien) un hors-série composé d'articles parus dans le magazine sur des sujets susceptibles de tomber au bac ou dans des concours. En outre, en 1995, de nouveaux programmes instituaient en Première et Terminale ES un enseignement de spécialité centré sur une dizaine de grands auteurs en économie et sociologie : Adam Smith, Schumpeter, Keynes, Weber, etc. J'ai rédigé pour le mensuel une série d'articles présentant leurs apports à l'analyse de la société et les raisons pour lesquelles ils étaient devenus célèbres. J'ai ensuite développé chacun de ces articles pour un livre en deux tomes, *Les grands auteurs de l'économie et de la sociologie* chez Syros/La Découverte, dans la collection *Alternatives Économiques.* Me replonger dans ces auteurs a été un vrai plaisir, y compris Hayek ou Friedman. Ce qui m'a frappé – mais je le savais déjà – c'est à quel point ces auteurs écrivaient bien, même lorsque, comme Durkheim, Weber, Hayek ou Perroux, leur pensée est complexe. Je ferai une exception pour Marx, capable d'écrire de façon limpide, mais pas dans le premier livre du *Capital*, alors même qu'il était censé s'adresser prioritairement à des militants ouvriers. Il s'en excuse d'ailleurs dans la préface qu'il a rédigée pour la traduction française de son œuvre majeure. Il m'arrive aussi, parfois, de regretter que Pierre Bourdieu se soit complu dans un jargon qui a écarté bien des personnes d'une œuvre originale et éclairante. Ah, s'il avait pu écrire comme Alain Caillé ou François Dubet !

4 - Diriger un journal sans se considérer comme un patron de presse

Christophe : Tu ne t'es jamais projeté comme journaliste ou homme de presse, alors que finalement, tu as été conduit, par ton souci de mettre l'économie à la portée de tous, à devenir un patron de presse en créant un journal qui aura bientôt 40 ans d'existence. Je trouve que c'est fascinant.

Denis : Évidemment, le journalisme m'attirait, sinon je n'aurais pas écrit les milliers d'articles que j'ai rédigés au fil du temps. Signer un papier, d'une certaine manière, c'est prendre un risque – celui que les lecteurs, ou certains d'entre eux soient en désaccord, ne comprennent pas ou n'y trouvent pas leur compte –, mais c'est aussi tenter d'éclairer une analyse, une situation ou un évènement. Au fond, le journalisme prolonge l'enseignement : dans les deux cas, il s'agit d'enrichir les connaissances de ceux auxquels on s'adresse, en se mettant à leur portée. Mais, si j'aime le côté didactique du journalisme, je rédige les articles en économiste, pas en journaliste. Il ne s'agit pas de raconter ou de témoigner, mais d'expliquer, à partir d'une grille d'analyse. Il en existe plusieurs en économie, et il faut en choisir une, qui semble aussi convaincante que possible. Le journalisme a été pour moi un moyen de permettre à des personnes dépourvues de connaissances économiques pointues, de pouvoir néanmoins comprendre le pourquoi et le comment d'une situation ou d'un évènement. Cela nécessite une écriture usant d'exemples, de comparaisons ou de métaphores facilitant la compréhension, et, souvent, l'appui de quelques chiffres.

Ceci dit, je n'ai pas eu d'ambition journalistique, au sens où je n'ai jamais cherché à devenir un modèle et encore moins une vedette. De fait, il m'est arrivé souvent d'écrire des articles pour des petites publications n'ayant que très peu de lecteurs. En outre, je n'ai jamais eu de carte de presse. Elle n'était accordée qu'aux personnes tirant de la presse la majorité de leurs revenus, ce qui était loin d'être mon cas, puisque la grande majorité des articles que j'écrivais avant de lancer *Alternatives Économiques* n'étaient pas payés ou si modestement que cela ne représentait qu'une fraction minime de mon salaire par ailleurs. Puis, devenu directeur de publication (avec *Germinal*, puis *Alternatives Économiques*), je ne pouvais y avoir droit[1]. J'ai

1 Un directeur de publication n'a pas droit à la carte de presse. Il peut toutefois la conserver s'il était journaliste auparavant.

très peu souvent refusé des articles qui m'étaient demandés, par exemple dans *Réforme, Panorama aujourd'hui, Tribune socialiste, Dossiers pour notre temps, Croissance des jeunes nations...* Je regrette cependant de n'avoir que très rarement écrit dans *Le Monde*, et uniquement des tribunes, parce que ce quotidien est, pour moi, le parangon du journalisme intelligent[1]. Je me présente toujours comme économiste, car le fil rouge de mon parcours n'est pas d'être dirigeant d'entreprise ou homme de presse, c'est d'être un économiste.

Marc : Pourrais-tu nous préciser ta vision du journalisme, et plus précisément du journalisme économique. Tel que nous le connaissons aujourd'hui, le journalisme économique est relativement récent. Le service économique du Monde *(distinct du service financier, plus ancien) a été créé en 1955, celui de* Libération *en 1980,* Les Échos *sont devenus un véritable journal économique au début des années 1960 sous l'impulsion de Jean-Louis Servan Schreiber, puis de Jacqueline Beytout, et* L'Expansion *a été créé en 1967. Le journaliste économique, méprisé avant les années 1950, a donc progressivement émergé, et la question s'est posée : « est-ce un économiste qui prend la plume ou un journaliste qui écrit dans des journaux économiques ? » Pour toi qu'est-ce qu'un bon journaliste économique ?*

Denis : Le journalisme économique a accompagné la place croissante de l'économie dans la société. Les citoyens voulaient comprendre pourquoi l'emploi, la production, la consommation, les prix ou le chômage évoluaient, impactant leurs conditions de vie et leur pouvoir d'achat. S'y ajoutait aussi, pour nombre d'entre eux, le désir de mieux se situer dans l'échelle sociale : telle catégorie sociale était-elle perdante ou gagnante par rapport aux autres ? Enfin, en France au moins, jusqu'en 1970, le rôle important des différents Plans « indicatifs » qui se sont succédé, ainsi que le poids des banques et des firmes publiques (par exemple, les accords sur les salaires ou les congés annuels chez Renault donnaient le « la » pour toutes les entreprises) laissaient penser que l'économie dépendait essentiellement de l'État. Mais ensuite, la construction européenne[2], la libre circulation des capitaux,

1 Denis Clerc a publié dans *Le Monde* une tribune sur l'enseignement de l'économie au lycée, le 28 octobre 1983, un article sur le comportement des Français vis-à-vis de l'énergie, cosigné avec un journaliste, Michaël Gheerbrant, le 10 avril 1985, et un troisième papier, le 6 novembre de la même année, sur la baisse des prix de l'énergie, qu'il présente comme « une occasion de préparer l'avenir ».

2 C'est en 1968 que les règles instaurant le Marché Commun entre les 6 pays fondateurs de la Communauté économique européenne ont été opérationnelles.

le marché des changes et la mondialisation ont changé la donne : l'économie n'était plus guidée essentiellement par la main de l'État, mais largement par celle des marchés. Du coup, elle a pris son autonomie, faute de pouvoir être expliquée seulement en termes politiques. Productivité, compétitivité, concurrence, inflation, croissance… sont devenus des mots magiques dont il était important de comprendre les effets sur notre vie quotidienne. C'est à ce moment-là, je crois, que la presse boursière s'est largement ouverte à l'économie et que des titres détachés de préoccupations boursières – *L'Expansion*, par exemple – se sont créés.

Bien sûr, des journalistes ayant une formation relevant d'une autre spécialité que l'économie peuvent devenir des journalistes économiques : les exemples ne manquent pas, y compris dans *Alternatives Économiques* et je rappelle que ni Gilbert Mathieu, ce journaliste du *Monde* qui m'a beaucoup apporté, ni Jean Boissonnat, qui a dirigé de main de maître *L'Expansion,* n'avaient de formation économique approfondie. Je pense qu'une solide formation économique est un atout important, pour éviter des raccourcis contestables, comprendre les raisons des disputes entre économistes et écoles de pensée, être capable de se plonger dans la « littérature primaire », c'est-à-dire dans les publications des économistes eux-mêmes ou la comptabilité nationale. Toutefois, la formation économique doit être doublée d'une capacité pédagogique et d'une écriture de qualité : à défaut, même de bons économistes auront du mal à réaliser un travail journalistique éclairant. Je me souviens de Paul Fabra dans *Le Monde,* dont les articles étaient souvent hors de la portée du lecteur moyen. Heureusement, les économistes devenus journalistes peuvent aussi posséder un talent de vulgarisation remarquable.

Ce n'est le plus souvent que de l'intérieur de la profession d'économiste que l'on peut collecter des informations ayant du sens. Par exemple, rares sont les journalistes capables de plonger dans la comptabilité nationale, qui est pourtant une source d'informations statistiques extraordinaire. Or, c'est parce qu'il avait longuement exploré les comptes nationaux que Gilbert Mathieu a mis en difficulté le ministre des Finances et le Premier ministre (respectivement en 1973 et 1976), comme nous le raconte François Fourquet (*Les comptes de la puissance*, éd. Recherches, 1980, p. 321-326). Comme, grâce à Eurostat, les comptabilités nationales de tous les pays de l'UE sont devenues comparables, l'importance de cet outil est devenue encore plus grande. Or seule une formation économique sérieuse permet de le maîtriser

Christophe : À t'entendre, pour écrire sur l'économie il faut maîtriser le raisonnement économique. Et tu considères que la majorité des journalistes économiques ne le maîtrisent pas complètement. Tu viens de citer Gilbert Mathieu. Tu avais une certaine admiration pour ce journaliste du Monde. *Y a-t-il d'autres journalistes économiques qui t'ont marqué, ou dont tu as apprécié le travail ?*

Denis : Oui, bien sûr. C'est le cas de Jean-Marc Vittori[1] (*Les Échos*) ou, plus près de moi, de Christian Chavagneux. J'avoue cependant que je trouve les journalistes économiques souvent assez légers, plus préoccupés par le brio de leur écriture ou la défense d'une thèse que par le fond de leur analyse. Un peu comme les avocats, ils adorent ce que j'appelle « les effets de manche », qui consistent moins à approfondir un sujet qu'à disserter brillamment. Un exemple : nombre d'entre eux font des éloges quasi-dithyrambiques du marché, sans vraiment prendre en compte le fait que les marchés réels ont assez peu à voir avec celui issu de la concurrence pure et parfaite à la Walras où n'existent ni externalités, ni asymétries d'information entre les agents, ni rapports de force, ni effets d'échelle[2], ni brevets et donc monopoles partiels, etc. Certes la concurrence joue un rôle important grâce auquel le marché fonctionne assez bien. Mais les entreprises s'efforcent de disposer de rentes, issues d'un avantage comparatif (brevet, renom, position de monopole ou d'oligopole[3]). Lorsqu'elles sont trop petites pour y parvenir, certaines pratiquent travail non déclaré, contournements de la législation sociale et environnementale, etc. afin d'arrondir les fins de mois de leurs dirigeants ou simplement pour ne pas être laminées par la concurrence. Comme le soulignait déjà Schumpeter, l'efficacité économique est à ce prix. Le problème est que les rentes sont aussi des formes d'exploitation des travailleurs, des consommateurs ou de la nature. L'autorégulation par le marché est un leurre, et l'intervention publique n'est pas le résultat d'hommes politiques voulant asseoir leur pouvoir, mais le fruit de la nécessité, ce que nient les laudateurs du marché auxquels trop de journalistes économiques prêtent une oreille complaisante.

1 Éditorialiste aux *Échos*, Jean-Marc Vittori est diplômé de l'université Paris 1 en sciences économiques et ancien élève de l'Institut d'études politiques de Paris. Il a donc une solide formation d'économiste.

2 Ce que les économistes appellent aussi les rendements croissants : produire le même bien en grandes quantités permet d'en réduire le coût unitaire.

3 Voir le livre de François Lévêque, *Les habits neufs de la concurrence*, Odile Jacob, 2017.

C'est la raison pour laquelle les économistes ont plus de facilités à écrire des articles économiques, que n'en ont les journalistes à devenir de bons analystes dans le domaine économique (sauf, évidemment, s'ils disposent d'une formation économique de base solide). Le handicap de ceux qui n'ont pas cette formation solide de base, c'est le risque de rester superficiels. Le handicap des économistes est plutôt leur capacité à se mettre à la portée de leurs lecteurs. Mais il me semble qu'un nombre non négligeable de bons économistes ont compris l'importance d'écrire ou de parler de façon à être compris de tous. C'était le cas de Bernard Maris[1]. C'était un ami, qui maniait avec brio l'humour et la moquerie, celle-ci pouvant aussi virer à l'ironie mordante quand il s'agissait de personnes ou d'institutions qu'il n'aimait pas. Son assassinat a privé notre corporation non seulement d'un économiste brillant et original, mais aussi d'un homme d'une culture littéraire sans égal dans notre milieu.

Les enseignants-chercheurs qui écrivent dans notre journal font cet effort et mettent ainsi leur savoir et leurs analyses à la portée de nos lecteurs. Nous tirons de la collaboration de ces économistes au journal une certaine fierté, car leurs apports nous enrichissent et nous confortent dans l'idée que l'analyse et la critique économiques peuvent être mises à portée de tous, ce qui a été, dès l'origine, la finalité de notre démarche.

Christophe : Tu as évoqué le contre-exemple qu'avait constitué pour toi le cas de Georges Montaron.

Denis : Dans son itinéraire intellectuel et professionnel, on est souvent influencé par un maître, un exemple. Pour moi, ç'a été Georges Montaron. On le connaît surtout pour avoir dirigé *Témoignage Chrétien* durant près de cinquante ans, de 1947 à 1996. Je pense que, sans lui, cet hebdomadaire, issu de la Résistance et rassemblant une bonne partie de ceux qu'on appelait « les chrétiens de gauche », aurait disparu comme beaucoup d'autres journaux nés de la lutte contre le nazisme. Il était issu d'un milieu populaire et a été un des dirigeants de la JOC (Jeunesse ouvrière chrétienne). J'ai commencé à lire cet hebdo au moment de la guerre d'Algérie : il dénonçait alors la torture et les exécutions sommaires dont usaient certains des responsables militaires. Comment reconnaître dans ces actes odieux la France des Lumières et des Droits de l'Homme ? Au nom du refus de la décoloni-

1 Bernard Maris, professeur d'économie et journaliste, a été assassiné le 7 janvier 2015 par des terroristes islamistes avec ses amis journalistes à *Charlie Hebdo*.

sation, la France était-elle en train de « perdre son âme » (pour reprendre le titre de la première parution (clandestine) de *Témoignage Chrétien* en 1941) ? Certes, dans le camp d'en face, d'autres horreurs étaient commises. Montaron soutenait – à juste titre – que la torture ou les bombardements au napalm des mechtas des Aurès attisaient les haines au lieu de favoriser des négociations entre les deux camps et que ce n'était pas le bon moyen pour imaginer un avenir acceptable par les uns et les autres. Cette position politique et éthique était courageuse, car elle avait un coût : la diminution du nombre d'acheteurs et d'annonceurs, si bien que le sort de l'hebdomadaire ne tenait qu'à un fil.

Heureusement, Montaron disposait d'une certaine influence : il présidait le syndicat (patronal) de la presse d'opinion (*Le Nouvel Observateur, Le Canard enchaîné, La Vie Catholique,* mais aussi *Valeurs actuelles…*). Surtout, une souscription après l'autre auprès de lecteurs très fidèles maintenait le journal en vie, et l'aura de Montaron jouait beaucoup dans la réussite de ces souscriptions.

Vint cependant l'heure des comptes : au début des années 1990, il était devenu clair que l'hebdo allait très mal. Il aurait fallu abandonner la parution hebdomadaire, rénover la ligne rédactionnelle, réfléchir à une politique *marketing*. Bref, ne plus compter sur la charité publique, mais sur un repositionnement de la publication, peut-être en changeant de nom, devenu trop identitaire. Mais Georges Montaron s'y refusait : l'âge venant, je pense qu'il était persuadé que le journal mourrait avec lui. Il a fallu que le Conseil d'administration, saisi par la rédaction, décide de le révoquer[1]. Il est mort l'année suivante (1997).

J'ai toujours admiré l'homme de convictions qu'il était. Mais je pense que l'homme d'entreprise n'était pas à la hauteur, tant commercialement que « managérialement ». Conscient d'être le pilier de son journal, il a toujours pensé que sa renommée et son influence empêcheraient la disparition du titre. Il n'a donc pas préparé son départ. Aujourd'hui, Christine Pedotti a repris le flambeau et a transformé le journal, qui retrouve de ce fait de la vigueur après avoir failli disparaître (liquidation). Personnellement, cette triste fin a beaucoup influencé ma décision de ne pas attendre trop pour quitter la direction d'*Alternatives Économiques* en transmettant le témoin à

1 L'article du site Wikipédia sur Montaron évoque une « offre de rachat hostile » : pure invention. Il était seulement envisagé que le groupe Malesherbes (*La Vie, Télérama*), déjà actionnaire, renforce sa participation au capital pour éviter le dépôt de bilan.

d'autres (Philippe Frémeaux en l'occurrence). Un journal peut être influencé par une personnalité, mais il ne se réduit pas à cela. Le conducteur d'une voiture tient le volant et actionne frein et accélérateur, mais si la voiture avance, c'est grâce au moteur, c'est-à-dire aux collaborateurs et salariés du journal, et aux lecteurs. Une autre leçon que j'ai tirée de cette histoire est que la pompe à vélo des autres ne peut en permanence regonfler le matelas pneumatique qui fuit. S'il arrive que nous ayons besoin de cette pompe pour passer un mauvais cap, cela ne doit pas devenir une ressource habituelle ou normale : un journal doit vivre de ses moyens propres. Notre devoir vis-à-vis des abonnés, c'est de leur dire ce que nous faisons de leur argent, et j'estime que creuser des déficits en comptant sur les appels au secours pour les combler ne doit pas devenir une forme normale de gestion. C'est aussi l'analyse de Jérémy Dousson, le directeur général d'*Alternatives Économiques* auquel je fais totalement confiance pour parvenir à franchir les caps difficiles.

Christophe : Pour toi, c'était une question d'indépendance.

Denis : Certes, mais pas seulement. Cela signifie aussi que le journal ne parvient pas à intéresser un nombre suffisant de lecteurs. Surtout, un jour ou l'autre les financeurs se lassent ou, s'il s'agit de soutiens institutionnels, ils exigent des contreparties. L'indépendance de Montaron ne pouvait être mise en doute. Elle était gagée par son passé à la JOC et par les nombreuses positions politiques courageuses qu'il a prises. Mais il a cru que ce soutien serait éternel, ce qui n'est jamais le cas.

*Christophe : Cette histoire t'a donc servi de contre-exemple, pour faire en sorte qu'*Alternatives Économiques *puisse survivre et se développer au-delà de l'ombre portée de son fondateur.*

Denis : Cela m'a convaincu qu'il fallait être attentif à l'équilibre financier au moins autant qu'à l'équilibre rédactionnel.

Marc : Ces principes étaient-ils partagés par les associés (ou plutôt par les autres sociétaires, puisque nous sommes dans un cadre coopératif) ? Pourrais-tu nous dire quelques mots de ta façon de partager la direction du journal avec Philippe Frémeaux, que tu cites fréquemment ?

Denis : Avec Philippe, nous avons formé une vraie équipe. Il était Parisien, plus doué que moi pour la communication. Il avait le sens du marketing et était très soucieux de la qualité des articles. Moi, je tenais les rênes de la gestion et, sur le plan rédactionnel, je travaillais sous sa houlette, dans les sujets de ma compétence : la pensée économique, la comptabilité nationale, les revenus et l'emploi, en veillant à la lisibilité. Bien entendu, nous n'étions pas seuls, et les journalistes tout comme les bénévoles apportaient aussi de la matière. Tout cela constituait un ensemble. Mais mon *job* principal, c'était de suivre les comptes, d'élaborer des tableaux de bord, de veiller au grain, alors que Philippe se centrait sur la qualité et la diversité du contenu du journal, ainsi que sur les relations extérieures. De ce point de vue, on se complétait à merveille. De plus, comme il était à Paris et moi à Dijon, nous n'avions guère d'occasions de nous engueuler. Ajoutons que le journal connaissait une forte progression.

Christophe : Je peux témoigner que tu déployais une énergie colossale pour que le journal soit bien géré et pour renforcer son indépendance en consolidant ses forces propres. Nous nous moquions un peu, tout en admirant tes analyses extrêmement fines de l'économie du journal. Et ceux qui se sont rassemblés autour de toi en ont tiré beaucoup de leçons.

Christophe : As-tu eu des contacts avec Claude Julien et Le Monde diplomatique *?*

Denis : Je n'ai jamais rencontré Claude Julien. Je suis très réservé sur la brève période (1981-1982) où il a été directeur du *Monde*, période où le quotidien a été déchiré par des conflits internes qui lui ont nui. Je lisais assez régulièrement *Le Monde diplomatique*, dont il a été le directeur de 1973 à 1981 : il m'est même arrivé d'y collaborer. Mais j'ai toujours eu le sentiment que Claude Julien avait contribué à la prise de contrôle du *Diplo* par une gauche à tendance sectaire. Ce qui a transformé un journal largement tourné vers la géostratégie en un journal aux analyses toujours fouillées, mais s'appuyant de plus en plus sur une pensée binaire : d'un côté les bons, de l'autre les méchants, ce qui me paraît contestable. Je pense que des nuances seraient parfois souhaitables dans certains des articles, même si ceux-ci sont une source très utile d'informations sur l'international.

J'ai un peu collaboré au *Diplo*, suite à la publication dans *Alternatives Économiques* d'articles sur les « nouveaux pauvres », un terme qui est apparu en 1984 pour désigner les personnes qui versaient dans la pauvreté suite à la forte progression du chômage et à la suppression de nombreux emplois industriels (la liquidation de Creusot-Loire et de ses 15 000 emplois date de fin 1984). On s'est aperçu alors que le filet de la protection sociale avait des trous majeurs parce qu'elle était principalement liée à l'occupation d'un emploi. Comment les réduire ? Et comment, à plus long terme, empêcher l'exclusion dont ces personnes étaient victimes ? *Alternatives Économiques* suivait attentivement débats et propositions autour de ces deux questions. Des sociologues comme Robert Castel et Serge Paugam commençaient à travailler sur ces thématiques. Ils avaient compris que les « Trente Glorieuses » étaient bel et bien terminées et qu'il ne fallait pas compter sur la croissance économique pour régler le problème. Mais, à l'exception d'*Alter Eco*, la presse économique était aveugle et ne voyait là que des problèmes individuels, pas des questions de société. Quant aux économistes, à l'exception notable de Lionel Stoléru qui avait publié en 1974 *Vaincre la pauvreté dans les pays riches*, ils s'intéressaient bien plus aux gagnants qu'aux perdants. Le revenu minimum d'insertion – RMI – a été instauré par Michel Rocard en décembre 1988, en grande partie suite à la prise de conscience de cette dégradation de la situation sociale. On pensait qu'il concernerait moins d'un million de personnes : en réalité, ce fut 4 fois plus. Le *Diplo,* en la personne de sa secrétaire de rédaction de l'époque, Micheline Paunet, m'a donc proposé d'y écrire des articles sur ce sujet. Cette collaboration se passant bien[1], il a été envisagé (en 1990) que je passe du statut de pigiste (rémunéré à l'article) à celui de journaliste à mi-temps. J'y voyais un avantage évident : j'aurais ainsi pu quitter l'école d'ingénieurs où j'enseignais pour travailler à mi-temps au *Diplo*, l'autre mi-temps étant consacré à *Alter Eco*. La coopérative, aux moyens toujours limités (même si les ventes progressaient), n'aurait alors eu à supporter que le complément de salaire entre ce que je gagnais comme enseignant et ce que m'aurait versé le *Diplo*. Philippe, heureusement, m'en a dissuadé : « Tu ne peux pas être journaliste chez un concurrent d'*Alternatives Économiques*, surtout en restant notre directeur. » J'étais naïf à l'époque. Une anecdote m'a convaincu que cette proposition ne marcherait pas : par téléphone, la secrétaire de rédaction du *Diplo* m'a demandé de modifier dans un sens plus radical quelques lignes du papier que je venais de lui envoyer. Ce n'était pas une suggestion, mais un ordre. Il fallait que je sois dans la ligne. J'ai arrêté toute collaboration avec ce journal.

1 Denis Clerc a publié une vingtaine d'articles dans le *Monde diplomatique* entre mai 1981 et mars 1993.

Christophe : En 1999, tu cesses d'être PDG de la coopérative et tu cèdes ta place à Philippe Frémeaux. Pourquoi ce choix ?

Denis : Oui, j'ai quitté la direction et la présidence de la coopérative en septembre 1999, pour rejoindre la fonction publique. L'attelage que nous formions, Philippe et moi, m'avait convaincu qu'il était le plus compétent pour me remplacer. Une parenthèse au passage : le statut de la Fonction Publique est souvent présenté comme une forme de sclérose, puisque l'on est censé y rester à vie toujours dans le même « corps » (agrégé de sciences économiques et sociales – SES – par exemple), dans la même fonction. Personnellement, j'ai vécu ce statut tout à fait autrement, en changeant de métier quasiment tous les 4 ans ou un peu plus. J'ai certes exercé comme fonctionnaire durant 24 ans : si j'exclus ma première année comme prof, j'ai été 4 ans formateur d'adultes (1973-1977), 4 ans prof de SES (1978-1982), 4 ans détaché au service économique de l'AFME (1983-1986), 7 ans enseignant à l'ENSBANA (1986-1993), 4 ans à l'ENESAD (1999-2003). Durant 16 ans, ces emplois ont été doublés d'un emploi « fantôme » exercé bénévolement ou moyennant un petit salaire, emploi qui m'occupait tout autant, si ce n'est plus à certains moments, et qui consistait à faire vivre, à gérer et à animer le journal que j'avais créé. Je n'ai travaillé comme salarié officiellement à temps plein pour *Alternatives Économiques* que durant six ans (1993 à 1999) dans le cadre d'un congé pour convenance personnelle durant lequel j'ai été « patron de presse » rémunéré par la seule coopérative. Puis, une fois parvenu à l'âge de la « retraite », j'ai repris mon activité favorite – lire et écrire – tout en travaillant à temps (très) partiel au Conseil de l'emploi, des revenus et de la cohésion sociale (CERC). Carrière mixte, donc. Variée, aussi, mais toujours autour d'une colonne vertébrale : l'économie. Chaque métier m'a appris beaucoup et souvent passionné. S'il n'y avait pas eu la Fonction Publique jouant le rôle de parachute en cas de pépin professionnel, le père de famille de 4 enfants que j'étais aurait-il pris le risque de créer un journal ? Puis de rentrer à l'AFME ? Puis de travailler au CERC ? Je ne le crois pas. La rigidité de la Fonction publique est une légende, son caractère enfermant aussi. J'ai travaillé dans le public et dans le privé, dans une entreprise et comme fonctionnaire, tantôt en même temps, tantôt successivement. Je m'en suis bien porté, mais j'ai constaté à quel point les uns et les autres s'ignoraient, se méprisaient, alors que je me suis senti bien dans mes baskets aussi bien chez les fonctionnaires que dans l'entreprise, et j'ai connu des gens remarquables dans les deux. Merci, la Fonction publique.

Grâce à elle (et à *Alternatives Économiques*), j'ai eu une vie professionnelle à la fois bien remplie et heureuse et mon travail m'a toujours passionné. J'aimerais que tout le monde ait autant de chance que moi sur ce plan.

Christophe : Tu passes donc la main comme PDG, tout en continuant à écrire dans le magazine. Tu tiens une chronique en dernière page et fais de nombreux articles.

Denis : Oui, j'ai tenu cette chronique (Point de vue) en fin de journal de septembre 1999 à juillet 2011, date à laquelle j'ai laissé la place au « Bloc-notes » de Philippe qui, prenant sa retraite (active) transmettait la direction de l'entreprise à Thierry Pech. Le ton de ma chronique était souvent ironique, me moquant – plus ou moins gentiment – de ce que d'autres disaient ou écrivaient. Basée sur des faits ou des lectures, cela me permettait, en creux, d'exposer mes convictions. Pouvoir ainsi écrire librement, selon mon humeur, sur les ombres et lumières de la société et de ses acteurs a été pour moi une vraie partie de plaisir. À l'occasion d'une nouvelle formule du journal, Laurent Jeanneau, le rédac'chef actuel, m'a proposé une rubrique similaire, mais plus courte (« Règlement de comptes »). Je la tiendrai certainement moins longtemps que la précédente, vu mon âge…

5 - Réaliser des études économiques avec Jacques Delors et Michel Dollé

Christophe : Ayant pris ta retraite de l'éducation nationale, tu continues à écrire. Quand as-tu pris tes fonctions au CERC[1] *?*

Denis : en 2001. J'avais négocié avec le directeur de l'Enesad (Dominique Pauthex, qui m'avait recruté comme enseignant en septembre 1999) une diminution de mon temps de travail, me permettant de travailler au CERC. L'Enesad continuait à me payer à temps plein, et le CERC lui remboursait le temps que je lui consacrais. Être dans l'équipe de Jacques Delors avec Michel Dollé était particulièrement stimulant ! Je venais de Dijon au CERC une fois par semaine, un rythme que j'ai maintenu quand j'ai quitté l'Enesad et pris ma retraite (2003). Michel Dollé, qui était le rapporteur général du CERC, m'a alors salarié (350 € par mois) pour que je sois remboursé par l'administration de mes frais de transport et éventuellement d'hôtel.

Christophe : Combien de temps as-tu poursuivi cette activité semi-professionnelle ?

Denis : Pendant six ans, de fin 2001 à 2008. Créé en 2000, le CERC (Conseil de l'emploi, des revenus et de la cohésion sociale) est un organisme qui a pris la succession de l'ancien CSERC (Conseil supérieur de l'emploi, des revenus et des coûts). Le changement de nom n'est pas secondaire, puisque ce Conseil nouvelle mouture ne s'occupait plus des coûts en plus de l'emploi et des revenus, mais de la cohésion sociale, élargissant ainsi son rôle au domaine social. Jacques Delors a confirmé Michel Dollé comme rapporteur général, fonction qu'il exerçait déjà au CSERC. J'avais fait la connaissance de ce dernier dans un groupe de travail, au Commissariat du Plan, sur la réforme de la protection sociale et l'introduction éventuelle d'un revenu universel[2], groupe dont il faisait partie en compagnie de Jean-Baptiste de Foucauld et Jean-Pierre Dupuy. Polytechnicien, Michel Dollé avait été précédemment à l'Insee (comme responsable de la division des entreprises), puis secrétaire général du Commissariat au Plan. Je lui ai donc téléphoné pour savoir si le CERC en « re-création » serait intéressé par ma

1 Conseil de l'emploi, des revenus et de la cohésion sociale, supprimé en 2013.

2 Le rapport de ce groupe de travail est paru à La Documentation Française sous le titre *Minima sociaux, revenus d'activité, précarité* sous la direction de Jean-Michel Belorgey, 2000.

candidature. Il m'a proposé de le rencontrer, indiquant que la décision revenait au Président et que, en toute occurrence, il n'avait pas les moyens de m'embaucher à temps complet. Je lui ai répondu que je ne demandais pas à être payé.

Marc : Comment fonctionnait le CERC ?

Denis : C'était un organisme comme le Commissariat au Plan, directement rattaché au Premier ministre, qui nommait les membres du Conseil. Il y avait deux secrétaires, deux documentalistes et cinq rapporteurs, dont j'étais, avec Yannick L'Horty[1] et Michel Dollé. Les thèmes de nos travaux étaient proposés par Michel Dollé à Jacques Delors. Nous n'avions pas, pour nos rapports, de périodicité fixe. Nous voulions garder la liberté de choisir des sujets demandant des travaux plus ou moins longs. Par exemple, le rapport sur les enfants pauvres (2005) nous a conduits à demander à l'Insee (mais aussi à des centres de recherche universitaires) pas mal de travaux complémentaires.

Christophe : le rapport sur les enfants pauvres est un rapport important qui a fait date.

Denis : Il a aussi donné lieu à débat. Louis Maurin (un ancien journaliste de la rédaction d'*Alternatives Économiques*, qui a ensuite fondé avec Patrick Savidan, l'Observatoire des inégalités) considérait qu'il n'y a pas d'enfant pauvre : il n'y a que des familles pauvres. Notre thèse était que les enfants sont des personnes en devenir, et que, même si l'on ne peut pas sortir la famille de la pauvreté, il faut donner aux enfants accès à des services qui leur permettront d'échapper non pas à la pauvreté de leur famille, mais aux conditions qui tendent à perpétuer cette pauvreté à travers les générations, notamment l'échec scolaire. Nous préconisions donc de nous centrer sur les enfants, de sorte que ceux qui reçoivent moins d'atouts de la part de leur famille (aide aux devoirs, apprentissage de la langue, conditions d'études dans un logement bruyant ou surpeuplé, etc.), puissent s'appuyer sur la collectivité pour rétablir l'égalité des chances. Cette idée commence seulement à se concrétiser (on parle désormais d'« investissement social »), avec l'accès prioritaire aux crèches, le suivi scolaire renforcé, les classes de CP et CE1 dédoublées dans les zones d'éducation prioritaire, etc.

1 Yannick L'Horty est économiste, professeur à l'Université Paris-Est Marne-La-Vallée, et directeur de recherches au CNRS.

Christophe : quelles relations entretenais-tu avec Jacques Delors et Michel Dollé ?

Denis : Quand j'ai rencontré Michel Dollé afin de travailler au CERC, il a jeté un coup d'œil à mon CV : « Vous êtes né à Sidi-Bel-Abbès ? en 42 ? » « Oui, mon père était militaire. » « Moi aussi, mon père était militaire et je suis né en Algérie en 1942, à Constantine. » La conversation a pris alors un tour très cordial puis, assez rapidement, les relations cordiales sont devnues amicales. J'ai donc négocié mon détachement à temps partiel avec l'Enesad.

Au CERC, Michel Dollé était rapporteur général. On l'appelait « le chef » ; il distribuait les tâches et les consignes, animait les réunions de travail collectif, participait fortement à la rédaction des rapports. Un peu comme un rédacteur en chef ! Jacques Delors était fréquemment en contact avec lui, mais les simples rapporteurs (dont j'étais) étaient plus rarement admis à rencontrer le Président dans le bureau qui lui était réservé au CERC. Comme la glace était brisée entre Michel et moi, nous échangions souvent dans le « bureau du chef ». Il avait une capacité hors du commun à imaginer de nouvelles façons d'aborder de façon originale une question mille fois traitée par d'autres. Par la force des choses, nous croisions Jacques Delors souvent dans les couloirs, et parfois il convoquait tel ou tel, voire plusieurs d'entre nous dans son bureau « présidentiel » pour faire le point sur le rapport en cours ou pour commenter l'actualité. Comme le courant passait bien entre « le chef » et moi, il m'est arrivé à plusieurs reprises de participer aux discussions entre le rapporteur général et le Président. Je me souviens notamment d'une rencontre à trois à l'occasion d'un rapport sur la flexisécurité. Le rapport n'avançait guère, Michel n'était pas satisfait de son contenu provisoire, trop conventionnel. Mais il fallait quand même commencer à rédiger le rapport. Le Président avait eu la semaine précédente la trame que nous pensions suivre et le texte provisoire. Nous nous retrouvions donc pour connaître ses réactions. Jacques Delors est entré dans une colère terrible : « Vous voulez me ridiculiser ! ... Je préfère partir plutôt que de signer ce rapport. C'est moi qui signe, ce n'est pas vous ! » Michel Dollé est devenu blanc, mais silencieux. J'ai pensé qu'il allait démissionner. J'ai pris la parole pour expliquer à Jacques Delors les difficultés que nous rencontrions, et j'ai réussi à le calmer. Paradoxalement, cette séance a créé une espèce de connivence entre nous trois, qui a permis de débloquer la situation. Comme je connaissais pas mal de journalistes (pour les conférences de presse) et d'économistes (comme personnes ressources intéressantes), et que je recevais souvent en service de presse des livres relevant de notre champ de compétence, je suis en quelque sorte devenu moi-même un « rapporteur-ressources » : sans être un proche de Jacques Delors, nos relations étaient cordiales et détendues, et il arrivait parfois que dans son bureau, il me parle de telle conférence qu'il avait donnée ou des *Mémoires* qu'il était en train de rédiger, voire me demande mon point de vue sur une question qui le préoccupait. La proximité que j'avais avec le rapporteur général a eu pour effet, en quelque sorte de percoler dans mes relations avec le Président, qui sont de ce fait devenues relativement plus fréquentes que celles qu'il avait avec les autres rapporteurs.

J'ai quitté le CERC début 2008. Nicolas Sarkozy, peut-être manquant de courage, s'était bien gardé de désigner de nouveaux membres du Conseil à l'issue du mandat de ceux qui avaient été nommés en 2004, pour quatre ans. Idem pour les contrats (à durée déterminée) des rapporteurs. Si bien qu'en 2008, situation kafkaïenne, le CERC existait toujours, mais ne comportait plus ni membres du Conseil (à l'exception de deux membres de droit : le directeur général de l'Insee et celui de la DARES, la division statistique du ministère du Travail), ni salariés, ni Président (mandat expiré). Encore plus kafkaïen : le rapporteur général était toujours juridiquement en poste, car les statuts du CERC spécifiaient que la fin de son exercice était promulguée par arrêté du Premier ministre, lequel ne l'a jamais fait. Le CERC est ainsi mort d'inanition, sans bruit et sans que les media le signalent. Sauf *Libé* (n° du 29/03/2010) qui a publié une tribune signée par tous les anciens rapporteurs. En voici quelques passages : « Matignon (...) a décidé d'en finir avec le CERC. Pas brutalement, à la Balladur, rayant d'un coup de plume une institution qui dérangeait (...). Bien plus doucement, sans bouger le petit doigt. Ne rien faire, tel est le secret de la disparition sans bruit : privé d'oxygène, le feu s'éteint. Suffit de ne pas renouveler. Et ça marche : personne ne s'est aperçu de rien, pas d'article dénonciateur, de pétition exigeante ou de colloque de protestation. Silence, on supprime. » Le CERC a été dissous officiellement en 2013. Mais l'amitié nouée avec Michel Dollé est restée : nous avons écrit ensemble plusieurs articles et un livre (*Réduire la pauvreté*).

6 - Combattre la pauvreté sans relâche

Christophe : Tu n'as jamais ménagé ta peine, donnant à de nombreux journaux des articles faisant connaître les causes que tu as toujours soutenues. La lutte contre la pauvreté a été l'une de tes préoccupations les plus constantes, notamment à la fin des années 1980, après le rapport de Joseph Wresinski[1]*, et tu cherchais à faire passer des messages et des analyses auprès du plus grand nombre.*

Oui, j'y étais d'autant plus sensible que mes beaux-parents avaient été volontaires dans le mouvement ATD (autrefois « Aide à toute détresse », devenu désormais « Agir tous pour la dignité ») et que la Maison de vacances familiales animée par l'association est la voisine la plus proche de la maison que nous habitons dans le Jura depuis 1987.

Christophe : Je souhaiterais que tu nous parles de ton engagement dans la FNARS[2]*.*

Denis : Je suis arrivé à la FNARS par deux voies : une personne et un centre d'intérêt.

La personne, c'est Marie-Pierre Cattet, qui a présidé de 2003 à 2007 le MRJC (Mouvement rural de la jeunesse chrétienne[3]) ; elle m'avait demandé d'intervenir dans plusieurs réunions de travail de permanents ou militants du MRJC pour approfondir des questions comme la désertification des territoires, la transformation du rural, etc. Marie-Pierre Cattet était une animatrice hors-pair, usant des méthodes de l'éducation populaire, où l'on fait parler les stagiaires, où l'on part de leurs préoccupations et non des savoirs des intervenants extérieurs, les participants n'hésitant pas à pousser ceux-ci dans leurs derniers retranchements. J'avais trouvé cela très stimulant et enrichissant aussi bien pour les intervenants que pour les participants. En 2013,

1 Joseph Wresinski, fondateur en 1957 du mouvement ATD Quart monde a fait adopter le 11 février 1987 par le Conseil économique et social – dont il était membre – un rapport qui a beaucoup marqué, en France et en Europe : *Grande pauvreté et précarité économique et sociale*.

2 La FNARS, Fédération nationale des associations d'accueil et de réadaptation sociale, a été créée en 1956. Elle a été présidée par Nicole Maestracci de 2004 à 2012, et par Louis Gallois depuis cette date. En 2016 elle a changé de nom, devenant la Fédération des acteurs de la solidarité.

3 Le MRJC a succédé à l'ancienne JAC, Jeunesse agricole catholique, qui a joué un rôle important dans les années 1950-1960 dans la transformation agricole du pays. L'association a abandonné son qualificatif « agricole » au bénéfice de « rural », pour indiquer qu'elle vise à animer des territoires ruraux, et pas simplement une activité agricole.

elle est venue me voir chez moi. Elle avait quitté la présidence du MRJC, et pris un poste de déléguée régionale de la FNARS Franche-Comté. La fédération régionale cherchait un président. Pas question : après avoir quitté le CERC, j'avais envie de me poser un peu. Elle a insisté, m'a convié à une réunion du CA où j'ai rencontré des personnalités marquantes, tout le contraire de « dames d'œuvre » : passionnées par leur travail, dynamiques, inventives… un peu comme des chefs d'entreprises dont la motivation serait non pas le profit ou le pouvoir, mais l'insertion sociale et la solidarité, et dont le chiffre d'affaires serait le nombre de personnes sortant des ornières de l'exclusion. Bref des gens qui, pour reprendre le célèbre dicton, se souciaient moins de donner du poisson aux personnes en difficulté que de leur apprendre à pêcher. Avec l'IAE (insertion par l'activité économique), on passait de l'assistance à l'action sociale, de la charité à l'investissement social. J'ai ainsi fait la connaissance de dirigeants ou administrateurs d'associations gérant des chantiers d'insertion : Daniel Boucon (Blanchisserie du refuge à Besançon), Jean-François Dugourd (ressourcerie TRI à Quingey), Nicole Goemare (EPART, réparation ou fabrication de palettes à Lons-le-Saunier), Marie Hurlimann (Régie de quartier à Dole), Danièle Bavoux, Présidente de Coopagir à Dole, et bien d'autres. Au sein des structures d'insertion par l'activité économique (IAE) et/ou de centres d'hébergement (CHRS) dont ils s'occupaient, ils faisaient preuve à la fois d'un engagement sans réserve et d'une inventivité peu commune. J'ai été convaincu et j'ai plongé dans ce milieu, nouveau pour moi. Je connaissais les structures d'insertion « de l'extérieur », notamment pour avoir publié la *Lettre de l'insertion par l'activité économique* pendant plus d'une dizaine d'années et m'y être investi personnellement pendant cinq ans, mais je ne savais rien de la façon dont les choses se passaient « à l'intérieur ». J'ai beaucoup appris sur l'IAE durant cette Présidence, puisque, en Franche-Comté, une quarantaine de chantiers d'insertion par l'activité économique adhéraient à la Fédération.

Évidemment – deuxième raison de mon acceptation – l'insertion dans l'emploi me semblait, et me semble toujours, un élément clé pour lutter contre la pauvreté : l'emploi n'est pas seulement une source de revenus, mais aussi de socialisation (les relations de travail avec les collègues) et d'estime de soi, puisqu'on se sent utile. La question de la pauvreté me taraudait depuis longtemps : comment un pays globalement riche peut-il accepter de voir une fraction non négligeable de sa population (un septième environ) vivre dans des conditions indécentes ? Au CERC, toute l'équipe avait travaillé sur ce sujet complexe et nous avions vite repéré à quel point l'insertion dans l'emploi est un levier important pour sortir de la pauvreté : sur les cinq millions de personnes d'âge actif (18-59 ans) qui sont en situation de pauvreté, près de la moitié sont sans emploi. En outre, *Alternatives Économiques* suivait attentivement cette question depuis longtemps, avant même que soit créé le RMI.

Christophe : Je me souviens de cette époque, et surtout de la première Assemblée générale de l'association Alternatives Économiques à laquelle j'ai participé. Tu avais invité André Gorz à venir parler du « revenu social ». Il avait décliné l'invitation et t'avait suggéré d'inviter Philippe Van Parijs[1]*. J'étais allé le chercher à la gare et il avait fait un exposé très brillant décrivant toutes les propositions faites dans ce domaine dans les années récentes : l'impôt négatif, les thèses de Lionel Stoléru*[2]*, sa propre conception de l'allocation universelle, etc. Hélas, la salle était très peu remplie : une quinzaine de personnes. On voit que la question du combat contre la pauvreté remonte à loin dans ton itinéraire. Je rappellerai aussi ta participation à la commission « Famille, vulnérabilité, pauvreté » qui avait été confiée par Philippe Douste-Blazy à Martin Hirsch. Et, d'une certaine manière, tu es à l'origine du RSA. Tu avais fait une proposition à Martin Hirsch – que tu avais d'ailleurs publiée dans* L'Économie politique *– qui était le soubassement de ce qui allait devenir le RSA*[3]*.*

Denis : : Il faut rendre à César ce qui lui appartient : c'est Roger Godino (ancien conseiller social de Michel Rocard) qui, le premier, a lancé l'idée de transformer le RMI en ce qu'il appelait une « allocation de complément de revenu » (ACR) dans une Note de la Fondation Saint-Simon (n° 109, février 1999). Pour éviter que le revenu issu de la reprise d'un emploi par une personne percevant le RMI ne provoque une réduction d'autant de cette aide sociale, il suggérait d'amputer le RMI versé de 50 % du revenu d'activité perçu, ce qui aurait permis de supprimer l'aide sociale à peu près au niveau du Smic à temps plein. Le CERC, dans son premier rapport (Accès à l'emploi et protection sociale), avait repris cette proposition.

1 Philippe van Parijs est un philosophe belge héraut de l'« allocation universelle ».

2 Lionel Stoléru défendait un « revenu universel », qu'il a décrit dans son livre : *Vaincre la pauvreté dans les pays riches.*

3 Denis Clerc, « Un plan de lutte contre la pauvreté en trois mesures », et surtout l'annexe à cet article, « Un schéma possible de garantie de revenu visant à éradiquer la pauvreté », dans *L'Économie politique* n° 26, 2e trimestre 2005.

L'article de *L'économie politique* que j'avais écrit faisait référence à ce rapport, et la proposition, mise en forme par Étienne Grass (un jeune Inspecteur général des affaires sociales qui assistait Martin Hirsch), a figuré dans le rapport de la Commission (qui comprenait notamment Nicole Maestracci, alors Présidente de la FNARS). En 2008 Sarkozy concrétisa cette proposition, transformant le RMI en Revenu de Solidarité Active (appelé RSA socle), tandis que les travailleurs de 25 ans ou plus à faible revenu d'activité pouvaient prétendre à un « RSA-activité » (aujourd'hui remplacé par une « prime d'activité ») égal au RSA amputé de 38 % du revenu d'activité perçu, selon la même logique que l'ACR de Roger Godino. Un peu plus tard (2013), nommée au Conseil Constitutionnel, Nicole Maestracci faisait ses adieux à la FNARS et transmettait le témoin à Louis Gallois. Comme je lui disais que j'hésitais à occuper le poste de Président de la FNARS-Franche-Comté qui m'était proposé, elle m'a chaudement invité à accepter. Deux personnes que j'appréciais – Nicole Maestracci et Marie-Pierre Cattet – me conseillaient de me jeter dans le bain de l'insertion. Je ne l'ai pas regretté.

Christophe : Combien de temps es-tu resté à la FNARS ?

Denis : J'ai été élu président de la FNARS Franche Comté en novembre 2013, et j'ai laissé la place à mon collègue de Bourgogne en juin 2016, après que les deux régions administratives aient fusionné. Je suis resté président d'une structure d'insertion par l'activité économique (EPART, à Lons) jusqu'à mi-2018, date d'expiration de mon mandat.

7 - Pour répondre à la contrainte écologique, une priorité absolue : réduire les inégalités

Christophe : On voit qu'aujourd'hui la contrainte écologique sur l'économie s'impose, et que la croissance économique est devenue problématique, avec des effets qui ne sont pas tenables à long terme. C'est très nouveau, cette prise en compte de l'écologie dans les raisonnements économiques.

Denis : *La Gueule ouverte* le disait depuis longtemps.

Christophe : Certes, dans les années 1970 ; mais l'audience était très faible.

Denis : Oui, et il y a eu des signaux forts qui n'ont pas été entendus. La façon dont a été traité par les économistes le rapport Meadows (1972), qui tira le premier la sonnette d'alarme à partir d'une analyse fouillée des conséquences de la croissance sur la pollution et les ressources naturelles non renouvelables, est insupportable. Il vaut la peine de citer une deuxième fois ce qu'écrivait l'économiste britannique Wilfred Beckerman à propos du Club de Rome, qui avait financé le rapport : « De quel degré de bêtise devez-vous faire montre pour être admis au Club de Rome ? »

Cette analyse revenait, selon ses détracteurs, à sous-estimer le pouvoir du marché – si une ressource devient rare, son prix augmente et son usage diminue – et la capacité de la recherche à trouver des solutions. Un moment déstabilisés, ils retournèrent donc à leur objet favori : comment atteindre la croissance la plus élevée possible? La prise de conscience, notamment chez les économistes, que la société vivait au-dessus de ses moyens, a été laborieuse. Je peux en témoigner, puisque j'ai longtemps pensé qu'il pouvait y avoir une croissance durable qui pourrait préserver la planète tout en assurant une augmentation du niveau de vie. Je ne le pense plus : ma fille aînée, Dominique, économiste elle aussi, m'en a convaincu par un raisonnement très simple : même si l'on veille à bannir de l'activité productive ou de la consommation tout élément susceptible d'engendrer des effets polluants ou destructeurs, le fait de disposer d'un niveau de vie individuel en progression se traduit par davantage de consommation, donc de ressources utilisées (énergie, matières premières, eau, terres, espace…). Cette ponction croissante sur les ressources naturelles ne peut pas progresser à l'infini, et elle se traduit inévitablement par un rationnement contraint pour ceux dont les niveaux de vie sont moindres. Augmenter le niveau de vie des habitants des pays riches ne peut que condamner une partie de l'humanité à ne pas pouvoir disposer des ressources dont elle a besoin pour mener une vie décente. Ce simple constat devrait déboucher sur une réorientation majeure des politiques publiques : rechercher non pas la croissance, mais la réduction des inégalités. En France, le niveau de vie moyen[1] en 2017 était de 705 euros par mois dans le dixième le plus pauvre de la population, et de 6 020 euros pour les 5 % les plus aisés. Cet écart, presque de 1 à 10, est insupportable. Si le revenu disponible (après impôt) était plus équitablement partagé, chacun pourrait mener une vie décente. Mais la plupart des économistes restent les yeux braqués sur la croissance économique, persuadés que la progression de l'activité engendre une amélioration pour tous. L'augmentation du nombre de personnes en situation de pauvreté montre qu'il n'en est rien : en France, le revenu national par habitant (après déduction de l'inflation) a beau avoir augmenté de 27 % entre 1996 et 2017, cela n'a pas empêché que le nombre de personnes en situation de pauvreté augmente de 10 %. En revanche, cette même progression du revenu a fortement contribué à dégrader l'environnement, soit par la production, soit par la consommation.

Christophe : Quand l'évidence des limites de la croissance soutenable commence à s'imposer, cela modifie les raisonnements des économistes. Mais jusqu'au Protocole de Kyoto de 1997, on traitait cette question en tentant de répondre à la question : « Comment prendre en compte les externalités négatives ? » et c'était à l'État de s'en charger en encadrant le marché. Au moment de Kyoto, les Anglo-saxons ont imposé une autre façon de voir les choses par l'instauration de quotas de CO_2 et d'un traitement par le marché. Et c'est ce camp-là, avec un marché des droits à polluer, qui s'est imposé et a fait en sorte que la question écologique soit prise en charge par le raisonnement économique traditionnel. Penses-tu que cela peut marcher ?

Denis : je n'aime pas trop l'expression « droits à polluer », car il s'agit plutôt de rendre coûteux des rejets de polluants qui ne l'étaient pas jusqu'ici. Ceci dit, il est vrai que ce marché des quotas (CO^2, mais aussi oxydes d'azote, etc.), instauré à l'échelle européenne, fonctionne assez mal, les industries concernées ayant réussi à obtenir que les droits d'émission qui leur sont distribués gratuitement couvrent l'essentiel des rejets dont elles sont

1 Par unité de consommation, c'est-à-dire en divisant le revenu après impôt du ménage par le nombre d'unités de consommation qu'il comprend (1 pour la première personne, 0,5 par personne suivante (0,3 pour les moins de 14 ans).

responsables : si certaines en manquent, soit du fait d'une progression de leur activité, soit en raison d'une insuffisance d'investissements destinés à réduire leurs rejets, elles n'ont guère de difficulté à en acheter pas trop cher sur le marché. En outre, les politiques publiques menées jusqu'ici en France portent aussi une part de responsabilité.

Si l'industrie a sensiblement réduit ses rejets depuis une dizaine d'années, ce n'est le cas ni des transports, ni des consommateurs, lesquels ne sont pas concernés par les quotas et ne sont donc pas pénalisés si leurs émissions augmentent. L'État français a même capitulé une première fois devant les « bonnets rouges » (2013) qui refusaient une écotaxe sur les poids lourds, et une deuxième fois devant les « gilets jaunes » (2018) en suspendant l'écotaxe sur les carburants. Dans les deux cas, l'erreur a sans doute été de tenter de réduire les émissions de gaz à effet de serre par une taxe sans prendre en compte les effets sociaux sur la partie la plus fragile des usagers.

Par ailleurs, les producteurs d'énergie « carbonée » ont la possibilité de respecter les quotas d'émission qui leur sont attribués non pas en réduisant leurs émissions, mais en rachetant des « certificats d'économie d'énergie » obtenus par des sous-traitants qui isolent caves ou combles de logements ou remplacent de vieilles chaudières. Les travaux sont ainsi payés indirectement aux sous-traitants, non par les bénéficiaires, mais par les entreprises de production d'énergie qui achètent leurs certificats d'économie d'énergie. *Total* échappe ainsi à tout paiement sur ses émissions de gaz à effet de serre en transférant sa responsabilité sur des entreprises du bâtiment. Cette politique, en apparence astucieuse, s'est révélée très critiquable : travaux bâclés, racolage téléphonique énervant, réduction effective des émissions très surestimée, fraudes voire blanchiment de fonds par des « entreprises » bidons. L'opportunisme provoqué par une évaluation publique défaillante ou insuffisante se traduit par des économies d'énergie sans doute bien moindres que les montants affichés. Entre les impérities étatiques (sur l'écotaxe) et les tromperies du marché (sur les certificats d'économie d'énergie), les politiques publiques n'ont pas été à la hauteur, alors même qu'il y a urgence dans ce domaine. Une fois encore, un bien commun est maltraité au bénéfice d'intérêts privés. Jean Tirole, notre « prix Nobel d'économie », dans son livre grand public *Économie du bien commun*, écrit que « les mécanismes de prix (taxe ou marché) ne sont pas les ennemis d'une politique écologique, mais bien au contraire la condition nécessaire pour qu'une politique écologique de grande envergure puisse se réaliser ». C'est vrai, mais c'est insuffisant, tant le marché sans régulation, voire contrainte, favorise les intérêts privés plus que l'intérêt général.

Toutefois, l'idée que les acteurs privés doivent prendre leur part de l'objectif commun et réduire les externalités négatives a beaucoup progressé, et cette prise de conscience des acteurs économiques me paraît positive, même si elle n'est pas sans faille !

Christophe : Cet exemple reboucle sur ton itinéraire, à l'époque où tu travaillais à l'AFME. L'une des premières actions de l'AFME a été de proposer des diagnostics thermiques pour aider les particuliers à économiser l'énergie en isolant mieux leurs logements.

Denis : À l'AFME, Michel Crémieux avait imaginé une solution : une banque finançait les travaux et se remboursait sur les économies effectives ou sur les économies annoncées par le prestataire qui allait faire les travaux. Mais la Caisse des Dépôts, qui devait être le support financier de cette opération, a refusé, la jugeant trop compliquée. Alors qu'aux États-Unis (Californie) elle fonctionne fort bien.

Christophe : on dirait qu'essayer de traiter la question écologique par la croissance verte, durable, est une impasse. Et qu'on ne pourrait renverser la tendance que par un changement radical du mode de vie. Du coup s'est développé un courant qui préconise la décroissance. Quelle est ta position ?

Denis : Je viens de lire le *Que sais-je* de Serge Latouche sur « la décroissance ». C'est un livre intéressant, parce qu'il introduit des nuances, mais en gros il oppose une société conviviale, locale, communautaire, à l'actuelle société productiviste, urbaine et individualiste. Dans l'idéal, il n'y aurait plus de grande ville, que du culturel, de la convivialité. C'est un peu enfantin. D'autant qu'il faut savoir si l'on raisonne à l'échelle française ou à l'échelle mondiale. À l'échelle mondiale, nul ne peut douter que la croissance est indispensable pour sortir de nombreuses populations de situations dramatiques. C'est la croissance économique qui a permis aux pays asiatiques (avant-hier Japon, hier Corée du Sud, aujourd'hui Chine et Thaïlande, demain Inde, Viêt-Nam et Birmanie) de réduire leur taux de pauvreté dans des proportions ahurissantes. Certes, aujourd'hui encore (2015) environ 740 millions de personnes souffrent de la faim, mais il n'y en a quasiment plus en Asie sauf zones de conflits (Afghanistan, Syrie, Yémen, Irak…). Pour l'essentiel, les populations pauvres souffrant de la faim se trouvent en

Afrique, et le vrai problème est de savoir si l'Afrique est capable de suivre la voie asiatique. Ce modèle, basé sur des activités exportatrices de biens manufacturés ou de services informatiques a eu des effets négatifs en Europe, où il a détruit quantité d'emplois industriels, mais c'est au fond une forme de partage de l'activité économique jusque-là captée quasi-exclusivement par les pays de vieille industrialisation. Ces derniers – les nôtres – doivent désormais changer de mode de vie, mais dans les pays du sud, et surtout en Afrique, il faut avant tout changer le niveau de vie. Et aussi parvenir à réduire sensiblement et rapidement la croissance démographique : la majorité des pays d'Afrique subsahariennes ont des taux de fécondité supérieurs à 5 enfants par femme, ce qui conduit à un doublement de la population en moins de 30 ans. À défaut, on continuera à avoir des migrations vers les pays du Nord qui poseront de nombreux problèmes, une évolution démographique non soutenable – on sait que la fécondité est en grande partie liée au niveau de vie –, etc.

Pour de multiples raisons, la croissance économique est une nécessité pour les pays pauvres. Il en faut donc au niveau mondial. Par contre, dans les pays plus riches, il est impératif de changer en profondeur notre mode de vie et de réduire les inégalités pour rendre cette politique acceptable. Certes, en France, les inégalités restent stables, mais elles ne se réduisent pas non plus. Et ailleurs, même dans des pays très sociaux comme la Suède, la pauvreté s'accroît. Dans son dernier livre, Branco Milanovic[1] soutient qu'il faut rééquilibrer la répartition des revenus au niveau mondial. Dans le monde, une fraction importante des populations qui étaient très pauvres en 1980 et se situaient alors dans le premier ou le deuxième dixième[2] le plus pauvre (au niveau mondial) se trouvent désormais dans les « classes moyennes » (du 4ᵉ au 6ᵉ dixième mondial) grâce au « rattrapage » accéléré de la Chine et des autres pays émergents. La mauvaise nouvelle est que, dans cet ancien « Tiers-Monde » très pauvre, de nombreuses personnes – un tiers de la population mondiale environ – n'ont guère vu leur horizon se dégager, la partie la plus défavorisée restant ou s'enfonçant dans la misère, et souvent ne mangeant pas à leur faim. Dans les pays de vieille industrialisation, en 1980, la quasi-totalité des personnes se situaient globalement dans les trois dixièmes les plus favorisés de la population mondiale, car

1 Milanovic B., *Inégalités mondiales. Le destin des classes moyennes, les ultra-riches et l'égalité des chances*, La Découverte, 2019.

2 En 1980, chaque dixième de la population mondiale comprenait 440 millions de personnes. En 2020, ce devrait être presque le double (780 millions).

même lorsque leurs revenus étaient modestes, ils dépassaient considérablement ceux des populations du « Tiers-Monde » d'alors. Mais, quarante ans après, leur situation relative s'est soit dégradée, soit, le plus souvent, ne s'est pas notablement améliorée : leur revenu n'a que peu progressé, sauf pour la petite minorité des riches (quelques centaines de millions de personnes) et, surtout, des ultra-riches (quelques dizaines de millions), dont le revenu a littéralement explosé. D'où le sentiment du gros de la troupe des pays de vieille industrialisation d'être les dindons de la farce : surtout depuis 2000, leurs revenus stagnent ou baissent, les Chinois (et d'autres) les rattrapent et les riches décrochent le pompon.

Nous voici donc entrés dans une économie où *the winner takes all* (le gagnant rafle tout), qu'illustre le célèbre film de John Huston, *Le trésor de la Sierra Madre* : lorsque le vieux mineur meurt après avoir découvert un riche filon, des centaines de chercheurs d'or se mettent en chasse pour retrouver le filon en question, mais il n'y aura qu'un gagnant. Sans doute faudrait-il définir un seuil de richesse, tout comme on définit un seuil de pauvreté. Le niveau de vie des « super-riches » – quelques millions d'euros par mois – permet au reste du dixième le plus aisé de la population de se croire membre des « classes moyennes » et donc de ne pas se sentir privilégié. L'explosion des revenus au sommet de la pyramide sociale attise des armées d'ambitieux qui s'efforcent de gravir la pyramide de la fortune. Stuart Mill déplorait déjà que « la vie de tout un sexe [soit] employée à courir après les dollars, et la vie de l'autre à élever des chasseurs de dollars ».

Marc : Warren Buffet a dit : « Je veux que mes enfants héritent d'assez d'argent pour se sentir libres de faire ce qu'ils veulent, mais pas assez pour éviter qu'ils ne fassent rien. »

Denis : Il a conscience de ce que sa fortune n'est pas principalement due à ses talents, mais aussi au fait d'être né dans le bon pays au bon moment. Ils ne sont pas nombreux les ultra-riches qui ont conscience de ce fait. John Rawls, le philosophe américain, écrit dans sa *Théorie de la justice :* « Avons-nous un mérite du fait qu'un caractère supérieur nous a rendus capables de l'effort pour cultiver nos dons ? (…) Un tel caractère dépend en bonne partie d'un milieu familial heureux et des circonstances sociales de notre enfance, que nous ne pouvons pas mettre à notre actif. La notion de mérite ne s'applique pas ici. »

Christophe : nous sommes partis de l'impératif écologique, qui s'impose très fortement au raisonnement économique, mais ce que je perçois dans ta façon de raisonner, c'est que la priorité aujourd'hui, y compris si l'on veut répondre à l'impératif écologique, c'est de réduire les inégalités. C'est ton choix.

Denis : Oui, je le pense profondément. Certes, l'histoire économique montre que la croissance finit toujours par ruisseler : ceux dont les revenus progressent grâce à elle les dépensent, soit en consommation, soit en investissements, et, dans les deux cas, ces dépenses se transforment en revenus pour des personnes situées plus bas dans la hiérarchie. Keynes a même fait de ce ruissellement un des piliers de son raisonnement sous le terme de « propension à consommer ». Mais le ruissellement n'est que partiel : une fraction des revenus élevés se transforme en patrimoine, le reste n'irrigue que certains terrains. Au total, le ruissellement accentue les inégalités et creuse les écarts entre les catégories sociales. On ne peut pas compter sur la croissance pour réduire les inégalités : seules des politiques publiques peuvent les cantonner, voire les réduire, comme le montre brillamment Thomas Piketty.

Avec la mondialisation, la libéralisation des flux de capitaux et les politiques de l'offre, on constate que dans presque tous les pays riches (la France étant une des exceptions), les inégalités s'accentuent considérablement, ce qui exacerbe les tensions sociales et engendre des effets environnementaux dramatiques. C'est cette course à l'abîme qu'il faut à tout prix arrêter.

Christophe : Se développe aussi l'idée qu'il faudrait investir massivement dans la transition écologique. Éoliennes, isolation de bâtiments… Pour toi, est-ce une solution ?

Denis : Il ne fait aucun doute que, pour gagner la guerre contre les émissions de gaz à effet de serre, il faut investir des sommes colossales. Pour convertir les voitures à l'électricité, transférer une partie du trafic routier vers le ferroviaire, améliorer l'efficacité énergétique des bâtiments et des transports de marchandises, produire de l'électricité et du gaz renouvelables, imaginer des matériaux 100 % recyclables, abandonner l'agriculture productiviste au profit de méthodes de production respectueuses de l'environnement, etc. C'est l'option 1 : on verdit production et consommation, et cela coûte cher en recherche-développement, en investissement et en travail (pour l'agriculture et le bâtiment notamment). Il existe une option 2, qui s'appuie sur des changements de comportement : moins de déplacements, plus de co-voiturage ; moins de plastiques, plus de carton ; moins de chauffage, plus de pulls ; moins de viande, plus de légumes (bio) ; moins de déchets, plus de compost et de tri ; etc. Ma conviction est qu'il faut un mariage entre les deux stratégies : ne pas tout attendre des investissements, comprendre que c'est aussi notre mode de vie qui est en cause. Mais mettre à la poubelle la modernité, sous prétexte qu'elle est génératrice de prédation, c'est se condamner à des refus de la grande majorité de nos concitoyens. Il s'agit donc de trouver un mixage entre ces deux stratégies : vivre simplement tout en ayant des transports collectifs de qualité pour se rendre au travail, par exemple. Le temps des piscines et des climatiseurs personnels (sans rien dire du chauffage électrique), des EPR[1] et des vols spatiaux doit être révolu. L'heure est à la réduction de nos consommations, pas à leur progression. Et je pense que vivre modestement nous permet de gagner en qualité de vie (c'est mon expérience).

Christophe : Donc les intuitions qui avaient conduit à créer l'AFME (Agence française pour la maîtrise de l'énergie, qui a précédé l'actuelle ADEME) étaient pertinentes. Mais dans la politique de la gauche arrivée au pouvoir en 1981, cela restait des options relativement marginales, par rapport aux tenants du développement du nucléaire, par exemple. Et une fois que la droite est revenue en 1986, l'AFME a quasiment disparu. D'une certaine manière il faudrait revenir aux intuitions de l'AFME.

Denis : L'AFME était trop en avance sur son temps. L'objectif était bien sûr de « maîtriser » les consommations d'énergie (c'est-à-dire de les réduire sans que cela se traduise par un mode de vie différent) et de moins compter sur les hydrocarbures et le nucléaire, davantage sur les énergies renouvelables. Mais l'opinion publique n'était pas du tout sensibilisée aux enjeux climatiques et planétaires qui sont aujourd'hui le problème essentiel. La prise de conscience citoyenne sur ces enjeux est récente, mais elle est réelle. Au moment de la signature de l'accord de Paris sur le climat (fin 2015), il y avait encore une partie non négligeable de personnes qui, dans la lignée d'un Claude Allègre, se montraient climato-sceptiques en France. Aujourd'hui, ces derniers ne constituent plus qu'un groupe très minoritaire et l'environnement est un sujet dont tout le monde parle. Des décisions courageuses sont donc possibles, même si chacun – hélas – pense que ce sont les autres (les riches, les bobos, l'État, les Américains, Total...) qui doivent faire cet effort, pas soi-même. Notre problème est plutôt désormais de mettre fin au

1 Centrale nucléaire de nouvelle génération très coûteuse en investissement.

syndrome du passager clandestin (je profite de l'action des autres sans que cela me coûte quoi que ce soit). Une fois encore, la meilleure façon de lutter contre ce comportement, c'est de réduire sensiblement les inégalités de sorte que l'effort à fournir soit partagé par tous sans que les moins bien lotis en soient victimes.

Marc : Quid du mouvement des Villes en transition[1] ? On en entend rarement parler et pourtant il applique la transition « locale ». Dans les « Villes en transition » comme Totnes (Devon) ou Kinsale (Irlande) — environ 2000 villes dans le monde, en 2019 –, on pratique les mobilités « non carbonées » : transports collectifs, échangés ou partagés, et on recherche, pour la satisfaction des besoins quotidiens, des circuits courts, des solutions locales, coopératives, communautaires.

Denis : Il existe aussi un organisme international, Énergie-cités (*Energicity*), créé par un ancien de l'AFME, Gérard Magnin, qui réunit une partie des grandes villes du monde, de sorte que les initiatives ou expérimentations des unes donnent des idées aux autres. Progressivement, les comportements changent, surtout lorsqu'ils sont facilités par les autorités municipales et locales. À Paris, beaucoup a été fait pour réduire la circulation automobile et l'isolation des immeubles pourrait devenir systématique. Cela aura des effets environnementaux positifs, mais je constate – aussi bien à Paris qu'à Dijon – que les accros à la voiture restent nombreux. On avance, mais encore trop lentement, en traînant les pieds. Dans le même « J.T. » de 20 h., on peut nous montrer avec effroi la fonte des glaciers et avec enthousiasme des fusées lunaires ou martiennes à la conquête de l'univers. D'où l'importance des initiatives comme les « Villes en transition », ou les associations de terrain, qui incitent chacun à devenir acteur du changement. Dans ce domaine pour arrêter la course folle dont la planète est victime, micro et macro sont dans le même bateau. Micro : chacun, à travers son mode de vie, dispose d'une capacité d'action. Macro : chaque pays, à travers les politiques publiques et les investissements verts, peut aller dans le bon sens. Ce sont ces deux leviers qu'il nous faut aujourd'hui actionner. Et vite.

1 La transition en question est celle « de l'ère du pétrole à celle de la fin de l'énergie bon marché » (Hopkins R, *The Transition Handbook, From Oil Dependency to Local Resilience*, White River Junction (Vermont), Chelsea Green Publisher, 2008, et, en français : *Le pouvoir d'agir ensemble, ici et maintenant*, Actes Sud, 2015).

8 - Face à une crise majeure, être efficace sans renier ses valeurs

Marc : La crise sanitaire que nous venons de connaître a contraint de nombreux pays à placer leur économie en coma artificiel afin de permettre à leurs hôpitaux de fonctionner et de limiter le nombre de décès. En temps de paix, ce choix entre l'activité et la santé ne peut pas être laissé aux dirigeants opérationnels. Seuls les pouvoirs publics peuvent légitimement l'assumer. Les conséquences économiques et sociales sur nos sociétés complexes en seront considérables, et l'on constate que chaque problème n'a que de mauvaises solutions. Les économistes peuvent-ils aider les dirigeants dans leurs choix ?

Denis : De fait, cette crise a fait des dégâts considérables, par les morts qu'elle provoque et les réductions de production, donc de revenus et d'emplois qu'elle a engendrées. Et on n'en est pas encore sorti. Je constate cependant qu'une partie au moins des économistes ont changé leur façon de voir, que ce soit sur la mondialisation, la dette publique, le rôle de l'État face au marché, le financement par la création monétaire (BCE), les critères de Maastricht, etc. Ainsi, dans *Les Échos* du 2 avril 2020, Jean Tirole écrit, à propos des emprunts d'État rachetés par la BCE aux banques qui en détiennent : « Il n'y a pas d'échéance formelle pour le remboursement par les États, le temporaire peut devenir permanent. » Traduction : puisque la planche à billets finance la dette publique, le remboursement pourrait n'avoir jamais lieu. Et notre « prix Nobel » d'estimer que ce serait la meilleure solution. Dans les années 1950, la Banque de France finançait ainsi la reconstruction du pays. L'hétérodoxie a donc marqué des points sur l'orthodoxie, au moins en paroles. Mais peut-être ne s'agit-il que d'une évolution conjoncturelle : à situation exceptionnelle, mesures exceptionnelles. La réduction des inégalités, l'amélioration des services publics, la préservation de l'environnement et les engagements du Traité de Paris, pourraient assez facilement passer à la trappe une fois les dangers immédiats écartés. Les économistes du courant majoritaire pourraient revenir à leur marotte préférée : l'important, c'est la croissance dispensatrice de bienfaits, même si, pour cela, il faut fermer les yeux sur les inégalités, les besoins des services publics et la dégradation de l'environnement. Bref, le bien commun pourrait être sacrifié à nouveau au BAU (*Business as usual* : les affaires, comme d'hab.), le monde « d'après » reprenant habits et habitudes du monde « d'avant » : mondialisation, financiarisation et *tutti quanti*, d'autant que, du côté des entreprises comme des consommateurs, beaucoup ne rêvent que de cela. Ce serait la pente normale et prévisible du capitalisme. Néanmoins, je me raccroche à l'espoir que cela n'est pas inéluctable, et que d'un mal très méchant surgisse un bien : la prise de conscience qu'améliorer la vie est une question de qualité, pas de quantité.

Christophe : Les économies occidentales viennent de subir deux crises systémiques (celle de 2008-2009 et aujourd'hui celle consécutive à la crise sanitaire du Covid-19) dans un contexte de capitalisme hyper financiarisé. En quoi les réactions des États et des banques centrales sont-elles différentes face à la crise actuelle de celles qu'ils eurent en 2008 ?

Les deux crises sont bien différentes : non seulement par leur origine (surendettement pour l'une, pandémie pour l'autre), mais par leur nature. En 2008, pour se désendetter, entreprises, banques, ménages et État ont dû réduire plus ou moins drastiquement leurs dépenses et vendre certains de leurs actifs : c'est la demande qui faisait alors défaut. Alors que, en 2020, c'est l'offre qui s'est réduite (d'un tiers). Dans le premier cas, il fallait soutenir la demande, dans le second, venir au secours des travailleurs et des entreprises dont les revenus ont fondu. Dans les deux cas, l'État a été à la manœuvre, mais dans le premier cas, au moins dans la zone euro, la BCE s'est fait tirer l'oreille et il a fallu attendre trois longues années et un changement de présidence pour qu'elle comprenne que son devoir était d'irriguer au maximum l'économie en monnaie *via* les banques. Mais si une partie de cette monnaie quasi-gratuite a effectivement servi à relancer l'activité, une autre partie a servi à ce que les mieux lotis achètent de l'immobilier (ainsi que des tableaux ou des actions), provoquant ainsi une hausse de leur prix sur le marché, au détriment des locataires. D'où une « inflation d'actifs », gonflant les patrimoines des mieux lotis (et de certaines institutions, comme les fonds d'investissement) alors que les prix des biens et services de consommation restaient très sages. Avec le Covid-19, les vannes ouvertes par la BCE ont servi à financer (toujours *via* les banques) les Pouvoirs publics afin qu'ils soutiennent les revenus des travailleurs et des entreprises. L'État est ainsi devenu une bouée de secours pour que les entreprises et leurs travailleurs ne coulent pas. On voit donc la différence : dans la première crise, la BCE était l'acteur principal, devenu « prêteur en dernier ressort » pour sauver les banques (et la monnaie unique). Dans la seconde, les États sont les acteurs principaux, car « payeurs en dernier ressort », même si ce rôle a été facilité par la BCE. Ou, dit autrement, en 2020 on a socialisé le capitalisme pour qu'il ne s'effondre pas (et la société avec).

Marc : Dans les pays touchés par la pandémie et connaissant de grandes inégalités comme l'Inde ou les États-Unis, les plus pauvres et surtout les plus précaires, qui doivent gagner chaque jour de quoi se nourrir, connaissent des situations effrayantes, alors que les institutions internationales qui pourraient les aider sont elles-mêmes en grande difficulté, le plus souvent pour des raisons politiques. Quels peuvent être les effets de cette crise sur les inégalités sociales ?

Faute de protection sociale, le pays le plus riche du monde, qui nous est souvent présenté comme modèle du fait de son dynamisme économique, voit un quart de ses salariés perdre leur emploi et leur assurance-maladie, et peut-être un cinquième de sa population réduit à mendier. Certes, on reste loin du désastre social de la Grande Crise, mais on s'en rapproche. La crise sanitaire a mis à nu la réalité : les filets de sécurité sont quasiment absents, chacun est prié de compter sur lui pour s'en sortir. On s'aperçoit alors – mais on le savait en réalité depuis longtemps – que, si la protection sociale coûte cher, elle crée une solidarité forte (pas toujours bien acceptée) entre les personnes, entre les générations et entre les régions d'un même pays, ce qui réduit sensiblement les inégalités. Au contraire, aux États-Unis, le refus de socialiser une partie du revenu ne fragilise pas seulement les plus précaires, mais le pays tout entier, en accentuant l'ampleur des dépressions économiques qui peuvent se produire. La leçon sera-t-elle reçue ? Je n'en sais rien, évidemment, mais la mise en parallèle des effets de la pandémie de part et d'autre de l'Atlantique ne plaide pas en faveur du modèle américain. En France, comme ailleurs, le prix de cette crise sanitaire sera lourd, autant pour en effacer les traces que pour s'en prémunir à l'avenir d'un triple point de vue : sanitaire, environnemental et social. Pour que les mesures prises soient acceptables par la société civile, il importe qu'elles soient élaborées en concertation avec les « corps intermédiaires » (syndicats, associations, élus) et que leur coût soit réparti en fonction des capacités contributives de chacun. Deux conditions qui ont assez largement fait défaut au gouvernement Macron et qui, si elles sont respectées, devraient aller dans le sens d'une réduction des inégalités.

Postface : Alternatives Économiques, la pièce manquante du puzzle

Par Marc Mousli

« L'Entre-deux-Mai[1] », terreau d'*Alternatives Économiques*

Denis Clerc a créé *Alternatives Économiques* en 1980, douze ans après mai 1968. La décennie 1970 a été une période agitée, pendant laquelle les Français ont digéré la réussite de leur révolution culturelle et l'échec de leur révolution politique, avec de multiples ruptures dans tous les domaines : les mœurs, l'enseignement, les technologies, la culture, la politique, l'économie… Au tournant des années 1980, la France est dans l'œil du cyclone, au sens premier : une zone trompeuse de vents calmes et de temps clément. La société française a tourné le dos à l'illusion lyrique des « années de rêve[2] ». Les militants sont rentrés dans le rang, la plupart des groupes anarchistes ou gauchistes restés actifs après mai 1968 se sont étiolés ou autodissous au cours de la décennie 1970. Soudée par le rejet des totalitarismes une « seconde gauche » s'est installée. Elle portera un temps encore la belle idée de l'autogestion, qui finira par rejoindre discrètement les utopies oubliées au fond des bibliothèques[3].

Élu président de la République en 1974, Valéry Giscard d'Estaing (VGE) peut, en 1980, se targuer d'un bilan « sociétal » honorable. Il a donné aux jeunes le droit de voter dès 18 ans (au lieu de 21), démocratisé l'enseignement secondaire avec le « collège unique », permis le divorce par consentement mutuel, généralisé la Sécurité sociale et dépénalisé l'interruption volontaire de grossesse. Son bilan économique est moins satisfaisant. L'année 1973

1 Expression particulièrement bien venue, forgée par Pascal Ory (2018).

2 Hamon & Rotman (1987).

3 Le PSU a écarté la perspective de la lutte armée en 1971 (Congrès de Lille), et adopté en 1973 (Congrès de Toulouse) un manifeste qui le définit comme un parti socialiste, autogestionnaire et écologiste, pour les seize années qui lui restent à vivre.

avait sonné le glas des « Trente glorieuses ». Les Français allaient mettre du temps à comprendre qu'ils ne reverraient plus la croissance moyenne de près de 6 % par an qu'ils avaient connue pendant plus d'un quart de siècle. La progression du PIB a chuté fortement en 1974-75, l'inflation, inférieure à 3 % en 1967, est montée à près de 14 % en 1974, et le franc s'est fortement déprécié face au dollar et au mark. Quant au chômage, dont le taux était inférieur à 2 % au début des années 1960, il avait commencé à augmenter vers 1965 (d'où la création de l'ANPE en 1967) et a explosé après 1973.

Denis Clerc a expliqué cette terrible rupture dans deux livres : *Comprendre la crise* (Clerc, 1977) et *La crise* (Clerc & *alii,* 1983).

• Mai 1981 : une France qui se veut socialiste dans un monde conquis par le néolibéralisme

François Mitterrand est élu Président de la République, en mai 1981. En juin, les législatives donnent à la gauche unie une majorité confortable qui lui permet de réformer à sa guise. Ces résultats sont accueillis avec enthousiasme par le peuple de gauche, qui n'avait jamais accédé au pouvoir sous la cinquième République, mais l'euphorie sera de courte durée. La France est contrainte de redresser une situation économique catastrophique. Bon gré, mal gré, le gouvernement socialiste va devoir prendre des mesures cohérentes avec la tendance du moment dans les pays développés. Et la pensée dominante est un néolibéralisme inspiré par les idées de Milton Friedman et de Friedrich Hayek, mises en œuvre par Margaret Thatcher, qui s'installe au 10 Downing Street en mai 1979, et par Ronald Reagan, qui arrive à la Maison Blanche deux ans plus tard.

Les néo-libéraux, qui ont gagné la partie au Royaume Uni et aux États-Unis, sont très actifs en France. Ils ont réussi à s'assurer une influence importante en organisant de façon remarquable un débat intellectuel animé par des intellectuels et des universitaires. Ils s'appuient depuis 1966 sur un *think tank* financé par le patronat, l'Association pour la Liberté Économique et le Progrès Social (ALEPS) et en créent un second en 1982, l'Institut de l'Entreprise. En 1977, quelques intellectuels très actifs ont constitué le groupe des *Nouveaux économistes*, qui diffuse les théories de l'École de Chicago. L'année 1978 voit la création de la revue *Commentaire*, animée par Raymond Aron, et, pour le grand public, du supplément hebdomadaire du *Figaro*, le très droitier *Figaro Magazine*, dont le tirage montera jusqu'à 850 000 exemplaires. Cet hebdomadaire, tout comme *Le Point* et *l'Express,* ouvre largement ses pages aux *Nouveaux économistes*. Cette même année, Florin Aftalion crée aux PUF la collection *Libre-échange*, et Georges Liébert, qui dirige la collection *Pluriel* chez Hachette, publie *Demain le libéralisme,* d'Henri Lepage, un succès de librairie vendu à plus de 100 000 exemplaires.

Pour la gauche, la décennie 1980 est intellectuellement moins conquérante. Pierre Rosanvallon (2018) y voit « des années d'hiver », intellectuellement et politiquement, et Cornélius Castoriadis (1996) « la phase la plus conformiste de l'histoire moderne », celle de la « télé-consommation », combinaison abrutissante du culte de la consommation et du zapping télévisuel. L'historien des idées François Cusset (2006) parle du « grand cauchemar des années 1980 ».

Au début de la décennie, une génération d'intellectuels très en vue s'efface : Jean-Paul Sartre et Roland Barthes meurent en 1980, année où Althusser est interné après avoir étranglé sa femme. Lacan disparaît en 1981, Foucault en 1984. Il n'y a pas que les hommes qui sortent de la scène : de nombreuses revues de gauche nées avant ou pendant l'année 1968 cessent de paraître pour cause de désaccords entre membres du comité de rédaction ou de divergence avec la ligne du parti (PCF, PS ou ce qui reste des mouvements d'extrême-gauche…), et surtout, le plus souvent, pour cause de lassitude de leurs animateurs ou de ceux qui les soutiennent financièrement.

- L'importance croissante de l'économie dans la société

Les années 1980 démarraient donc plutôt mal, comme un paysage morose dont les intellectuels critiques les plus célèbres étaient en train de disparaître, tout comme les médias alternatifs qui animaient naguère de façon anarchique d'innombrables débats souvent minuscules mais stimulants.

Dans ce contexte, il n'était pas facile, pour un citoyen ordinaire un peu curieux, de suivre et de comprendre les événements politiques, économiques et sociaux. Il existait des sources sérieuses, qui produisaient des données nombreuses, mais dont la diffusion était très insuffisante. Peu d'efforts étaient faits pour que le grand public dispose d'informations fiables, compréhensibles et mises en perspective.

Il est vrai que longtemps, la demande n'a pas été pressante. Avant la Seconde Guerre mondiale, une écrasante majorité de la population des bourgs et des villages de la France rurale vivait dans une ignorance parfaite des statistiques de production, de la politique industrielle, des débats budgétaires et des fluctuations des marchés mondiaux. Dans *Les Trente Glorieuses*, Jean Fourastié (1979) nous décrit le village (*non*, rectifie-t-il, *la paroisse...*) de Madère, largement autarcique et dont « en dehors du service militaire et de la guerre, la grande majorité des habitants n'a fait de voyage que son voyage de noces et quelques pèlerinages ». Après la Libération, le monde s'était mis à changer très vite, et Douelle, le paisible village du grand économiste, avait oublié Madère et était sorti de son autarcie léthargique. L'information économique et sociale était devenue nécessaire aux plus actifs de ses habitants comme à des millions de responsables en France : fonctionnaires, élus politiques et syndicaux, dirigeants et cadres d'entreprise. Au fil de la seconde moitié du vingtième siècle, l'importance croissante de l'économie dans la vie des citoyens ordinaires les a amenés à être de plus en plus nombreux à s'y intéresser, ce qui était une bonne chose si l'on voulait qu'ils participent pleinement à la vie politique et sociale. Il fallait donc que les gouvernants répondent à cette attente et accompagnent cette montée de l'intérêt pour l'information économique et sociale.

Conscients de cette nécessité, les dirigeants du pays se sont efforcés, dès la fin de la Seconde Guerre mondiale, de mettre le pays à niveau en modernisant ou en créant de nombreux organismes (publics ou privés) qui restent au vingt-et-unième siècle la colonne vertébrale de l'information économique et sociale en France. La statistique publique a été rénovée, à commencer par l'INED (Institut national d'études démographiques) en 1945 et l'Insee (Institut national de la statistique et des études économiques) en 1946. Dans les années 1950, ont été créés le CREDOC (Centre de Recherche pour l'Étude et l'Observation des Conditions de Vie), Rexeco (devenu Rexecode, Centre de Recherche pour l'Expansion de l'Économie), la SEDES (Société d'études pour le développement économique et social), le BIPE (Bureau d'Informations et de Prévisions économiques) et la Société de Documentation et d'Analyse Financières (Dafsa). Les Français, pionniers dans ce domaine, ont élaboré à la même époque un Système normalisé de Comptabilité nationale, outil remarquable qui fournit aux données de la lisibilité et de la cohérence. Il serait fastidieux d'énumérer tous les organismes ayant (ou ayant eu) pour mission de produire et traiter de l'information, mais on doit citer le Commissariat au Plan, créé en 1946, dont les travaux furent précieux à des générations d'étudiants, de professeurs et de militants, et l'OCDE (Organisation de coopération et de développement économiques), créée en 1961, installée à Paris, et source précieuse pour les comparaisons internationales.

- La clef de l'information, c'est ce qui se passe quand on a fini de la produire

Malgré le travail, souvent excellent, de toutes ces institutions, le niveau de l'information économique et sociale des Français n'est pas ce qu'il devrait être. En 1960, le rapport Rueff-Armand – resté dans l'histoire pour la grande qualité de ses diagnostics et le peu d'empressement des gouvernements successifs à en tenir compte – pointe les insuffisances : « Il entre dans la mission de l'État d'informer les citoyens de leurs devoirs et de leurs droits [...] en matière économique et sociale. Ils devraient être plus largement informés des réalités du monde moderne, des conditions de l'évolution économique, des nécessités et des avantages de l'expansion, afin qu'ils soient davantage tournés vers l'avenir et moins vers le passé. [...] Sans doute importe-t-il qu'une telle information soit présentée avec une stricte objectivité, dans des termes simples et dans une forme qui suscite l'intérêt de ceux à qui elle s'adresse. » (Rueff & Armand, 1960)

Dans les huit années qui suivent – sans que l'on puisse dire si les préconisations de Messieurs Rueff et Armand y sont pour quelque chose –, on crée les centrales de bilans du Crédit national et de la Banque de France et le Centre d'étude des revenus et des coûts (CERC) ; le Conseil national de la statistique (CNS) est chargé de coordonner l'activité de l'Insee et de tous les services produisant des statistiques publiques, et l'Insee met en place ses premiers observatoires régionaux. On en comptera 22 en 1976.

En 1971, le message de Louis Armand et Jacques Rueff est relayé par le VIe Plan (1971-1975), qui place l'information économique et sociale parmi ses objectifs, en soulignant ses trois dimensions : « production, diffusion, utilisation de l'information ». Il rappelle aussi ses finalités : « permettre à chaque membre du corps social d'exercer librement ses responsabilités » et « éclairer le choix de ceux qui prennent les décisions tout en permettant à chacun de comprendre, de juger et, éventuellement, de remettre en question ces décisions » (Rapport de la commission information économique, 1971).

Nous citerons un dernier rapport, remis en juin 1979 au président Giscard d'Estaing par René Lenoir (1979), ancien secrétaire d'État aux Affaires sociales, secondé par Baudouin Prot, un jeune énarque. Comme beaucoup de rapports officiels, il combine un diagnostic impeccable et des préconisations peu consistantes, qui se limitent à quelques mesures de bon sens : diversifier les sources privées et publiques et les supports de diffusion, demander aux administrations de rendre leurs documents d'information compréhensibles par tous les publics et mieux les diffuser.

Ce rapide tour d'horizon de l'information économique et sociale depuis 1945 jusqu'au tournant des années 1980 montre qu'un gros travail a été accompli pour que les informations disponibles soient nombreuses et de bonne qualité. Mais celui qui en a besoin doit trop souvent s'atteler à la tâche difficile et décourageante d'aller les chercher… et d'affronter des fonctionnaires pouvant faire preuve, selon les jours et les lieux, d'une inertie éprouvante ou, inversement, d'une rigueur administrative tatillonne et absurde.

L'Insee s'est bien doté en 1972 d'un département de la diffusion, et la Documentation française exerce les trois métiers de bibliothécaire, de libraire et d'éditeur. Mais nombre d'organismes producteurs d'informations sont fortement cloisonnés et ne s'adressent qu'à des spécialistes. La moitié seulement de leurs centres d'information sont ouverts au public.

Des intermédiaires sont indispensables pour sélectionner et rendre compréhensible la masse de chiffres, d'analyses et de rapports produite par les experts. Un rôle que devraient jouer les enseignants et les journalistes. Mais en cette fin des années 1970, il reste beaucoup à faire.

L'école a commencé à faire sa part. L'annexe du VIe Plan consacrée à l'information économique et sociale prévoyait la mise en œuvre « d'un programme d'initiation aux faits économiques et sociaux à l'école, tant dans l'enseignement primaire que secondaire ». Sur le terrain, l'enseignement des sciences économiques et sociales montait en fait lentement en puissance depuis 1966. À l'époque du lancement du Plan, on comptait environ cinq cents professeurs de SES. Ils seront plus de 2 000 en 1980 (et près de 6 000 en 2018).

De leur côté, à la fin des années 1970, les médias ne brillaient guère par leur traitement de l'économie. La majorité des Français s'informaient par la radio, la presse quotidienne régionale (PQR) et la télévision. La radio donnait des informations économiques succinctes sur des sujets touchant directement le grand public : consommation, concurrence, impôts, chômage, avec parfois un « dossier » à l'occasion d'un événement d'actualité. Les quotidiens régionaux, qui se portaient assez bien, faisaient peu de place à l'économie, par manque de compétences et faute d'intérêt de leurs lecteurs. Quant à la télévision, son cahier des charges lui faisait obligation de contribuer à la formation économique des Français. En fait, elle ne faisait pas grand-chose. Les sujets trop sérieux avaient une audience limitée, ce qui décourageait les producteurs. Raymond Barre avait dû taper du poing sur la table pour qu'en 1977 TF1 mette à son programme une émission économique régulière, *L'enjeu*, produite et animée par François de Closets (1980), et qui a rencontré un succès inattendu bien qu'elle ait été programmée dans un créneau horaire très défavorable.

Contrairement aux régionaux, les quotidiens nationaux étaient en mauvaise posture. Pendant la décennie 1970, leur diffusion avait globalement diminué de 30 %. *Le Monde* constituait une exception : il a atteint son apogée en 1977 avec une diffusion de 440 000 exemplaires (317 000 en 2019). À de très rares exceptions près, les dirigeants de la presse d'information générale considéraient que l'économie, c'était l'affaire des journaux spécialisés, qui s'étaient multipliés pendant les dernières décennies (on en comptait 80 en 1978) et qui visaient chacun un segment très ciblé de lecteurs ayant des besoins précis. Ils étaient souvent centrés sur les questions financières et immobilières, et ceux s'adressant plus spécialement aux entreprises traitaient des technologies, des règles du commerce, des monnaies, des Bourses, des négociations commerciales internationales. Ils fournissaient aussi des statistiques utiles à la gestion et aux contrats. Nombre d'entre eux étaient liés au patronat, comme *L'Usine nouvelle*, magazine de qualité, proche de l'UIMM (Union des industries et métiers de la métallurgie)[1]. Le plus apprécié des quotidiens, depuis la fin des années 1960, était *Les Échos*, lu ou au moins feuilleté quotidiennement par de nombreux dirigeants. En progression modérée depuis le début des années 1960, ce « journal économique de référence » diffusait 53 000 exemplaires en 1979. Une diffusion qui va quasiment doubler dans la décennie 1980.

Contrairement aux quotidiens, les hebdomadaires d'informations générales (les *News* sur le modèle anglo-saxon) : le *Nouvel Observateur*, *Le Point* ou *L'Express*, avaient connu pendant cette décennie 1970 une forte hausse de leurs ventes (plus de 80 %). Destinés à un public urbain à haut pouvoir d'achat, ces hebdos s'étaient assurés de confortables recettes de publicité grâce à leurs rubriques à destination des cadres, une catégorie socio-professionnelle en pleine expansion qui représentait, au début des années 1970, 5 % de la population active, soit un million d'individus, et qui allait tripler en trente ans.

1 Léon Blum disait (en 1922) : « Nos meilleures publications sont celles que subventionnent et dirigent les organisations patronales » (Lefranc, 1976).

La France disposait donc d'un système de production d'informations économiques et sociales développé, mais qui ne répondait pas bien aux besoins de catégories sociales en forte progression : les étudiants, les enseignants, les citoyens actifs, syndicalistes, militants associatifs ou politiques, qui, sans être des spécialistes très informés comme pouvaient l'être les universitaires ou les experts de la fonction publique et du privé, s'intéressaient au fonctionnement des institutions et des entreprises, à la politique et à l'économie du pays.

Quelques journaux ont cherché à répondre à cette demande, qui avait l'intérêt de venir d'un public de plus en plus large et solvable. Sous l'impulsion de journalistes comme Jean Boissonnat, Gilbert Mathieu, Jean-Louis Servan-Schreiber, Roger Priouret, Michel Drancourt (un panel dont les préférences politiques allaient du centre-droit au PSU, mais dont les idées sur l'information économique étaient assez proches), plusieurs journaux ont fait évoluer, dans les années 1970, leur traitement des questions économiques. Un magazine se détachait du lot : *L'Expansion*. Créé en 1967 par une petite équipe de journalistes autour de l'héritier des Servan-Schreiber, une grande famille qui avait créé *Les Échos*, il s'inspire du journal américain *Fortune*, et va rester pendant plus de quarante ans (1967-2010) le magazine économique le plus lu en France. Il vise les cadres et accompagne l'accroissement de cette catégorie socio-professionnelle. D'après Luc Boltanski (1982), ses lecteurs ont « la foi dans les vertus de l'information économique [...] commune aux pionniers du management et aux hauts fonctionnaires éclairés du Plan ou du ministère des Finances ». Comme les *News*, le magazine compte sur la publicité. Le numéro 159, paru le 21 novembre 1980, au moment du lancement du premier numéro d'*Alternatives Économiques*, comptait 192 pages dont 107 de publicité. Il saluait avec enthousiasme l'élection de Ronald Reagan à la présidence des États-Unis.

En 1979, la diffusion de *L'Expansion* était de 140 000 exemplaires. Il était suivi de près, avec 120 000 exemplaires, par *Le Nouvel économiste*.

Plusieurs journaux d'informations générales disposaient de services économiques composés de journalistes compétents. Nous citerons celui du *Monde*, bien installé, et celui de *Libération*, débutant. Au *Monde*, on trouvait Paul Fabra, admirateur de Ricardo et tenant d'une économie orthodoxe, et plusieurs journalistes ayant une sensibilité « social-chrétienne », acquise dans les organisations de jeunesse catholiques : Claude Durieux, Claude Julien, Jean Planchais. Le plus remarquable d'entre eux était Gilbert

Mathieu, économiste de formation, rocardien, membre du PSU puis du PS. Il était en 1980 chef du service économique du *Monde*. Il a été emporté par un cancer foudroyant à 58 ans, le 5 décembre 1980. Les derniers articles qu'il a écrits sont parus au moment où Denis Clerc s'activait à diffuser le premier numéro d'*Alternatives Économiques*[1].

À *Libération*, 1980 marque un tournant. Serge July considère que son journal, qui rentre progressivement dans le rang après ses débuts maoïstes, doit traiter l'information économique. Il recrute Pierre Briançon, 26 ans, diplômé de Sciences Po, qui s'adjoint deux anciens élèves de son école : Laurent Joffrin et Jean-Michel Baer. Ils admirent tous trois Jacques Delors et Edmond Maire. Jean-Michel Baer a fait partie de l'équipe qui a tenté l'aventure de *Nouvelle Donne* en 1979.

Le succès de l'*Expansion*, du *Monde* et, un peu plus tard, de *Libération*, était l'arbre qui cachait la forêt. Depuis 1973, l'information économique et sociale stagnait pour plusieurs raisons. La première était la difficulté d'attirer et de retenir un lectorat plus large que celui que nous avons décrit plus haut. Le grand public, même dans sa partie éduquée, s'intéressait beaucoup plus à ce qui le touchait personnellement qu'aux articles économiques, qui l'ennuyaient parce qu'il les comprenait difficilement. Les journalistes spécialisés – et qualifiés en économie – étaient peu nombreux : *Le Monde* et *L'Expansion* n'avaient chacun pas plus d'une quinzaine de journalistes économiques. C'était très peu par rapport au *Financial Times,* qui en employait plus de deux cents, ou à *Business Week,* qui en alignait une centaine. De plus, comme nous l'avons vu, il n'était pas facile, pour ces rédacteurs trop peu nombreux et peu considérés, d'accéder à l'information pertinente, et ils ne faisaient pas toujours l'effort de traduire dans un langage simple les rapports et les notes des organismes officiels et les analyses des économistes universitaires.

La situation était encore pire à la radio : aucune chaîne n'avait plus de cinq journalistes économiques ; on ne dira rien des spécialistes des questions sociales, encore plus rares. D'où des rédactions qui se limitaient le plus souvent à reproduite des dépêches d'agence ou à écrire des « papiers d'opinion » faute d'avoir les moyens de réaliser des enquêtes et d'exploiter des données.

1 Le dernier article de Gilbert Mathieu, pédagogique, traitait des inconvénients et des avantages de l'inflation ; l'avant-dernier présentait une étude de l'Insee faisant le bilan de la crise de 1974. Quant à l'antépénultième, c'était une remarquable – et très critique – analyse du projet de budget 1981. Ces trois articles auraient été parfaitement à leur place dans *Alternatives Économiques.*

- Éloge de la pièce manquante

En 1980, globalement, l'information économique et sociale des Français avait malgré tout sensiblement progressé par rapport à l'immédiate après-guerre. De nombreux organismes, publics et privés, produisaient des données de qualité. L'école avait intégré l'enseignement des sciences économiques et sociales, avec un corps de professeurs de SES qui réussissaient, malgré de nombreux obstacles, à « former le bachelier et le futur étudiant, mais aussi le futur citoyen »[1]. Enfin, quelques médias comprenaient le besoin croissant d'information économique et sociale et l'intérêt qu'ils avaient à y répondre.

Dans ce contexte, on peut dire qu'en octobre 1980, Denis Clerc a saisi le καιρός, ce moment favorable offert par le hasard et qu'il faut mettre toute son énergie à ne pas laisser passer, car il est par nature fugitif. Denis Clerc avait eu l'intuition qu'il manquait une pièce dans le puzzle de l'information économique et sociale. Cette pièce manquante était un journal accessible, fournissant une information lisible, pédagogique, indépendante et critique, un cahier des charges explicité en peu de mots par Denis Clerc dans sa lettre du 24 août 1980 aux membres de la commission économique du PSU.

Dans son roman, *Éloge de la pièce manquante*, Antoine Bello (1998) démontre que cette pièce, la dernière, est la plus importante du puzzle puisque sans elle il n'existe pas. Sans aller jusque-là, *Alternatives Économiques* répondait à un vrai besoin. Nous avons vu le surprenant succès qu'il a rencontré dès le premier numéro. Avec sa sobriété spartiate, il ne pouvait compter sur aucun marketing séducteur. Denis Clerc a créé une demande en répondant par une offre originale à un besoin diffus dont il avait pris conscience grâce à ses activités de formateur et de militant politique. Comme Steve Jobs, qui expliquait que « le consommateur ne sait pas ce qu'il veut tant qu'il n'a pas vu le produit »., il n'avait pas fait d'étude de marché. Il avait conçu son journal en s'appuyant sur ses expériences de lecteur, de journaliste, de directeur d'une publication (*Germinal*), de militant, de professeur et surtout de formateur de publics variés : d'adultes, à *Culture et Promotion,* de formateurs d'adultes au *CIFFA/CAFOC*, d'anciens maquisards algériens à Constantine et Alger…

Les militants de gauche ont été séduits par un ton critique et des arguments solides (ce qui ne va pas toujours de pair). Les professeurs de Sciences

1 Watrelot P., *Chronique éducation* (blog), 7 janvier 2017.

économiques et sociales ont trouvé dans *Alternatives Économiques* un outil bien adapté à la méthode inductive consubstantielle à leur discipline, et dont les contenus étaient en accord avec leur vision du monde. Le bouche-à-oreille a fonctionné, nombre de professeurs se sont abonnés et ont conseillé à leurs élèves de les imiter.

Quarante ans plus tard, le combat pour une information économique et sociale accessible et de qualité se poursuit. Grâce au numérique, n'importe qui peut obtenir n'importe quelle donnée ou presque sur les sites de l'Insee, de l'OCDE, du *CIA World Factbook*, de la Banque mondiale et de dizaines d'autres bases publiques ou privées. Mais pour trouver, il faut savoir ce que l'on cherche, comment et où le chercher. Il faut avoir acquis le réflexe de s'assurer de la fiabilité du signataire ou de l'organisme qui fournit les données, de les recouper pour les authentifier, de vérifier quels sont les territoires, les périodes et les populations concernés, les unités de compte, le champ des études et des sondages, la continuité statistique des séries longues, etc. Et pour ce faire, il est indispensable d'avoir des connaissances suffisantes pour repérer le détail qui révèle l'infox ou fait soupçonner une erreur. Enfin, souci permanent lorsqu'on doit transmettre des informations : se faire comprendre. Le numérique permet de communiquer à la fois par écrit, oralement ou visuellement, mais quelle que soit la technique employée, le souci de rigueur et de clarté qui obsédait Denis Clerc en 1980 reste impératif.

Bibliographie

Lorsqu'on s'entretient avec Denis Clerc pendant plus de cinquante heures, et que l'on échange des dizaines de courriels, le nombre de documents échangés, cités ou évoqués (livres, articles, rapports, notes, films, etc.) est considérable. La présente bibliographie se limite aux livres effectivement cités dans notre texte et présentant un intérêt pour le lecteur.

- 1– Les livres de Denis Clerc, dans l'ordre chronologique de leur parution

Économie politique de l'Algérie, Éditions officielles, Alger, 1972.
La Monnaie, J-P. Delarge – éd. Universitaires, 1974.
Comprendre la crise, éd. J-P. Delarge – Éditions Universitaires, 1977.
Le pouvoir des banques, Cerf, 1978.
La crise (avec A. Lipietz et J. Satre-Buisson), Syros, 1983.
Déchiffrer l'économie, (1re édition), Syros, 1983.
L'inflation, Syros, 1984.
Les inégalités en question (avec Bernard Chaouat), Syros, 1987.
Les désordres financiers : de la crise boursière à la crise monétaire, Syros, 1988.
Inflation et croissance, Syros, 1989.
L'Entreprise, Hachette, 1990.
Déchiffrer les grands auteurs de l'économie et de la sociologie, T 1 : *les fondateurs*, T.2 : *les héritiers*, Syros, 1997.
Dictionnaire des questions économiques et sociales, L'Atelier, 1997.
Condamnés au chômage ? Travail et emploi : faux débats et vrais enjeux, Syros, 1999.
Réduction du temps de travail. Que faut-il croire ? D. Clerc et J-P. Chanteau (dir.), J. Lesourne, H. Bertrand, A. Lebaube, P. Boisard, D. Taddéi, Syros, 2000.
Préface de : Collectif MB², *Pour une économie alternative et solidaire* (Éric Dacheux dir.), L'Harmattan, 2002.
Préface de : Puel Hugues, *Économie et Humanisme, dans le mouvement de la modernité*, Cerf, 2004.

Préface de : Nahapétian N, *L'usine à 20 ans*, les Petits matins, 2006.
Lexique de sciences économiques et sociales (avec Jean-Paul Piriou), La Découverte, 2007.
Comment je suis devenu économiste (Assen Slim dir.), Le Cavalier bleu, 2007.
La France des travailleurs pauvres, Grasset, 2008.
Pour un nouvel urbanisme (avec C. Chalon, G. Magnin & H. Vouillot), éd. Adels/Yves Michel, 2008.
Comprendre les économistes, les Petits matins, 2009.
Préface à : Maurin L, *Déchiffrer la société française*, La Découverte, 2009.
Préface à : Ravignan A. de, *La faim, pourquoi, un défi toujours d'actualité*, La Découverte, 2009.
La paupérisation des Français, éd. Armand Colin, 2010.
Lexique de sciences économiques et sociales, avec A. Piriou (1946-2004), La Découverte, 2011.
Postface à : Thomé P., *Créateurs d'utopies*, éd. Adels/Yves Michel, 2012.
Emploi et travail chez André Gorz (avec Dominique Méda), in A*ndré Gorz, un penseur pour le XXI*[e] *siècle* (Fourel C., dir.), La Découverte, 2012.
La coopération contre le capitalisme (Introduction au livre de Charles Gide), les Petits matins, 2013.
Réduire la pauvreté, un défi à notre portée, (avec Michel Dollé), les Petits matins, 2016.
Déchiffrer l'économie (19e éd.), La Découverte, 2020.

- 2 – Auteurs divers

Aglietta M., *La crise*, Michalon, 2010.
Aglietta M., *Régulation et crises du capitalisme*, Calmann-Lévy, 1976.
Albertini, J-M., *Les rouages de l'économie nationale*, Les éditions ouvrières, 1960.
Alesina A. et Glaeser E., *Combattre les inégalités et la pauvreté, les États-Unis face à l'Europe*, Flammarion, 2006.
Anspach M.R., *À charge de revanche, figures élémentaires de la réciprocité*, Seuil, 2002.
Barre R, Économie politique, coll. Thémis, PUF, T.1, 1955, T.2, 1956.
Beaud M., *La politique économique de la gauche*, T.1, *Le mirage de la croissance*, 1983 ; T.2, *Le grand écart*, 1985 ; Syros.
Bénassy-Quéré A., Cœuré B., Jacquet P. & Pisani-Ferry J., *Politique économique*, De Boeck, 2017 (4e éd.).

Borrits B., *Au-delà de la propriété,* La Découverte, 2018.

Cahuc P. & Zylberberg A, *Le négationnisme économique et comment s'en débarrasser,* Flammarion, 2016.

Cahuc P. & Zylberberg A., *Économie du travail et de l'emploi,* De Boeck, 1996.

Cahuc P. et Zylberberg A., *Microéconomie du marché du travail,* coll. Repères, La Découverte, 2003.

Caré S., *Les libertariens aux États-Unis,* PUR, 2010.

Cesbron G., *C'est Mozart qu'on assassine,* Robert Laffont, 1966.

Chauvey D., *Autogestion.* Préfacé par Edmond Maire, Seuil, 1970

Chavagneux C., *Une brève histoire des crises financières. Des tulipes aux subprimes,* La Découverte, 2011.

Closets F. de, *Le Système EPM,* Grasset, 1980.

Commission Information économique *Rapport* (préparation du 6e Plan), Documentation française, 1971.

Coutrot T., *Démocratie contre capitalisme,* La Dispute, 2005.

Coutrot T., *Libérer le travail,* Seuil, 2018.

Cusset F., *La D*écennie. Le grand cauchemar des années 1980, La Découverte, 2006.

Desroches H-C., *Signification du marxisme,* coll. Économie et Humanisme, Éditions ouvrières, 1950.

Dévoluy M., *L'économie une science « impossible »,* 2019, éditions Vérone.

Draperi J-F., *La République coopérative,* Larcier/de Boeck, 2012.

Dockès P., *Le capitalisme et ses rythmes,* 2 tomes, Classiques Garnier, 2017 et 2020.

Duflo E. et Banerjee A.V., *Repenser la pauvreté,* Seuil, 2012.

Duflo E., *Expérience, science et lutte contre la pauvreté,* leçon inaugurale du 8 janvier 2009, éditions Collège de France ; *Lutter contre la pauvreté* : (I) *Le développement humain,* et (II) *La politique de l'autonomie,* coll. *La Vie des idées,* Seuil, 2010.

Duval G., *L'entreprise efficace, à l'heure de Swatch et de McDonald's,* La Découverte, 1998.

Emmanuel A., *L'échange inégal,* François Maspéro, 1969.

Fleurbaey M., *Manifeste pour le progrès social,* La Découverte, 2019.

Fourastié J., *Les Trente Glorieuses ou la révolution invisible de 1946 à 1975,* Fayard, 1979.

Fourel C. (dir.), *La Nouvelle économie sociale*, préface de Lionel Jospin, coll. Alternatives Économiques, Syros, 2001.

Fourquet F., *Les comptes de la puissance*, éditions Recherches, 1980.

Frémeaux P., *La Nouvelle alternative ? Enquête sur l'économie sociale et solidaire*, les Petits matins, 2011.

Friedman D., *Vers une société sans État*, 1992, Les Belles Lettres.

Galbraith J.K., *L'économie en perspective, une histoire critique,* Seuil, 1989 (repris dans le volume *Économie hétérodoxe*, 2007, p. 201-541).

Galbraith J.K., *Une vie dans son siècle, Mémoires*, La Table ronde, 2006.

Galbraith J.K., *Voyage dans le temps économique,* Seuil, 1995.

Généreux J., *La Dissociété,* Seuil, 2006.

Généreux J., *Les vraies lois de l'économie,* Points, 2014.

Gide C. & Rist C., *Histoire des doctrines économiques depuis les Physiocrates jusqu'à nos jours*, Sirey, 6e éd. 1944.

Gide C., *Œuvres*, L'Harmattan, 2007.

Godbout J. T., *Le don, la dette et l'identité,* La Découverte, 2000.

Gorz A., *Adieux au prolétariat. Au-delà du socialisme,* Galilée, 1980.

Gourgues G. & Neuschwander C., *Pourquoi ont-ils tué Lip* ? Raisons d'agir, 2018.

Hirschman A., *Bonheur privé, action publique,* Fayard, 1983.

Hirschman A., *Deux siècles de rhétorique réactionnaire*, Fayard, 1991.

Hirschman A., *Face au déclin des entreprises et des institutions*, coll. Économie & Humanisme, éditions Ouvrières 1970.

Hirschman A., *Les Passions et les intérêts*, PUF, 1980.

Hirschman A., *Stratégie du développement économique*, coll. Économie & Humanisme, éditions Ouvrières, 1974.

Jeantet T., *L'Économie sociale ; une alternative au capitalisme,* Economica, 2008.

Kahneman D., *Système 1, système 2, les deux vitesses de la pensée*, coll. Champs, Flammarion, 2016.

Keen S., *L'imposture économique* éditions de l'Atelier 2014.

Keynes J.M., *La pauvreté dans l'abondance*, Gallimard, 2002.

Keynes J.M., *Théorie générale de l'emploi, de l'intérêt et de la monnaie,* Payot, 1942.

Keynes J.M., *Un traité sur la monnaie,* Garnier, 2019.

Latouche S., *La décroissance*, coll. Que sais-je ?, PUF, 2019.

Lefranc G., *Les Organisations patronales en France*, Payot, 1976.

Lenoir R. & Prot B., *L'Information économique et sociale – Rapport à M. le Président de la République*, La Documentation française, 1979.
Lévêque F., *Les habits neufs de la concurrence*, Odile Jacob, 2017.
Mathieu G, *Vocabulaire de l'économie*, coll. Citoyens, éditions Universitaires, 1971.
Meadows D. & D., Randers Jørgens et Behrens William, « Rapport au Club de Rome », *Halte à la croissance ?*, Fayard, 1972.
Meeks G., On Sen on the Capability of Capabilities, in *New Frontiers of the Capability of Capabilities*, Comim F. et *alii*, Cambridge UP, 2018.
Michalet C-A., *Le Capitalisme mondial*, La Découverte, 2007.
Milanovic B., *Inégalités mondiales. Le destin des classes moyennes, les ultra-riches et l'égalité des chances*, Paris, La Découverte, 2019.
Ory P., *L'Entre-deux-Mai, la crise d'où nous venons, 1968-1981*, Alma, 2018.
Ostrom E., *Gouvernance des biens communs*, De Boeck, 2010.
Outrequin P., Potier A. et Sauvage P., *Les entreprises alternatives*, coll. Alternatives Économiques, Syros, 1986.
Perroux F, *Le capitalisme,* coll. Que sais-je ? PUF, 1947.
Perroux F., *Économie et société, Contrainte – Échange – Don*, PUF, 1963.
Piketty T., *Idéologie et capital,* 2019, Seuil.
Polanyi K., *La grande transformation,* Gallimard, 1983.
Polanyi K., *La subsistance de l'homme, la place de l'économie dans l'histoire et la société*, Flammarion, 2011.
Puel H., Économie et Humanisme dans le mouvement de la modernité, Cerf, 2004.
Rand A, *La Grève*, Les Belles Lettres, 2011
Rand A., *La vertu d'égoïsme,* Les Belles Lettres, 2008.
Rawls J, *Théorie de la justice*, Seuil, 1987.
Robinson J., *L'Économie de la concurrence imparfaite*, Dunod, 1975.
Rosanvallon P., *Notre histoire intellectuelle et politique 1968-2018*, Seuil, 2018.
Rosier B., *Croissance et crises capitalistes,* PUF, coll. Économie en liberté, 1975.
Rueff J. & Armand L., *Rapport sur les obstacles à l'expansion économique,* Imprimerie nationale, 1960.
Schumpeter J., *Histoire de l'analyse économique,* T.1 : L'âge des *fondateurs*, T.2 : *L'âge classique,* Gallimard, 2004.
Schwœbel J., *La Presse, le pouvoir et l'argent*, Seuil 1968, 2018.

Sicot D. (dir.), *Dictionnaire des idées reçues en économie,* Coll. Alternatives Économiques, Syros, 1992.
Stoléru L., *Vaincre la pauvreté dans les pays riches,* Flammarion, 1974.
Thaler R. & Sunstein C, *Nudge*, Vuibert, 2010
Tirole J., *Économie du bien commun,* PUF, 2018.
Touraine A., *L'Après-socialisme,* Grasset, 1980.
Walras A. et L., *Œuvres économiques complètes*, Economica, 1990.
Wilson W. J., *Les oubliés de l'Amérique*, Desclée de Brouwer, 1994.

Table des matières

Deuxième partie
Les turbulences des années 70, après la tempête de 68 • 53

Troisième partie
Alternatives Économiques • 83

Postface : Alternatives Économiques, la pièce manquante du puzzle • 239
Par Marc Mousli

Bibliographie • 251

Composition : Le Bord de L'eau éditions

Cet ouvrage a été achevé d'imprimer en juillet 2020
pour le compte des éditions Le Bord de L'eau
par Présence graphique (Monts - 37260).

Dépôt légal : août 2020

Imprimé en France